中文社会科学引文索引（CSSCI）来源集刊

主办：中南大学法学院

ECONOMIC

经济法论丛

LAW

2022年第1卷（总第39卷）

REVIEW

名誉主编・漆多俊
执行主编・王红霞

法律出版社
LAW PRESS・CHINA
北京

图书在版编目(CIP)数据

经济法论丛. 2022年. 第1卷 : 总第39卷 / 王红霞执行主编. -- 北京 : 法律出版社, 2022
ISBN 978-7-5197-6811-9

Ⅰ. ①经… Ⅱ. ①王… Ⅲ. ①经济法-中国-文集
Ⅳ. ①D922.290.4-53

中国版本图书馆CIP数据核字(2022)第101111号

经济法论丛 2022年第1卷(总第39卷)
JINGJIFA LUNCONG 2022 NIAN DI-1 JUAN (ZONG DI-39 JUAN)

漆多俊 名誉主编
王红霞 执行主编

策划编辑 沈小英
责任编辑 毛镜澄
装帧设计 李 瞻

出版发行 法律出版社
编辑统筹 法治与经济出版分社
责任校对 王 丰 郭艳萍
责任印制 吕亚莉
经 销 新华书店

开本 710毫米×1000毫米 1/16
印张 17 字数 331千
版本 2022年5月第1版
印次 2022年5月第1次印刷
印刷 北京虎彩文化传播有限公司

地址:北京市丰台区莲花池西里7号(100073)
网址:www.lawpress.com.cn
投稿邮箱:info@lawpress.com.cn
举报盗版邮箱:jbwq@lawpress.com.cn

销售电话:010-83938349
客服电话:010-83938350
咨询电话:010-63939796

书号:ISBN 978-7-5197-6811-9
定价:110.00元

凡购买本社图书,如有印装错误,我社负责退换。电话:010-83938349

经济法论丛

投稿邮箱：elr1998@163.com

联系电话：0731-88660273

通信地址：湖南长沙麓山南路605号中南大学南校区法学院302室

邮政编码：410012

卷 首 语

本卷《经济法论丛》除“财税金融法”和“市场规制法”两个常规专题外，还结合近期学术热点特别设置了“数字经济法”和“经济法实施”两个专题，合计收录18篇佳作。

在“数字经济法”专题中隆重推荐3篇佳作。数据已经成为平台竞争的关键因素，数据互操作被认为是促进数字平台良性竞争的有力工具。数据互操作在数字市场中既能带来潜在竞争优势，也有其风险和局限性。王健教授等《反垄断视野下的数据互操作》对此进行了系统讨论。黎四奇教授等《大数据金融语境下金融数据安全保障的法律探究》一文，从法哲学、管理学和经济学多角度廓清了金融数据安全保障的逻辑基础，确立了三元理念，明晰了相关义务和法律责任，并提出了系统的金融安全观。博士研究生张巍的《我国应当确立必需设施理论吗——平台语境下的规则审视》亦不容错过。该文详细梳理了必需设施理论的规则发展，剖析了必需设施理论式微的原因，对我国是否有必要确立必需设施理论及相关问题的法律应对作出了回答。

在“经济法实施”专题中，李晓辉助理教授《法典化时代独立存在的经济法责任理论》对经济法责任的独特性及其法理意义进行了深度阐释。李胜利教授等《平台经济时代反垄断行政制裁制度的优化》从“最优威慑”原则出发，对我国《反垄断法》的金钱制裁和非金钱制裁制度提出了系统性的完善建议。为回应“掐尖式并购”和资本无序扩张，汤霞研究员《我国数字平台经营者集中的反垄断审查：挑战与因应》提出，我国反垄断执法机构对数字平台的监管出现了“能力缺失”与“监管迷茫”，并对此进行了分析，指明并阐释了平台经营者集中审查中的困境和出路。曹俊金、阮赞林两位教授锚定食品安全公益诉讼惩罚性赔偿，通过《食品安全民事公益诉讼中惩罚性赔偿：适用困境与制度优化》对制度缺失引发的实践难题进行了扎实的阐释，并提出了务实可行的对策建议。胡国梁博士《宪法视阈下国资委监管权之辨》对国资委“干净的出资人”或者“干净的监管人”定位的观点提出了质疑，并阐释了自己的主张。

在“财税金融法”专题中，特别推荐褚睿刚博士的《抵扣权构成要件的学说检讨与体系构建》。该文反思了抵扣要件二元说理论的实践供给不足，系统完善了抵扣权构成要件理论，并引入权利限制理论，为抵扣规则的体系优化提供了方法论。胡翔博士

《“财税一体化”视角下行为理论的观察与解释》一文,提出并从多维度系统阐释了财税行为理论,对丰富理论研究和指导制度建设均具有重要价值。张成松博士《〈税收征收管理法〉中税务信息安全的规范表达》反思了《税收征收管理法》“税收信息保密条款”,提出专设“税务信息安全条款”、明定相关征管权责、确立各方主体义务、补强法律责任,具有重要的启发意义。封延会、贾晓燕《论我国破产重整所得税优惠:介绍美国税法实践》为我国当前大量出现的破产重整提供了可资借鉴的建议。博士研究生严秋斯《突发事件应对视域下的财政收支平衡》聚焦突发事件应对中的财政支出矛盾,梳理并剖析了相关财政规则“授权”与“限权”的制度逻辑。彭中遥博士《“碳中和”背景下我国绿色信贷的制度机理与立法完善》一文,阐释了绿色信贷对于“双碳”目标实现的驱动机理,对相关立法的不足提出了完善之策。

在“市场规制法”专题,博士研究生汪改丽《竞争中立:从竞争政策到竞争法治的进阶与实现》对竞争中立在我国的法治化进程进行了全面梳理。郭传凯、胡广文《医药行业反向支付协议:问题的证成、识别与反垄断规制》对医药行业反向支付协议开展了具有前瞻性的系统探讨。治理商业贿赂对于强化市场监管和优化营商环境意义重大,马勇博士《商业受贿的竞争法规制:理论基础与规范再造》敏锐地捕捉到了法律文本的措辞变化及执法层面的切实疑惑,并对相关问题的来龙去脉进行了清晰的梳理和深入的论证。青年研究者李楠《论消费者受教育义务的误读与澄清——〈消费者权益保护法〉第13条第2款之解释与适用》不仅全面梳理了相关司法裁判,质疑了将“应当努力”等同“消费者受教育义务”的观点,并结合《民法典》提炼了弱者保护法中“应当努力”类型条款的规范目的与适用机理。该文对于我国整个法律体系中“应当努力”类规范的理解与适用都具有启发意义,受到李友根教授的强烈推荐。

王红霞

2022年1月1日

目　　录

【数字经济法】

【经济法实施】

【财税金融法】

【市场规制法】

CONTENTS

Digital Economy Law

Economic Law Implementation

Tax & Finance Law

Market Regulation Law

【数字经济法】

反垄断视野下的数据互操作*

王　健**　李　星***

摘　要:数据已经成为平台竞争的关键因素,在促进数字市场快速发展的同时也提高了数字市场的进入壁垒,形成并巩固了大型数字平台的市场势力,从而产生竞争威胁和损害。传统竞争分析工具和反垄断救济措施如行政罚款、资产剥离显得力不从心。近年来,从作为违法行为的补救措施到作为主导平台的强制义务,数据互操作被认为是促进数字平台良性竞争的有力工具。数据互操作在数字市场中既能带来潜在竞争优势,也有其风险和局限性,为此,应规则先行,促进数据互操作分类别、分层级、有步骤地逐步推进。此外,还应通过设立数据互操作技术委员会、加强数据互操作竞争监管、强化数据互操作的协同监管和完善数据互操作争议解决机制来构建反垄断法和行业监管法通力合作的竞争治理体系。

关键词:平台经济;反垄断;数据互操作;补救措施;强制义务

一、问题的提出

各项调查表明,数字平台显示出极其强大的网络效应,同时具有规模经济、范围经济和市场传导性等特点,边际成本接近于零,①这导致数字市场发展迅速并具有"赢者通吃"以致寡头垄断的特性。随着数字经济的发展,数据已然成为数字平台甚至实体

---

*　本文系国家社科基金重点项目"反垄断法制裁的现代化研究"(项目批准号:18AFX019)的阶段性研究成果。

**　浙江理工大学法政学院院长、教授。

***　浙江理工大学经济法硕士研究生。

①　See Peter Swire, *The Portability and Other Required Transfers Impact Assessment* (*PORT-IA*): *Assessing Competition*, *Privacy*, *Cybersecurity*, *and Other Considerations*, Georgia Tech Scheller College of Business Research Paper, No. 2689171, p. 11 (2021).

企业竞争的关键资产和核心要素,用户数据的规模、种类、范围、质量在很大程度上决定了数字平台的服务质量和竞争力。而由数据引起的网络效应、数据规模效应、数据范围效应和溢出效应,①也引发了诸多竞争问题,引起了各国竞争执法机构的关注。大型数字平台经常利用企业并购、数据采集、数据爬取、数据交易等方式收集、存储、分析、利用用户数据,以期借助数据驱动的网络效应"锁定"用户,提高市场进入壁垒,进而达到排除、限制竞争的效果。

对此,发达国家将数据互操作与传统反垄断补救措施相结合来规制平台企业的排除、限制竞争行为,甚至通过立法形式将数据互操作作为主导平台的强制义务,以期减少基于用户和数据生成的网络效应产生的市场进入障碍,降低用户转换成本,优化竞争格局。立法方面,我国国务院反垄断委员会《关于平台经济领域的反垄断指南》(以下简称《平台反垄断指南》)也有"承诺兼容或不降低互操作性水平"的规定;执法方面,国家市场监督管理总局于 2021 年 4 月 10 日向阿里巴巴集团发出的行政指导书中要求"依法加大平台内数据和支付、应用等资源端口开放力度,充分尊重用户择权,不得没有正当理由拒绝交易,促进跨平台互联互通和互操作"。② 由此可见,数据开放和互操作是大趋势,平台由封闭走向开放也是不可阻挡的时代潮流。

然而,数据开放和互操作涉及复杂的竞争利益,是一个需要通力合作、长期探讨的课题。在理论和实践中围绕反垄断视野下的数据互操作的讨论逐渐增多,有学者认为,数据互操作是减少市场进入障碍、降低用户切换成本、促进良性竞争的有力工具;也有学者认为,数据互操作有其自身的风险和局限性,目前尚未形成完善的实施机制,竞争效果有待进一步考察。反垄断层面的数据互操作是什么?为何要实施数据互操作?数据互操作会带来怎样的积极作用和风险挑战?在何种情况下宜实施数据互操作?如何实施数据互操作才能促进最大化竞争?这些问题都值得进一步思考。

二、数据互操作:一个亟须澄清的概念

(一)数据互操作的定义

数据互操作是数字平台互操作的一种类型。对于互操作,欧盟《计算机程序指令》

---

① 参见[美]莫里斯·E. 斯图克、[美]艾伦·P. 格鲁内斯:《大数据与竞争政策》,兰磊译,法律出版社 2019 年版,第 235 页。

② 《国家市场监督管理总局行政指导书——市监行指反垄〔2021〕1 号》,载国家市场监督管理总局官网,http://www.samr.gov.cn/xw/zj/202104/t20210410_327702.html。

第12节首次将互操作的概念定义为“交换信息和相互使用已经交换的信息的能力”；[①]在数字生态系统层面，互操作（或互操作性）是指跨系统、跨应用程序或跨组件传输和呈现有用数据和其他信息的能力。[②] 广义地说，互操作是指一个系统、产品或服务能够与其他（技术不同的）系统、产品或服务进行通信和运行的能力。[③] 互操作可以分为垂直互操作（vertical interoperability）和水平互操作（horizontal interoperability）。垂直互操作是指数字服务平台整合来自上游提供商的数据、内容或功能的能力，如社交媒体平台与电子商务平台互操作；水平互操作指的是数字服务平台与竞争对手服务相互通信和运行的能力，如不同电子邮件应用之间的互操作。[④]

欧盟竞争事务专员玛格丽特·维斯塔格在欧盟2019年《数字时代的竞争政策》专家报告会议上发表的演讲中定义了3种不同类型的互操作——数据互操作、协议互操作、协议完全互操作。[⑤] 协议互操作（protocol interoperability）指的是两种服务或产品在技术上的相互连接，一般指一种产品或服务在另一种产品、服务或系统上兼容运行，目的在于促进互补性产品或服务的发展，如2004年欧盟委员会要求微软Windows操作系统与谷歌浏览器或火狐浏览器等第三方应用软件互操作。[⑥] 而微软也在2009年7月以公共承诺的形式在其网站上发布披露互操作信息的建议，以提高第三方产品和微软产品之间的互操作性，微软产品包括Windows、Windows Server、Office、Exchange和SharePoint。[⑦] 协议完全互操作（full protocol interoperability）是指替代服务互操作，包括竞争性产品或服务在内的产品或服务如消息传递系统——电子邮件及电话。可以通

---

① Hoffmann & Otero, *Demystifying the Role of Data Interoperability in the Access and Sharing Debate*, Max Planck Institute for Innovation and Competition Research Paper, No. 20 - 16, p. 8 - 9 (2020).

② See Urs Gasser, *Interoperability in the Digital Ecosystem*, Research Publication, No. 2015 - 13, p. 5 (2015).

③ See Wolfgang Kerber & Heike Schweitzer, *Interoperability in the Digital Economy*, *Journal of Intellectual Property, Information Technology and Electronic Commerce Law*, Joint Discussion Paper Series in Economics, No. 12 - 2017, p. 3 (2017).

④ See James Mancini, *Data Portability, Interoperability and Digital Platform Competition*, SSRN (Jun. 10, 2020), https://papers.ssrn.com/sol3/papers.cfm?abstract_id=3862299.

⑤ See Hoffmann & Otero, *Demystifying the Role of Data Interoperability in the Access and Sharing Debate*, Max Planck Institute for Innovation and Competition Research Paper, No. 20 - 16, p. 9 (2020).

⑥ 参见王晓晔：《数字经济反垄断监管的几点思考》，载《法律科学》2021年第4期。

⑦ See *Antitrust: Commission Market Tests Microsoft's Proposal to Ensure Consumer Choice of Web Browsers; Welcomes Further Improvements in Field of Interoperability*, European Commission Official Website (Oct. 7, 2009), https://ec.europa.eu/commission/presscorner/detail/en/MEMO_09_439.

过协议实现完全互联互通,这需要很高的标准化,一般由政府在国家层面通过立法推动实施。

数据互操作(data interoperability)也称为数据互操作性,是指基于某种协议,借助某种标准化技术接口(Application Programming Interface, API),进而实现不同平台或企业之间实时、连续访问个人或企业用户相关数据的功能。协议互操作一般不涉及数据获取、访问或储存等问题,数据互操作必定有协议且必然涉及数据的获取、访问、使用和存储等。平台经济领域中不同平台之间实现数据互操作的前提是用户已授权进行数据传输,[①]且平台间已实现某种形式的协议互操作,这通常会运用到API。实际上,数据互操作在实践中已经以企业间签订开发者协议的形式借助API得以实现,如在2016年的"新浪微博诉脉脉案"中,二审法院明确指出,第三方通过API获取用户信息(数据)时应坚持"用户授权+平台授权+用户授权"的三重授权原则,否则将被视为违反Open API的开发合作模式,会侵犯用户的知情权与自由选择权。[②]

API或者开发者合作协议通常会列出软件组件如何通信,以及哪些数据将以何种格式共享,平台可以通过API对定义的一组数据或功能进行高效访问,有时还结合身份验证功能,以确保用户已同意。[③] 例如,在英国的"开放银行"改革[④]中,由于建立了共同的API,消费者可以通过单一平台访问他们的所有账户和零售银行信息,从而更无缝地使用单一零售银行服务的多个提供者,并通过使用比较工具克服可能阻碍竞争的信息障碍。[⑤] 与此同时,平台在API控制访问和使用方面有规则设置决策权,为防止API被误用于反竞争目的,API标准的设计和监管也很重要。

(二)数据互操作与数据可移植性、互联互通概念辨析

要准确认识数据互操作,还应理清其与数据可移植性、互联互通等概念之间的关系。数据可移植性,是指用户请求数据持有者以结构化的、通用的和机器可读的格式向他们或第三方传输有关他们的数据的能力。数据互操作类似于数据可移植性,但具

---

① See Jacques Crémer, Yves-Alexandre de Montjoye & Heike Schweitzer, *Competition Policy for the Digital Era*, European Union Press, 2019, p. 27.

② 参见"新浪微博诉脉脉案",北京知识产权法院(2016)京73民终588号民事判决书。

③ See James Mancini, *Data Portability, Interoperability and Digital Platform Competition*, SSRN(Jun. 10, 2020), https://papers.ssrn.com/sol3/papers.cfm?abstract_id=3862299.

④ 英国在零售银行业开展的有关数据可移植性和数据互操作的举措被广泛地称为"开放银行",其既包括由监管机构实施的措施,也包括寻求共享数据以改善银行服务的不同各方之间的自愿安排,旨在促进金融领域的消费者保护和竞争。

⑤ See James Mancini, *Data Portability, Interoperability and Digital Platform Competition*, SSRN(Jun. 10, 2020), https://papers.ssrn.com/sol3/papers.cfm?abstract_id=3862299.

有连续的潜在实时访问个人或企业用户数据的能力,[①]且总是需要某种形式的协议互操作才能有效。[②] 数据可移植性是由用户发起的数据传输,而数据互操作是服务提供者之间的多用户数据集传输,尽管两者是不同的概念,但是存在相关性。例如,连续的数据可移植性需要互操作,以便使系统能够在持续相互通信的基础上以共享数据。[③]

广义上的互联互通,一般是指应用于不同主体、不同网络之间的相互连通,以及资源的相互传输。[④] 这个内涵与互操作有比较高的相似性,但它的范围会比数据互操作、互操作更加广泛。有学者认为,互联互通主要涉及两个方面的问题:一个是互操作;另一个是数据可移植性,两者相互关联,共同构成了互联互通问题的两个方面。[⑤] 还有学者认为,数据互操作的基本要求是数据具有可移植性,即数据的自由流动。[⑥] 结合上述有关数据互操作和互操作的论述,数据互操作与数据可移植性、互联互通和互操作之间的关系可以梳理为如图 1 所示:

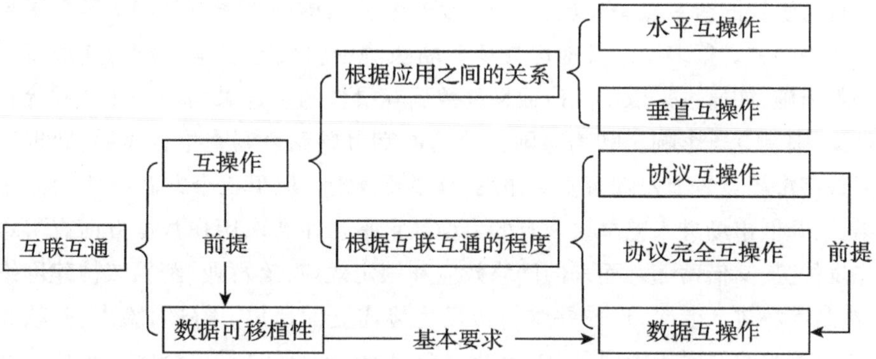

图 1 数据互操作与数据可移植性、互联互通和互操作的关系

① See Jacques Crémer, Yves-Alexandre de Montjoye & Heike Schweitzer, *Competition Policy for the Digital Era*, European Union Press, 2019, p. 27.

② See Thomas Hoehn, *Chapter 7: Challenges in Designing and Implementing Remedies in Innovation Intensive Industries and the Digital Economy*, *Remedies in EU Competition Law: Substance, Process and Policy*, Kluwer Law International B. V. Press, 2020, p. 141.

③ See James Mancini, *Data Portability, Interoperability and Digital Platform Competition*, SSRN (Jun. 10, 2020), https://papers.ssrn.com/sol3/papers.cfm?abstract_id=3862299.

④ 参见邓志松:《明确互联互通的监管边界》,载微信公众号“数字竞争法通讯”2021 年 8 月 5 日,https://mp.weixin.qq.com/s/rmT1bCwoawpQ6CfKECdUNg。

⑤ 参见陈永伟:《从“围墙花园”到“互联互通”》,载微信公众号“数字经济与社会”2021 年 9 月 16 日,https://mp.weixin.qq.com/s/ugUPOtzKmSixWHTmTHIkgw。

⑥ 参见王晓晔:《数字经济反垄断监管的几点思考》,载《法律科学》2021 年第 4 期。

在实践中,我们用微信账号、支付宝账号、微博账号登录某个app(如登录某银行app、QQ音乐、腾讯视频等),实际上就涉及了平台之间的数据互操作。尽管数据互操作与互操作、数据可移植性或者互联互通在概念上会有差异,但是执法机构的规制思路是类似的,针对平台拒绝数据互操作、互操作或互联互通,目前反垄断执法机构一般是以《反垄断法》下滥用市场支配地位的拒绝交易行为规制为由进行调查或提起诉讼。①

三、数据互操作:从"作为补救的数据互操作"到"作为义务的数据互操作"

(一)作为补救的数据互操作

1.作为补救的数据互操作的重要性

面对大型主导平台层出不穷的系统(程序)不兼容、屏蔽链接、关闭API等阻碍互操作的行为引发的诸多竞争风险,传统的反垄断补救措施不能有效解决数字平台企业的限制竞争问题。很多国家及地区在反垄断执法中将数据互操作作为违法行为的一般性补救措施,如通过采取不阻碍或恢复数据互操作的规定来消除企业合并等行为带来的排除、限制竞争影响。欧美等国相关的数字市场竞争调查报告表明,数据互操作在恢复数字市场竞争上发挥着重要作用,其主要体现在以下三个方面:

第一,降低市场进入壁垒。现有的大型数字平台在获取用户数据方面有着难以超越的先发优势,其借助随之而来的网络效应和锁定效应,跨行业、跨领域构建网络生态系统,高筑市场进入壁垒,形成并维持市场优势或支配地位。谷歌、脸书、微软和推特于2017年发起的数据传输项目(Data Transfer Project,DTP)是一个致力于构建开源代码公共框架的组织合作项目,它将数据的可移植性扩展到用户拥有从服务提供商下载其数据副本的能力,从而方便用户向其他提供商发起数据转移。② 但调查结果显示,这并没有让更多的产品进入市场,一方面,数据可移植性缺乏操作标准,实现数据可移植性的关键有二:一是应用之间数据格式的一致;二是数据提供的机制,如果要导入数据,通常不是通过用户根据数据可移植性请求导出数据集,而是通过现有的API或其

---

① 参见邓志松:《明确互联互通的监管边界》,载微信公众号"数字竞争法通讯"2021年8月5日,https://mp.weixin.qq.com/s/rmT1bCwoawpQ6CfKECdUNg。

② See Thomas Hoehn, *Chapter 7: Challenges in Designing and Implementing Remedies in Innovation Intensive Industries and the Digital Economy*, *Remedies in EU Competition Law: Substance, Process and Policy*, Kluwer Law International B. V. Press, 2020, p. 143.

他变通方法,[①]很少有供应商会接收来自用户的移植数据。另一方面,数据可移植性的主导权掌握在用户的手中,且只能移植静态的历史数据。与之相对,数据互操作能够让平台间实现连续、实时的数据访问,让处于数据劣势的平台甚至竞争平台在开发与主导平台互补的产品或服务时能够在短时间内获得大规模数据,从而降低数据进入壁垒,提高互补性产品或服务的竞争力。

第二,促使网络效应从企业水平升至市场水平。数据互操作让用户在切换到不同平台上时,仍能保留原有平台的网络效应,从而让更多新生的和潜在的竞争者进入市场。例如,在英国"开放银行"改革中,应消费者的要求,银行必须以标准化的方式与第三方共享指定的账户信息,以使用户可以通过单一应用程序访问多个银行账户和服务。当然,根据修订后的欧盟支付服务指令(Second Payment Service Directive,PSD2),访问消费者账户信息的第三方必须得到英国金融行为监管局(the Financial Conduct Authority)的授权和监管,[②]以确保访问安全。再如,用户在使用微信账号登录不同短视频平台时,可以匹配到使用同一短视频平台的其他微信用户,从而扩大了原有网络效应的范围,由此导致网络效应发生在市场层面,而不是只对现有平台(the incumbent)有利的企业层面。[③] 这能够在很大程度上改善数字市场竞争格局,提升经济效率,增进消费者及社会福利。

第三,及时预防市场侧倾。大型数字平台借助数据驱动型网络效应加快产品或平台"侧倾"(tip)[④]的脚步,即使存在用户多归属现象(multi-homing),[⑤]即用户同时使用多款具有类似功能的应用,也无法真正削弱由此形成或维持的市场势力。根据德国经济事务和能源部(German Ministry for Economic Affairs and Energy)2018 年的相关研

---

① See Jan Krämer & Daniel Schnurr, *Big Data and Digital Markets Contestability: Theory of Harm and Data Access Remedies*, Journal of Competition Law & Economics, p. 29(2021).

② See Thomas Hoehn, *Chapter 7: Challenges in Designing and Implementing Remedies in Innovation Intensive Industries and the Digital Economy*, *Remedies in EU Competition Law: Substance, Process and Policy*, Kluwer Law International B. V. Press, 2020, p. 140.

③ See Michael Kades & Fiona M. Scott Morton, *Interoperability as a Competition Remedy for Digital Networks*, SSRN(Mar. 22, 2021), https://papers.ssrn.com/sol3/papers.cfm?abstract_id=3808372.

④ [美]莫里斯·E. 斯图克、[美]艾伦·P. 格鲁内斯:《大数据与竞争政策》,兰磊译,法律出版社 2019 年版,第 189 页。

⑤ 参见[美]莫里斯·E. 斯图克、[美]艾伦·P. 格鲁内斯:《大数据与竞争政策》,兰磊译,法律出版社 2019 年版,第 194 页。

究,数字市场的侧倾趋势部分是由企业行为引起的,如互操作的障碍。[①] 英国竞争和市场管理局对在线平台和数字广告市场的研究调查中指出,近年来,脸书降低了其他平台或服务对其 API 的访问权限,有效地阻碍了潜在的竞争,这导致许多第三方应用和服务的失败。[②] 数据互操作性的实施可以促进互补服务或产品提供商的发展,同时还能促进用户的多归属性。允许用户使用多款类似应用以及补充服务,[③]可以为市场引入更多的竞争者,促进互补市场的发展,从而减缓市场侧倾的趋势。

2. 作为补救的数据互操作的法律实践

数据互操作通常与传统反垄断救济措施相结合,作为企业违法行为的补救措施。例如,对于正在接受合并审查的特定公司,数据互操作可以作为合并后企业的约束性承诺,避免数据驱动型并购带来的垄断威胁,在一定程度上可以成为实施复杂的结构性拆分的替代救济措施。各国也相继开展了将数据互操作作为救济措施的反垄断立法和执法实践。

立法方面,我国《平台反垄断指南》第 21 条规定的救济措施中有"承诺兼容或者不降低互操作性水平等行为性条件"。执法方面,意大利的"谷歌案"中谷歌拒绝 Enel X Italia 公司与本公司 Android Auto 的交互操作,[④]不公平地限制了用户在驾驶和给电动汽车充电时使用 Juice Pass 应用的可能性,被意大利竞争执法机构(Autorità Garante della Concorrenza e del Mercato)于 2021 年 5 月 13 日责令授予 Juice Pass 访问权限、提供互操作,并被处以超过 1 亿欧元的罚款。[⑤] 2020 年 12 月 17 日欧盟附条件批准了谷歌对 Fitbit 的收购,其中最重要的原因是谷歌作出了一系列具有约束力的承诺——在未来 10 年甚至此后更长时间内不会将 Fitbit 用户在欧盟地区的健康数据用于谷歌广告,并与其他谷歌广告数据分开存储,[⑥]以及保障相互竞争的可穿戴设备与安卓系统之间的互操作。

---

① See Hoffmann & Otero, *Demystifying the Role of Data Interoperability in the Access and Sharing Debate*, *Max Planck Institute for Innovation and Competition Research Paper*, No. 20 – 16, p. 22(2020).

② See CMA Online Platforms and Digital Advertising Market Study Final Report(2020), p. 312.

③ See Jacques Crémer, Yves-Alexandre de Montjoye & Heike Schweitzer, *Competition Policy for the Digital Era*, European Union Press, 2019, p. 27.

④ See Bertin Martens, *Access to Digital Car Data and Competition in Aftermarket Maintenance Services*, Journal of Competition Law & Economics, Vol. 16:1, p. 136(2020).

⑤ 参见《Google 因滥用市场支配地位而被意大利反垄断监督机构罚款》,载微信公众号"武大知识产权与竞争法"2021 年 5 月 20 日, https://mp.weixin.qq.com/s/sh7qZINLeD6fGYL2WdA1rw。

⑥ 参见《谷歌完成 Fitbit 收购! 刚获欧盟批准,承诺重视数据保护》,载微信公众号"竞争法微网"2021 年 1 月 17 日, https://mp.weixin.qq.com/s/h1T-vgB7hj6Y_KxbUTwcrw。

2020年英国竞争与市场管理局(Competition and Markets Authority)在《线上平台和数字广告市场研究报告》中指出,为提高谷歌的竞争对手搜索算法的质量,谷歌得许可第三方搜索进入其点击—查询数据(Click & Query),[①]实现数据互操作,终止其偏袒自己的广告交易行为,并建议授权数字市场部门(Digital Market Unit)实现数字平台的互操作。[②] 2021年6月7日,法国竞争管理局针对谷歌滥用在线广告市场支配地位对其旗下的数字平面显示标准(Digital Flat Panel)广告服务器以及卖方互联网广告交易平台(sell-side platform ad exchange)给予优惠待遇,[③]对谷歌处以2.2亿欧元的罚款。谷歌接受处罚并承诺整改,包括提高谷歌广告管理系统(Google Ad Manager)服务与第三方广告平台的互操作性,提高数据访问权以确保买方能平等地访问谷歌的竞价数据。[④] 2021年6月18日,欧盟委员会针对爱尔兰保险公司限制相关利益方访问数据共享系统——"保险链接",而向爱尔兰保险公司协会发出反对声明,认为该访问限制可能会影响爱尔兰机动车保险市场的进入、限制市场竞争、减少消费者选择,从而违反欧盟反垄断法。[⑤]

上述多起涉及数据互操作的反垄断案件实践充分显示了数据互操作作为补救措施的重要性和可行性。随着公平竞争意识的增强、相关配套执法措施的完善,数据互操作将成为更加有力的恢复竞争的救济工具。

(二)作为义务的数据互操作

1.作为义务的数据互操作的必要性

数据互操作相比其他传统的反垄断救济措施有其优势,但作为事后补救措施的数据互操作在促进数据访问、降低市场进入壁垒方面的作用有限,仅仅将其作为事后救济的补救措施是远远不够的:

首先,适用补救措施的法律标准较高。由于数据的非对抗性和零边际成本,加之用户使用平台的多归属,用户的相同或相似的数据往往不会只被单独一家平台或企业

---

① See CMA Online Platforms and Digital Advertising Market Study Final Report(2020),p.25.

② See CMA Online Platforms and Digital Advertising Market Study Final Report(2020),p.24.

③ 参见《法国竞争管理局对谷歌滥用市场支配地位处以2.2亿欧元罚款》,载微信公众号"武大知识产权与竞争法"2021年6月9日,https://mp.weixin.qq.com/s/kUvgH4WwTdVlpPppN0Y6iA。

④ 参见李玲:《谷歌被法国罚17亿元!反垄断压力下,承诺调整全球广告业务》,载微信公众号"反垄断前沿"2021年6月9日,https://mp.weixin.qq.com/s/YVcXigBXbXWLFVPsKx2N6Q。

⑤ 参见《欧盟针对限制访问数据共享平台的行为发送反对声明》,载微信公众号"社科大竞争法"2021年6月22日,https://mp.weixin.qq.com/s/ZIZUHJy8 - Z_TAOzbRj5Qbw。

所拥有,即数据在多数情况下能被其他平台的数据或其他相关数据所替代,①这给对数据进行相关市场界定进而认定拒绝提供 API 的企业具有市场支配地位带来了很大的现实障碍。

其次,补救措施往往具有事后性。竞争案件的调查处理需要花费很长时间,而潜在的竞争对手需要在数字市场的动态环境中迅速抓住商业机会,竞争法对这一动态过程的干预过于缓慢。《反垄断法》和《反不正当竞争法》均是从否定性的方面规定了禁止经营者实施的行为,并未从正面规定其应该如何做,"到目前为止,明确要求企业互联互通缺乏上位法依据"。② 因此,即使不是不可能,事后也很难通过补救措施,使市场状况恢复到滥用或拒绝交易之前的水平。

此外,竞争政策不太适合设计复杂的补救措施,特别是需要持续监测合规情况的补救措施。③ 通过立法对主导平台作出预防性规定,将数据互操作提高到"作为义务的数据互操作",是一个可行的解决方案。发达国家已通过或拟通过立法将数据互操作作为特定平台的强制义务,以加强对数字平台的监管。

2. 作为义务的数据互操作的法律实践

最近几年,各国在立法方面加紧推进数据互操作方案的落实。2021 年 1 月 19 日生效的德国《反对限制竞争法》修正案最先在法案中对经营者阻碍互操作的行为作出规定。德国《反对限制竞争法》新增第 19a 条"对竞争有至关重要跨市场竞争影响的经营者的滥用行为"的规定。该条规定了联邦卡特尔局认定有重要跨市场竞争影响的经营者时需考虑的因素,列举了经营者被认定为具有重要跨市场竞争影响之后禁止实施的反竞争行为,包括但不限于禁止被认定的特定经营者实施拒绝或者阻碍商品、服务的相互操作性或者数据的可移植性从而阻碍竞争的行为。④

欧盟对于守门人企业规定了数据披露和共享方面的义务及数据互操作要求。其在《数字市场法》草案中详细规定了守门人企业的认定情形、量化门槛及其他考虑因素,一旦被委员会认定为守门人,守门人企业就必须遵守数据互操作等义务。《数字市场法》草案第 6(f)条明确规定"(守门人应)允许企业用户和辅助服务提供者进入并与

① 参见王健、吴宗泽:《论数据作为反垄断法中的必要设施》,载《法治研究》2021 年第 2 期。

② 樊瑞:《认识互联互通的正确姿势》,载微信公众号"财经 E 法"2021 年 10 月 18 日,https://mp.weixin.qq.com/s/QpHGg8SJI_IZT3jXSsVjng。

③ See Jan Krämer & Daniel Schnurr, *Big Data and Digital Markets Contestability: Theory of Harm and Data Access Remedies*, Journal of Competition Law & Economics, p. 9(2021).

④ 参见宋迎、翟巍、刘莹:《德国〈反对限制竞争法修正案〉(GWB—数字化法案)》,载微信公众号"武大竞争法"2021 年 3 月 10 日,https://mp.weixin.qq.com/s/DcRYUY6h0uJs9x9fJ3dMIQ。

守门人的任何辅助服务所提供或使用的相同操作系统、硬件或软件功能互操作",[1]根据规定,守门人有与企业用户和辅助服务提供者互操作的义务,但目前仅限辅助性服务,核心服务暂未强制要求对外互操作。此外,委员会可主动或应要求重新审议、修正或废除其作出的认定决定,并应定期审查(至少每两年)其指定的守门人是否继续满足要求,或核心平台服务的新提供者是否符合这些要求。[2]

美国于2021年6月发布了两部与互操作相关的法案,其中《美国选择与创新在线法案》(American Choice and Innovation Online Act)草案旨在规制"主导平台"(covered platforms)从事的某些歧视性行为。该法案原则上禁止主导平台阻碍商业用户与其他平台、操作系统、硬件软件功能及任何产品和服务访问、连接或互操作,除非有为防止违法行为或保护用户隐私等抗辩事由。[3]《许可转换服务平台以增强兼容性和竞争法案》(Augmenting Compatibility and Competition by Enabling Service Switching Act of 2021,以下简称《ACCESS法案》)草案则直接规定了数据互操作,《ACCESS法案》在第4条规定了主导平台与竞争或潜在竞争平台的数据互操作义务,并在第6条和第7条规定了数据互操作的具体实施机制,旨在通过数据可移植性和数据互操作来降低进入壁垒,减少在线消费者和企业转换成本,从而促进竞争。具体而言,其规定了主导平台与竞争或潜在竞争平台实施数据互操作的强制义务,平台应在被指定为主导平台之后的规定时间内向竞争或潜在竞争平台提供有关API的完整而准确的文件。主导平台由联邦贸易委员会或司法部根据一定的标准指定,并以书面形式在官方报纸上公告。一旦被指定,主导平台的互操作义务将持续10年,无论期间平台的控制权或所有权是否发生变化,除非联邦贸易委员会或司法部根据相关规定主动或根据主导平台的申请经过调查后作出解除该指定的决定。[4]

我国目前相关立法持谨慎态度,只在《平台反垄断指南》中有"承诺兼容或不降低互操作性水平等行为条件"的规定;反垄断执法方面也相应的较保守,只在"阿里巴巴垄断案"的行政指导书中规定其"不得没有正当理由拒绝交易,促进跨平台互联通和操作"。我国没有将数据互操作作为一项一般性的补救措施,也没有将其作为特定平台的强制义务。如何进行数据互操作的系统立法,这需要我们考察外国实践、立足国情多方考察,逐步探索出科学合理有效的数据互操作立法方案。

---

① See Art. 6(f), Digital Markets Act.

② See Art. 4, Digital Markets Act.

③ 参见喻张鹏:《〈美国选择与创新在线法案〉介评》,载微信公众号"武大知识产权与竞争法"2021年6月16日,https://mp.weixin.qq.com/s/M-t1IuGJbx1wF8uyYWUaog。

④ See Art. 6, Augmenting Compatibility and Competition by Enabling Service Switching Act of 2021.

四、数据互操作:是普遍性数据互操作还是渐进式数据互操作

(一)普遍性数据互操作的潜在风险

1. 警惕平台安全与用户隐私风险

增强数据互操作能够缩小新进入的竞争平台与主导或优势数字平台之间的数据竞争差距,将竞争的要素从数据的多寡转移到更好的隐私保护上来。当然,更多的第三方通过 API 访问平台数据时,可能导致个人数据泄露或安全漏洞的风险,尤其是第三方平台没有较强的风险发现、防御和解决能力时。此外,主导平台可能会借助 API 监控访问方的动态,①这会给访问方带来用户隐私及创新担忧。对此,美国《ACCESS 法案》第 4 条规定,主导平台应在合理必要的程度上为其他企业的访问设置隐私和安全标准,以应对主导平台监控的威胁或用户数据安全的风险,并应向反垄断执法部门报告任何涉嫌违反这些标准的情况。相应地,访问企业也必须合理保护其获取、处理或传输的用户数据,并避免对数据和主导平台的信息系统带来损害风险。② 同时,平台实施数据互操作,必须就用户数据的使用向用户做出充分的说明和解释,并征求用户同意。

2. 警惕平台创新减少的风险

不可否认,数据互操作的实施能在一定程度上促进企业创新。随着原始数据变得越来越普遍,竞争的焦点很可能从数据收集转向数据分析,这可能会刺激创新,而不是僵化创新,③因为在很大程度上新进入者的创新速度和规模可能比实施数据互操作之前提高很多。但要求主导平台与其他平台实施数据互操作很有可能会削弱主导平台的创新动力,从而减少其在数据收集层面的投资,进而减损消费者及社会福利。因此,平衡开放与平台创新减少风险的关键在于,把握好数据互操作的对象和范围,严格管控数据互操作的标准,应当明确,数据互操作共享的数据及创新功能是有限度的,或者说是辅助性的,让参与互操作的平台仍然能以标准以外的方式进行创新并获得竞争优

---

① See James Mancini, *Data Portability, Interoperability and Digital Platform*, SSRN (Jun. 10, 2020), https://papers.ssrn.com/sol3/papers.cfm?abstract_id=3862299.

② See Art. 4(b)(d), Augmenting Compatibility and Competition by Enabling Service Switching Act of 2021.

③ See Jan Krämer, *Personal Data Portability in the Platform Economy: Economic Implications and Policy Recommendations*, Journal of Competition Law & Economics, Vol. 17:2, p. 270(2020).

势,[①]在最大限度地降低数据互操作给主导平台带来的被"搭便车"的损害的同时,激发数字领域更多的创新动力。

3. 警惕产品或服务同质化风险

大型数字平台能够在市场上占有支配地位,在很大程度上是其凭借完善的算法规则、多样的产品和服务种类、与时俱进的创新竞争力赢得的。例如,脸书取代 My Space 占据美国社交网络领域,谷歌取代雅虎成为全球搜索领域的领军企业。[②] 与其他平台尤其是竞争性平台实施数据互操作可能会引起同类产品或服务的竞争发展,从而导致产品或服务同质化的风险,并没有给消费者带来更多样的服务选择。从消费者福利层面来看,产品或服务同质化并没有增加消费者福利,这也说明了数据互操作的目标很大程度上是促进互补性产品或服务的进入和增长,而不是复制现有主导平台的产品或服务并与之正面较量。因此,在推动平台实施数据互操作以降低市场进入壁垒的同时,需要更多地引导其促进互补性产品和服务的发展,将数字平台从争夺用户基础数据的恶性竞争引导至更好的创新竞争上来,而不是将资源耗费在主导平台的扼杀式收购和与竞争性平台的竞争内耗上。

4. 警惕共谋和滥用市场支配地位风险

首先,我们要警惕共谋风险。促进数据互操作必须与一些其他政策问题相平衡,如确保足够的投资回报激励公司收集和处理数据、保护用户隐私和商业秘密,以及注意数据互操作中可能存在的共谋。[③] 数据互操作带来的更大的透明度以及更多的市场接触可能会促使企业之间明示或默许的共谋,从而减少研发等方面的投资;还可能促使企业之间交换有关价格、产量和新产品开发等相关业务和竞争信息,促进竞争对手之间的勾结。此外,定价算法可能与数据池相连接,这可能会助长平台制定详细的单边定价方案,造成定价歧视或超高定价。[④] 其次,促进数据互操作也可能导致主导平台实施滥用市场支配地位行为。例如,主导平台对 API 或附加程序层做出微小改变,可能会对依赖该 API 的公司的商业模式产生致命影响。此外,与数据可移植性一样,主

---

① See Michael Kades & Fiona M. Scott Morton, *Interoperability as a Competition Remedy for Digital Networks*, SSRN(Mar. 22,2021), https://papers.ssrn.com/sol3/papers.cfm?abstract_id=3808372.

② 参见[英]马丁·摩尔、[英]达米安·坦比尼:《巨头:失控的互联网企业》,魏瑞莉、倪金丹译,浙江大学出版社 2020 年版,第 18~19 页。

③ See Jacques Crémer, Yves-Alexandre de Montjoye & Heike Schweitzer, *Competition Policy for the Digital Era*, European Union Press, 2019, p. 5.

④ See Björn Lundqvist, *Regulating Industrial Internet through IPR, Data Protection and Competition Law*, Kluwer Law International Press, 2019, p. 306.

导平台可以监控竞争对手对其开放的API的使用以"克隆"竞争对手的产品,或利用其对竞争对手行为的一目了然以其他方式来实施反竞争策略。① 因此,政府在鼓励企业开放数据的同时,需要完善监管和争端解决机制,为进入者提供应对这些策略的手段。

(二)渐进式数据互操作应规则先行

数据互操作目前尚缺乏统一的法律和技术标准,同时还须平衡平台安全与用户隐私、创新减少、产品同质化和共谋及滥用市场支配地位的风险,因此,目前最可行的路径是针对不同类型的问题,平衡互联互通的风险和收益。② 数据互操作不应是普遍性的而应是渐进式的,不应过于激进,要平衡风险、规则先行。

1. 明确数据互操作的对象

被要求实施数据互操作的主体目前主要集中于特定的主导平台,由此可以降低市场进入壁垒以促进市场竞争,同时也可减轻竞争执法机构的监管负担。主导平台一般愿意向非竞争平台开放API,因为这可以为主导平台带来用户流量、扩大平台影响。但主导平台是否有义务与竞争性平台实施数据互操作,不同的国家或地区有不同的做法。欧盟的《数字市场法》草案虽然对守门人企业规定了数据互操作的强制义务,但其仅规定了守门人与其企业用户和辅助服务提供者互操作,并未规定守门人与其核心服务竞争者互操作。③ 在美国,立法和实践出现了分歧。美国《ACCESS法案》规定,主导平台与竞争或潜在竞争平台实施数据互操作是主导平台的强制义务,但反垄断诉讼出现了不一样的判决。以2020年12月"脸书反垄断诉讼案"为例,法官认为,脸书没有禁止第三方为竞争对手开发类似的产品,只是禁止第三方利用自己的数据去帮助竞争对手,④脸书拒绝与竞争应用程序互操作的行为并不违法,按照当前的反垄断法无法据此提起诉讼。⑤

美国的相关法案目前仍在审议阶段,"脸书反垄断诉讼案"的诉讼程序也没有终

---

① See James Mancini, *Data Portability, Interoperability and Digital Platform Competition*, SSRN(Jun. 10, 2020), https://papers.ssrn.com/sol3/papers.cfm? abstract_id = 3862299.

② 参见樊瑞:《网络平台联通大势》,载微信公众号"财经E法"2021年9月14日,https://mp.weixin.qq.com/s/9ZyTc6xQOBywni2GxARydA。

③ 参见王晓晔:《数字经济反垄断监管的几点思考》,载《法律科学》2021年第4期。

④ 参见裴培:《里程碑式的判例:Facebook反垄断案的判决,及其对国内的影响》,载微信公众号"互联网怪盗团"2021年6月30日,https://mp.weixin.qq.com/s/zplctpXMAuBCbPWnRivVkw。

⑤ 参见《FTC起诉Facebook被驳回,无法证明其垄断》,载IT之家网2021年6月29日,https://m.ithome.com/html/559882.htm。

止,但美国立法和司法之间的不同做法至少说明了目前立法和司法对主导平台是否有向竞争对手实施数据互操作的义务争议很大。究竟主导平台是否有向竞争平台实施数据互操作的强制义务,这应当是建立在经过全面的反垄断法分析之后才能得出的结论,即拒绝数据互操作是否具有排除、限制竞争的效果?是否构成拒绝交易?是否有正当的抗辩理由?这需要进行个案具体分析,而不是"一刀切"。

2. 明确互操作的数据范围

有学者将平台拥有的数据分为3类:自愿数据(volunteered data)、观察数据(observed data)和推断数据(inferred data)。① 自愿数据是用户自动输入的数据,是由用户明确和有意地披露的数据;观察数据是从用户对设备、网站或服务的使用中获得的,如通过互联网智能设备(智能手机、智能电视、智能音箱等)获得数据,用户可能不知道这些数据是否被收集;推断数据是通过对自愿数据和观察数据进行细化和重组来获得的,如通过聚类、过滤或预测等数据分析方法获得,其在很大程度取决于平台的算法质量。② 根据欧盟《通用数据保护条例》(General Data Protection Regulation)第20条的规定,将数据互操作的数据范围限制在自愿数据和观察数据,甚至只限于自愿数据,可以大大减轻数据互操作带来的同质化创新的忧虑。

2021年11月1日生效的《个人信息保护法》规定了平台收集数据应遵循"数据最小化"原则,2021年9月30日全国信息安全标准化技术委员会发布的《网络安全标准实践指南——数据分类分级指引(征求意见稿)》规定平台进行数据分类时按照个人信息、公共数据和法人数据的次序遵循就高从严原则。③ 但即使如此,准确处理各种数据尤其是混合数据的分类分级目前仍存在很大困难,平台原始数据的具体规模外界不得而知,加上数据实时变化调整,即便有事前监管制度,数据访问的确切范围和条款仍需要在个案的基础上仔细评估。正如学者所指,欧盟运作条约(Treaty on the Function of the European Union)第102条不是处理数据访问请求的最佳工具,如果请求者追求的是更深层次的数据访问(如为进行人工智能算法训练的数据访问),在这种情况下,出

---

① See Jacques Crémer, Yves-Alexandre de Montjoye & Heike Schweitzer, *Competition Policy for the Digital Era*, European Union Press, 2019, p. 5.

② See Jan Krämer, *Personal Data Portability in the Platform Economy: Economic Implications and Policy Recommendations*, Journal of Competition Law & Economics, Vol. 17:2, p. 266(2020).

③ 参见《数据分级分类国家标准启动公开征求意见(附全文)》,载微信公众号"数据法学"2021年10月5日,https://mp.weixin.qq.com/s/o_DPC5UYj95eJxiMo6r8gQ。

现基于市场的解决方案(如数据交易)或采用监管制度似乎更好。①

3. 协调数据互操作竞争利益

以数据互操作的标准制定为例,数据互操作的标准可以以不同的方式开发:它可以仅仅通过被其他公司广泛采用,或者由于相关公司的支配地位而成为事实上的标准;也可以通过如政府、行业协会、标准制定组织等各方协调制定。标准制定组织在避免标准与成员的知识产权发生冲突方面起重要作用,特别是,其可能要求其成员公开他们持有的专利,进一步判定专利是否对实施标准有必要,并强制他们提供免费或公平、合理、非歧视的访问这些专利的基础。② 考虑数据互操作的实施不仅涉及专门的技术问题,更重要的是,需要审慎考察实现数据互操作所带来的竞争影响,因此,数据互操作标准应由国家来组织协调制定,并应在标准制定过程中积极进行市场调查、听取各方代表的建议。此外,实施数据互操作也应协调数据互操作带来的法律和部门冲突。以用户的数据隐私保护为例,反垄断法维度下的数据互操作在实施过程中要注意与《个人信息保护法》《数据安全法》等法律中数据隐私保护相关规定的衔接协调和与执法部门之间的分工合作,实现数据隐私保护方面法律的良性互动。③

五、数据互操作:构建反垄断法和行业监管法通力合作的竞争治理体系

2021年9月9日,工信部在其召开的"屏蔽网址链接问题行政指导会"上提出了有关开放即时通信软件的3点合规标准,④并要求相关平台在限期内按照标准解除屏蔽,否则将依法采取处置措施。⑤ 由此可见,我国对促进平台互联互通持积极推进态度,行业监管机构也在积极开展相应的工作促进互联互通。数据互操作性可以通过两种途径实施:一种是将其作为特定行业的监管措施,特别是数据访问意味着开放或促进辅助服务的二级市场情形;另一种是将其纳入反垄断法的规制框架中,主要针

---

① See Jan Krämer & Daniel Schnurr, *Big Data and Digital Markets Contestability: Theory of Harm and Data Access Remedies*, Journal of Competition Law & Economics, p. 9(2021).

② See James Mancini, *Data Portability, Interoperability and Digital Platform Competition*, SSRN(Jun. 10, 2020), https://papers.ssrn.com/sol3/papers.cfm? abstract_id = 3862299, p. 19.

③ 参见《德国反垄断监管机构对谷歌进行调查——搜索引擎平台用户数据的隐私保护》,载微信公众号"武大竞争法"2021年6月1日,https://mp.weixin.qq.com/s/SjJOIYkbikEf8hatf9yrbw。

④ 参见刘以秦、顾翎羽等:《互通成定局,字节阿里候在腾讯门口》,载微信公众号"财经杂志"2021年9月14日,https://mp.weixin.qq.com/s/b098wRTndBtP4g2jOyR6Fg。

⑤ 参见《工信部:阿里、腾讯、字节等各平台限期内解除网址链接屏蔽》,载凤凰新闻网2021年9月11日,https://finance.ifeng.com/c/89S52TEyVPG。

对主导平台。[①] 但在反垄断立法和执法实践中,无论将其作为强制性义务还是补救性措施,都只能解决部分问题,解决数据开放和共享需要反垄断法和行业立法、反垄断监管和行业监管通力合作,形成包容性、可持续性的竞争治理体系。[②]

(一)设立数据互操作技术委员会

反垄断视野下数据互操作的实施涉及专业技术、法律问题、竞争分析及各方利益衡量,因此,数据互操作的实施需要拥有处理诸如数据互操作标准制定和更新、许可费用设定或评估、竞争利益分析和判定等事项能力的一个或多个机构共同合作推进。美国在《ACCESS 法案》中提出美国联邦贸易委员会(Federal Trade Commission, FTC)应建立一个技术委员会,以制定适用于特定主导平台的公平、合理、非歧视互操作标准。技术委员会是咨询性质的,没有实施或执行的权力,旨在协助 FTC 考虑数据互操作实施过程中的问题。

我国国家市场监督管理总局负责全国反垄断统一执法、监管和统一管理标准化工作,有着丰富的标准制定管理和反垄断执法的资源和经验。因此,可以在国家市场监督管理总局的领导下成立一个数据互操作技术委员会,为国家市场监督管理总局对数据互操作的规范和监管提供技术和法律指导。

1. 制定并更新数据互操作标准

数据互操作技术委员会成员由国家市场监督管理总局决定,应包括:相关竞争或潜在竞争企业代表;倡导竞争或隐私的组织的代表;拥有相关技术、法律、经济、金融或其他知识的独立学者;国家标准与技术研究院代表;主导平台的代表。技术委员会应定期开会,提供信息、分析和意见,就互操作标准的设定以及任何更改向国家市场监督管理总局提出建议。在制定和更新数据互操作标准时必须始终牢记比例原则,尤其是在数据互操作标准是相互适用或适用于多个企业的情况下,以免对小型和新兴的数字服务提供商构成过度负担。[③]

标准(如特定 API)的使用是实现服务之间数据互操作的重要机制。标准可以为数字服务之间的通信设置一种通用的通信语言和程序,并将同一公司提供的多个服务

---

① See Alison Marriott, *Publication of Special Advisers' Report on Shaping Competition Policy in the Era of Digitisation*, Kluwer Competition Law News (Apr. 18, 2019), https://www.kluwercompetitionlaw.com/document/kli-kcl-ons - 19 - 16 - 003? q = Publication% 20of% 20Special% 20Advisers% 27% 20Report% 20on% 20Shaping% 20Competition% 20Policy% 20in% 20the% 20Era% 20of% 20Digitisation.

② 参见王健:《数据开放共享需反垄断行政监管与行业监管通力合作》,载正义网,http://www.jcrb.com/legal/fzyc/202103/t20210315_2261425.html。

③ See Jan Krämer, *Personal Data Portability in the Platform Economy: Economic Implications and Policy Recommendations*, Journal of Competition Law & Economics, Vol. 17:2, p. 301 - 302 (2020).

以及不同公司提供的服务相互连接起来。然而,标准本身的存在并不能保证市场的可竞争性,过时的标准可能会被主导平台自己的专有程序所补充,有效性会大打折扣。因此,竞争当局仍需要定期评估市场或产品是否有变化,以评估API和访问条款的变化是否合理、是否需要对标准进行更新和修改。

2. 评估设定许可费用合理阈值

首先,数据互操作涉及数据权属问题,在市场经济的基本原则下,收集、整合、分析数据的企业应当享有财产权,其他企业应当在得到授权后使用数据;①其次,数据互操作涉及数据财产权的问题,数据交易要考虑平台企业在建立、维护数据或系统过程中付出的成本。数据互操作产生的成本可通过许可费用的形式,从受益的公司那里收回,但主导平台对要求进行数据访问的其他平台设定的许可费用应是公平的、合理的、无歧视的。数据互操作许可费用的设定标准应取决于互操作信息的创新度,费用原则上由许可企业设定,但是否合理可由数据互操作技术委员会调查评估,并由国家市场监督管理总局监督管理。

在"欧盟微软案"中,欧盟委员会于2007年3月向微软提交了关于微软公开的互操作信息部分没有重大创新、微软为互操作信息提出的整体价格不合理的反对声明,②并于2008年2月27日对微软作出了8.99亿欧元的罚款决定。2012年6月27日,普通法院在微软诉欧盟委员会的(Case T－167/08)判决中基本维持了委员会的决定,同时将罚款数额减少至8.6亿欧元。③ 由此可见,如何评估、设置合理的许可费用是实施数据互操作的关键一步。数据互操作技术委员会负责标准的制定和更新、进行市场调查,可以承担起评估和设定许可费用合理阈值的职责。对此,可参考美国《ACCESS法案》第7条的做法,数据互操作技术委员会应结合竞争或潜在竞争企业请求的频率、本质和数量,为访问主导平台维护的资源建立一个合理的阈值,超过该阈值主导平台可以要求相应访问方支付一个合理的费用,费用应当合比例地考虑提供此类访问给主导平台带来的成本、复杂性和风险,且不限制竞争或潜在竞争平台与主导平台进行互操

---

① 参见《互联网平台封禁利弊:明确平台数据专属权利不利于市场竞争》,载21经济网,http://www.21jingji.com/article/20210627/herald/bf637f875dd043b1cefbb000ebfdc56c.html。

② See *Antitrust: Commission Receives Reply from Microsoft to Statement of Objections on Unreasonable Pricing of Interoperability Information*, European Commission official website (Apr. 23, 2007), https://ec.europa.eu/commission/presscorner/detail/en/MEMO_07_148.

③ See Stefano Barazza, *Commission v. Microsoft: How to Set Reasonable Rates for Access to Interoperability Information and Evaluate their Innovative Character?*, Journal of European Competition Law & Practice, Vol. 4:1, p. 57 (2012).

作的能力或动机。①

(二)加强数据互操作竞争监管

1. 数据互操作的反垄断执法

面对企业拒绝数据互操作的行为,如拒绝向第三方开放 API 或附条件开放 API 的行为:在根据《反不正当竞争法》第 12 条的规定对"恶意"不兼容行为进行规制时,须重点分析其行为是否存在"恶意";在根据《反垄断法》第 17 条的规定对拒绝交易行为进行规制时,须重点分析其是否存在正当理由,应对其是否构成拒绝交易行为进行全面的分析考察。认定是否构成拒绝交易行为,应在《平台反垄断指南》第 14 条的规定下,遵循界定相关市场—判定企业是否具有市场支配地位—判定企业是否有滥用市场支配地位的行为—有无正当理由—有无竞争损害这一分析路径进行,即当竞争对手要求从一个占支配地位的公司获得数据时,需要进行彻底分析,以确定这种访问是否是必不可少的。在一些情况下,数据获取将不是竞争所必需的,如为优化 AI 算法而获取数据,在这种情况下,执法当局应避免干预,采用数据交易或采用管制制度似乎比较可取。此外,还要考虑双方的合法利益,这有必要区分不同形式的数据、数据访问级别和数据使用。②

2. 积极开展数字市场竞争调查

近年来,数字市场竞争调查越来越成为各国反垄断执法的参考工具。2020 年 7 月,英国竞争与市场管理局发布《在线平台与数字广告市场调查报告》,对在线平台及其数字广告市场的竞争情况进行调查分析并对加强政府监管提出规制建议;2020 年 10 月,美国众议院司法委员会颁布《数字化市场竞争调查报告》,针对美国数字化市场的大型主导平台行为及其现有竞争问题展开调查分析,并对数字化市场竞争提出相应的改革建议;2021 年 6 月,日本公平贸易委员会下设的竞争政策研究中心发布《数据市场竞争政策研究小组报告》,就本国数据市场竞争政策的各种问题和挑战进行研究讨论,并对政府管制及其竞争规制提出完善建议。积极开展数字市场竞争调查、定期收集数据并报告数字市场竞争情况,有助于加深对相关市场和企业的运行方式、竞争状况、发展趋势的了解,能在很大程度上完善竞争分析工具、加强监管力度、提高执法速度、增强执法效果。③

---

① Art. 7(c), Augmenting Compatibility and Competition by Enabling Service Switching Act of 2021.

② See Jacques Crémer, Yves-Alexandre de Montjoye & Heike Schweitzer, *Competition Policy for the Digital Era*, European Union Press, 2019, p. 6.

③ 参见王健、吴宗泽:《反垄断迈入新纪元——评美国众议院司法委员会〈数字化市场竞争调查报告〉》,载《竞争政策研究》2020 年第 4 期。

3. 加强对数据互操作过程的监管

美国《ACCESS 法案》第 4 条规定,API 的任何微小改变都可能对依赖 API 企业的商业模式和运行产生致命影响,故 API 的改变需要严格控制。主导平台维护的 API 有任何变化将影响使用该 API 的相关企业,主导平台应及时通过公告或即时通信的方式向受影响方提供合理的预先通知。我国主导平台如需更改 API,都须将拟议的更改提交国家市场监督管理总局请求批准,如果监管总局在与数据互操作技术委员会协商后得出结论,认为该变更不会不合理地拒绝其他企业的访问或破坏互操作,则监管总局应允许该变更。主导平台原则上必须经过批准才能更改其 API,除非主导平台面临解决安全漏洞或对用户隐私和安全造成紧迫风险的其他紧要情况,同时相关更改是唯一且必要的,且没有不合理地拒绝相关企业的访问或破坏互操作的目的和效果。[①] 此外还应规定:竞争平台与潜在竞争平台的违法行为一旦被发现,主管部门可以要求主导平台停止与其进行互操作;任何一方违法行为情况属实,均会在主管部门作出不遵守决定的情况下,被要求改正并处以相应罚款。

(三)强化数据互操作的协同监管

国务院办公厅《关于促进平台经济规范健康发展的指导意见》中明确指出,要"尊重消费者选择权,确保跨平台互联互通和互操作",同时要"创新监管理念和方式,实行包容审慎监管"。但我们也能注意到,不同主管机关对互联互通的表态是不同的:国务院反垄断委员会只是对部分行为的互联互通提出要求——在《平台反垄断指南》第 21 条经营者集中救济措施中规定"承诺兼容或者不降低互操作性水平等行为性条件";市场监督管理总局只是在个案中提出互联互通要求——在"阿里巴巴垄断案"的行政指导书中规定"充分尊重用户选择权,不得没有正当理由拒绝交易,促进跨平台互联互通和互操作";工信部则是在局部领域提出互联互通要求——"企业能够按照整改要求,务实推动即时通信屏蔽网址链接等不同类型的问题,能够分步骤、分阶段得到解决",但认为"互联网安全是底线"。

正如我们在传统银行业、电信业所做的那样,数字经济领域也需要反垄断监管与行业监管携手合作,形成一整套科学缜密、包容审慎的监管体系。[②] 具体而言,即加强反垄断、网信、工信、金融、公安以及司法等监管部门协同、区域协同和央地协同,形成

---

① See Art. 4, Augmenting Compatibility and Competition by Enabling Service Switching Act of 2021.

② See *Statement by Executive Vice-President Vestager on the Commission Proposal on New Rules for Digital Platforms*, European Commission Official Website (Dec. 15, 2020), https://ec.europa.eu/commission/presscorner/detail/en/STATEMENT_20_2450.

监管合力,[①]完善监管工具和措施,机制上从专业性监管转向整体协同监管,方法上从惩罚性监管转向激励性监管。[②] 当然,协同监管总体上应坚持竞争政策优先,由负责反垄断监管的国家市场监督管理总局牵头,与相关行业监管部门紧密合作,多管齐下,形成事前预防、事中事后、持续监管的全面监管格局。

(四)完善数据互操作争议解决机制

按目前的争议纠纷解决途径,对于执法机关与平台企业之间的争议,相关平台企业对竞争执法部门构成具体行政行为的行政命令和行政处罚不服的,可以依据如《行政诉讼法》第44条、《行政处罚法》第6条等相关规定,依法申请行政复议或者提起行政诉讼。而对平台之间以及平台与用户之间的争议,双方可通过和解、投诉举报、申请调解、依法提起诉讼或仲裁等方式解决。但在数字市场领域,在数据、算法、技术、强弱实力差距等因素的裹挟下,违法行为往往具有隐蔽性,违法证据难以搜集,在诉讼、仲裁"谁主张,谁举证"的模式下,受害者往往难以通过诉讼或仲裁得到救济。而对于投诉、举报和调解,目前各大平台制定的相关规则和《电子商务法》等法律的相关条文对争议解决过程并未作详细规定,尚存在缺乏监督机制、调解主体及效力不明确、公平和效率无法保障等问题。

2019年6月,欧盟颁布了《提高商业用户使用线上中介服务的公平性和透明度的第2019/1150条例》,[③]旨在创造更公平、透明的平台交易环境,该条例第三部分详细规定了平台经营者、平台内经营者、消费者之间的争议解决方式。有学者针对我国电子商务平台内投诉举报和争议调解等方面的不足,参考该条例的规定提出了相应的完善建议,包括但不限于完善有关内部投诉、举报制度,要求电商平台经营者设立内部调解通道、成立专门的调解机构,在电子商务领域建立公益诉讼制度并拟定公益诉讼白名单。[④]

数据互操作实施过程中平台之间以及平台和用户之间的争议纠纷复杂多样,涉及很多专业性、技术性的难题。对此,一方面,需完善平台内部投诉、举报制度,畅通内部调解通道,甚至通过在全国、省、市等更高的层面设立涵盖数据互操作纠纷的专门调解机构等方式来完善数据互操作的争议纠纷解决途径;另一方面,需通过提高执法、司法

---

① 参见孙晋:《数字平台的反垄断监管》,载《中国社会科学》2021年第5期。

② 参见孙晋:《数字平台的反垄断监管》,载《中国社会科学》2021年第5期。

③ Regulation(EU)2019/1150 of the European Parliament and of the Council of 20 June 2019 on promoting fairness and transparency for business users of online intermediation services,简称《P2B条例》。

④ 参见王健、季豪峥:《我国电商平台交易公平性和透明度规则研究》,载《经贸法律评论》2021年第4期。

及其他专业人员的专业素质,保证其公正性和独立性,提高机构解决数据互操作争议的准确性和效率性。投诉、举报及调解有着比诉讼、仲裁更快速、便捷、灵活的优势,应当尽快加以完善,使之成为诉讼、仲裁之外解决争议纠纷的有力补充。

(责任编辑:陈娇娇)

大数据金融语境下金融数据安全保障的法律探究*

黎四奇** 杨 林***

摘 要:大数据金融语境下,安全是一个扩张性的概念,应从数据割裂、数据孤岛、数据质量、数据隐私等层面作因时而进的解读。在金融数据安全保障的法律建构中,立法者应秉承平衡性思维,以力求在安全与技术发展之间找到最佳的黄金分割点。鉴于金融科技可能的反人类性,在制度建构中,亦有必要植入科技伦理的要求。权利依于义务的严格履行及无处可逃的责任信守,因而从义务与责任的角度来思考金融数据安全的保障为一种比较明智的选择。

关键词:金融科技;大数据金融;安全保障

大数据金融语境下,数据即利益、资源、权利/权力、暴力与控制等。金融数据安全事关金融正义与金融稳定。鉴于此,有必要立于时代对金融数据安全保障进行法律性的解构。

一、金融数据安全保障的逻辑基础

(一)法哲学层面的探索

在目标上,法律具有价值多元性,如自由、平等、安全等,但是人类群居的生活需要关系与秩序,这不仅是因为它决定了资源的分配,还是因为只有在安全与秩序中,人类才可能延续。“首要的问题不是自由,而是建立一个合法的公共秩序。人当然可以有

---

* 本文系教育部重大攻关项目“科学构建数据治理体系研究”(项目批准号:21JZD036)的研究成果。

** 湖南大学法学院教授、博士研究生导师,法学博士。

*** 湖南大学法学院博士研究生。

秩序而无自由,但不能有自由无秩序。必须先存在权威,而后才谈得上限制权威。"[①]虽然这种思想并不一定"温情脉脉",但它说明秩序是法律的基础性价值。为了防止朝令夕改,法律必须稳定,但是其也并非静止不变。人类的历史是由过去、现在与未来所组成的一条线,在幸福生活的追求中,仅靠稳定性并不能为我们提供一套富有生命力的法律制度,法律必须服从于特定时代所提出的进步要求。

科技创新不仅导致人类生产效率的提升,而且也直接引领了法律的发展。大数据、人工智能等是这个时代的技术标签,其在拓展人类自由空间的同时,也必然会对前有的社会关系、利益、团体等产生一种"洗牌效应",从而打破原有的壁垒、分工与格局。大数据既是机遇,也是挑战。大数据技术正在日益改变信息的生产、加工、传播与组合方式,使凡物皆可数、物物相联成为可能,但是数据的分享、挖掘、公开与分析也正使社会中的每个人都处于一种不设防的透明化或半透明化状态,使我们正日渐不自知地步向一个风险倍增的社会。在社会关系调节中,法律本身就是一种生命性的存在,为了避免自身的崩溃,法律必须对大数据、大数据金融所触发的新型关系在甄别的基础上明确肯定或否认的法律立场,以使大数据金融行进于造福人类福祉的道路上。

(二)风险治理的视角

科技虽然带来文明,但是同时也开启了风险的"潘多拉之盒"。对于风险,学者吉登斯依据风险来源,将现代社会的风险分为外部风险和人造风险两大类。其中,人造风险指"由我们不断发展的知识对这个世界的影响所产生的风险,是指我们没有多少历史经验的情况下所产生的风险"。[②] 随着人类认知的发展,在人为自然立法的旗帜下,自然日益成为人类征服与改造的对象。不可否认,与传统金融相比,大数据金融具有许多优越之处,如提高了资金循环的效率、扩大了金融服务的对象等。然而,也必须意识到,无论一项技术是如何卓越与先进,其最终都必须由人来操控,而这使人类不得不时刻直面可能的操作风险。"任何抽象体系,不论它设计得如何尽善尽美,也不会按人们所假设的那样完美地运作,因为操作者会有失误。"[③]

科技化中,人们面前的世界已并非一幅田园牧歌的景象,当新知识与物化的技术被嵌入社会中时,我们的社会就已开始丧失稳定性,因为新知识在改造世界的同时,也改变了和谐的本质,使世界发生了新的转向。大数据金融开启了一个新时代的金融文明,但是它也直接带来了风险、集中、控制与奴役。当货币被数据化时,它更意味着其

① [美]塞缪尔·P. 亨廷顿:《变化社会中的政治秩序》,王冠华等译,沈宗美校,上海人民出版社2008年版,第6页。

② [英]安东尼·吉登斯:《失控的世界》,周红云译,江西人民出版社2001年版,第22页。

③ [英]安东尼·吉登斯:《现代性的后果》,田禾译,译林出版社2011年版,第134页。

持有者进一步丧失了对财富的直接占有与控制，意味着财富因技术升级而被社会中的少数精英进一步集中与垄断。

大数据金融统摄下，数据即资产，而不知不觉中，由于对技术的无知或一知半解、技术垄断及操作失误，数据安全整体上更处于一种不安全的状态。人工智能化的大数据金融旨在将人从琐碎的事务中解脱出来，但是技术越发达，人类就越深陷于技术依赖与可能失控的风险。金融科技已成功实现了“1.0”向“2.0”的华丽转型。“金融科技天生拥有创新基础，对行业与经济、民生是有益的，但插上科技翅膀的金融，具有更强、更广和更快的易破坏性，金融服务面临的安全威胁也与日俱增。”①大数据金融下，最终是由人控制技术化的金融，还是技术及技术化的金融风险来奴役与肆虐人类，这是一个必须由法律解答的时代问题。

（三）财产形态的数据化

在人们的日常生活中，“财产”似乎是一个司空见惯的常识性概念，但是若穷根究底，它却是难以名状。鉴于财产于人之生存的重要性，在法律恢宏的规范体系中，财产是一个高频词汇，如在《刑法》中，出现135次，在《民法典》中，出现237次。法律规范是由字词根据一定的文法所形成的命题，字词句的具体含义直接决定了对当事人的生命、财产与自由的保护、限制或剥夺。高频化的“财产”一词表明，在利益分配与责任承担中，它是关键词语。然而，匪夷所思的是，在相关的法律文本中却很难找到对财产的法言法语性的解释。一般而言，财产是指可以看得见摸得着的事物，如金钱、房屋等。大体上，财产可以被划分为动产、不动产与知识成果性财产。在特征上，财产存在于人体之外，能为人所控制，并能被用于满足生活需求。

在我国法律体系中，虽然难以寻觅到对财产的定义，但是对“物”却有明确的界定，如《民法典》第115条规定：物包括不动产和动产；法律规定权利作为物权客体的，依照其规定。那么，是否就可以推断财产和物是可以等同的？在释义不明时，这是一个难以妄下结论的问题，但可以确定的是，“物”肯定属于财产的范畴。在民法学界，对于物的形态，原存在有体物与有形物之争，争论的结果是：“随着人类科学技术的发展，有体物不仅包括那些看得出、摸得着的有形物，也包括无法为人们肉眼所看见或无法为人所触摸的无形物。”②此外，亦有人认为：“在民法上对于社会物质构成要素采用人与物两分法，换言之，社会物质要么是人，要么是物，不存在人与物之间的过渡存在，否则这

---

① 平安金融安全研究院、北京神州绿盟科技有限公司：《2017金融科技安全分析报告》，载《信息安全与通信保密》2018年第9期。

② 王利明、杨立新、王轶、程啸：《民法学》，法律出版社2015年版，第199页。

个社会物质就不属于社会存在,民法无法对其进行调整。"①如果依此理解,则大数据金融中的金融数据属于法律中无形物的范畴。

科技不仅加速了思维模式的改变,而且也改变了财产形态,使财产虚拟化与数据化。大数据时代,凡物皆可数。虽然货币财产的数据化加速了资金融通,提高了价值创造的机会与效率,但是当货币离它原有的形态越来越远、越来越抽象时,它也随之越来越不受财产主体的掌控与支配。对于信用资产的持有者而言,其资产就是计算机系统中的数字符号。毋庸置疑,网络的开放性、技术性、电子性及大数据的挖掘性、预测性、关联性等使金融数据安全更加处于一种不确定性的风险状态。

二、金融数据安全保障应恪守的基本理念

(一)科技伦理性

科技与伦理之间的论战一直没有休止。有人认为,科学是关于"是"的事实性知识,而伦理则属于"应该性"的价值性知识,因而科学与伦理无涉。对此,休谟即认为:"科学是一个抽象直观的知识体系,它使用描述命题,确认在原则上应该证实的事实,而价值则与目的相关,它使用命令命题,表达人的主观意向,提出不能证实的也不应该证实的没有真假的种种原则和规范。"②科学的目的在于真理,科学与技术的结合在于自由,但是科技越来越不受人的控制,它反而因其权威性与实用性控制我们,并最终演变为一种迫不得已的奴役与枷锁。同时,科技也并不必然会促使人类道德的升华,诚如卢梭所担忧的那样,如果缺乏有效的约束,科技发展不仅不会促进道德的进步,反倒会加速道德的沦丧。在人类的繁衍生息中,如果文明只局限于物质、技术、艺术等元素,那么这一见解未免过于肤浅。出于对美好生活的追求,伦理性要求必须在人类社会生活中的每一个细节中得以体现。虽然技术能增加财富,但是它并不能确保一种善的生活。"人类现在正无可奈何地致力于寻找避免成为经济动物的方法,或者更准确地说,致力于寻找一个伦理罗盘来引导技术的发展。"③

数据安全危机下,网络意味着一种新式的垄断、暴力、霸权与风险。"世界已经离开了暴力与金钱控制的时代,而未来世界政治的魔方将控制在拥有信息强权者的手里,他们会使用手中掌握的网络控制权、信息发布权,利用英语这种强大的文化语言优

---

① 杨立新:《网络交易平台提供者民法地位之展开》,载《山东大学学报(哲学社会科学版)》2016年第1期。

② [英]休谟:《人性论》,关文运译,郑之镶校,商务印书馆1980年版,第509页。

③ [美]斯塔夫里阿诺斯:《全球通史:从史前史到21世纪》,吴象婴等译,北京大学出版社2012年版,第12页。

势,达到暴力和金钱无法征服的目的。"①虽然新技术正在一步一步地革新人类的生存方式,但同时也让新旧问题堆积。大数据正使人类面临严重的伦理危机,大数据传输的技术风险,如黑客的出现和对大数据的滥用,造成了资源、技术、技术犯罪、信息安全、保密、病毒、"黑客"等问题,似乎也证实了技术本身的风险逻辑。② 虽然我们可以通过技术、严苛的法律等来缓解人心难测的问题,但是"我们不能只依赖技术,还需要给网络注入更多的人文色彩。网络技术迫切要求与网络道德之间形成一种相互作用、相互影响的关系,从而实现技术性与人文性的统一"。③ 大数据的基础是超级计算,虽然算法并没有价值判断,但是人会给算法植入了自己的价值判断。随着算法能力的日益强大,被赋予的价值越来越多时,社会权力就必然会被进一步收缩,社会资源也必然会随之集中与板结。随着机器依赖的与日俱增,最终究竟是人控制了机器,还是机器控制了人,这是一个现实问题。

大数据金融的优势并非遮蔽其伦理问题的理由,恰恰相反,伦理问题也是对大数据金融先天缺陷的一种反映。大数据金融依赖于网络,而如果使用不当,网络技术就会偏离技术应有的初衷,对个体与社会整体造成伤害。在技术面前,人类并不理性,因为"科技理性眼中只有生产力优势,因而患上了受系统制约的风险失明症"。④ 为了防止这种风险,在金融安全保障中,就必须确立大数据金融伦理性原则,以守住技术应有的德性。"当计算机互联网络成为人们不可摆脱的一种生活方式,人们就有权利要求它必须具备适应人性、满足人性和关怀人性的品质。"⑤在大数据技术的孵化下,无论金融创新发展到何种程度,为了让大数据金融链条中的每一个参与者都能对技术无害存在确信,安全诉求都应讲究伦理,而这本身也是知识向善的根本要求。

(二)安全性

对于何为安全,有学者认为:"如果一个国家的公民在实施赋予他们的权利中不受外来的干预,我才称他们是安全的,权利可能涉及他们的人身或他们的财产。因此,安全——如果说这种表述听起来不太过于简单、因而也许是含糊不清的话——就是合法

① [美]塞缪尔·亨廷顿、[美]彼得·伯杰主编:《全球化的文化动力:当今世界的文化多样性》,康敬贻等译,新华出版社2004年版,第3页。

② 参见李伦、孙保学、李波:《大数据信息价值开发的伦理约束:机制框架与中国聚焦》,载《湖南师范大学社会科学学报》2018年第1期。

③ 楚丽霞:《关于网络发展的伦理学思考》,载《天津社会科学》2000年第5期。

④ [德]乌尔里希·贝克:《风险社会:新的现代性之路》,张文杰、何博闻译,译林出版社2018年版,第63页。

⑤ 李兰芳:《论网络时代的伦理问题》,载《自然辩证法研究》2000年第7期。

自由的可靠性。"[①]霍布斯认为:"人民的安全是至高无上的法律。"[②]大数据金融拓展了金融文明与自由的空间,但是也掺入了令人不安的因素,这主要表现在以下几个方面:

一是金融数据安全风险。共享、开放与平等是大数据存在的基础与大数据时代的核心精神。在信息与知识不对称的情况下,金融的线上性、虚拟性、智能性等使用户的金融数据实时处于一种不设防或难以设防的风险状态。大数据金融下,金融数据具有强大的社会价值,且不限于初次用途,还可以二次或多次利用。虽然针对互联网于隐私权的挑战,人们倡导将告知与许可、匿名化与模糊化作为防御的武器,但是大数据使这些应对之策难以奏效。大数据金融时代,如何确定数据的权属、理性地划定金融隐私权保护的边界及相关当事方的权责利为时代所急。二是货币数字化的溢出风险。虽然数字货币节约了交易成本,为商业化发展再次提供了"催化剂",但是如果货币发行权失范,则必然会导致货币政策失灵,并进而加速社会秩序紊乱。如果这一风险得不到有效的制阀,则必然会导致公民财富被铸币税"合法"掠夺,从而抑制投资、生产与创新。三是金融数据的分析风险。为了防范失信风险,在业务开展中,金融机构倾向于从事前的角度对风险进行评价,从而确定是否与客户建立关系及建立多大的业务关系等。在前超算时代,这一目标难以低成本地实现,但是金融大数据"过去决定未来"的预测能较好地解决这一短板。大数据下,金融机构可以对客户前期沉淀的破碎化数据进行总体评价,进而进行交易决策。虽然大数据金融可以起到风控的效果,但是交易不能也造成了金融不公,因为"大数据成为了集体选择的工具,迫使我们放弃了自由的意志。大数据的不利影响并不是大数据本身的缺陷,而是我们滥用大数据预测所导致的结果"。[③] 四是法律风险。大数据语境下,侵犯不同法益的违法行为不仅在形式上出现专业性的"进化",如盗窃或抢夺实物货币变成了在智能终端中篡改数据或进行数据异动,货币形态的改变将促使有权者对伪造/变造货币罪进行适时的解释,而且技术性也必将使违法行为更加具有隐蔽性,从而对矫正性正义提出了新的诉求。虽然面对诸如此类的纷争,可以援引时下的法律条文提供一种法律上的解读,但是由于规范自身的时滞性、零散性、粗放性,其能否提供一种公众认可的正义支持也值得质疑。

(三)平衡性

在法律建构中,每一种法律制度都面临界定权利/权力、明确权利/权力及协调权

---

① [德]威廉·冯·洪堡:《论国家的作用》,林荣远、冯兴元译,中国社会科学出版社 1998 年版,第 112 页。

② Thomas Hobbes, DeCive, ed. S.P. Lamprecht, New York 1949, Pt. Ⅱ. Xiii, 2. 转引自[美]博登海默:《法理学:法律哲学与法律方法论》,邓正来译,中国政法大学出版社 1999 年版,第 293 页。

③ [英]维克托·迈尔·舍恩伯格、[英]肯尼思·库克耶:《大数据时代》,盛杨燕、周涛译,浙江人民出版社 2012 年版,第 207 页。

利/权力的问题。法律是一种中庸的艺术，而这也决定了在权利/权力与义务的分配中，权利/权力与义务都有刻度。"妥协—诚信—和平"是法律的精神所在。大数据金融需要发展，这是当今时代不变的主题，同时金融数据安全也是必须守护的底线。当多元利益都需要被纳入界定的范畴时，为了实现公正，并进而促进金融文明，在法律改良中，必须自始至终地贯彻平衡的理念。

在创新与监管中，安全一直处于难以撼动的主导地位，"金融管制的根本目标是实现金融稳定，金融管制是金融稳定的制度体现"。[①] 金融管制体现的是权力意志，金融创新彰显的是自由意愿。如果单从强力的表象剖析，市场必须听命于政府，服务于安全的高远要求，然而，如果深入政府权力来源的正当性，则不难发现这一观点失之偏颇。在法哲学上，权利才是权力存在的正当性，权力存在的基础即在于保障权利与扩大自由，而不是相反。如果这一判断是正确的，那么我们就不难推导出以下命题：大数据金融应景下，金融数据安全保障也并非一个抑制创新的绝对概念，金融治理本身就是一个安全、自由与效益价值的综合体。辩证而言，不安全中已包含了安全的元素，因为风险、压力与不确定性也是作为安全的激励因素存在。在个体与整体的关系中，无度地强调安全只会导致社会的停滞不前与最终的衰败。变革有益于安全，而拒绝变革则导致不安全与社会的分裂。

客观上，作为手段存在的科技并无善恶之分，但是人之意念与行为却存在善恶之分。鉴于此，大数据及大数据金融必须接受伦理的约束，但这也是一个平衡的表达。在事实层面，面对技术的蓬勃发展，无论我们如何呼吁伦理，人类已不可能回归到那茹毛饮血与刀耕火种的石器时代，人类与技术前行是文明中不变的主旋律。"一切以往的道德归根结底都是当时社会经济状况的产物。"[②]"科学技术是人类对客观规律的正确反映，是求真的过程，属于实践范畴；伦理是维护人们生活及其行为的准则与规范，是求善的过程，是辩证的范畴。"[③]

三、金融数据安全保障的义务解析

（一）问题何在：金融数据安全保障义务设定的前提

金融科技"2.0"时代，金融机构实质上扮演的是一个金融数据"搬运工"与准确"记账"的会计角色。金融数据安全不仅事关金融关系的稳定与安全，而且也与其客户

---

① 周子衡：《金融管制的确立及其变革》，上海人民出版社2005年版，第8页。

② 《马克思恩格斯选集》（第3卷），中共中央马克思恩格斯列宁斯大林著作编译局译，人民出版社1972年版，第134页。

③ 潘建红：《现代科技与伦理互动论》，人民出版社2015年版，第31页。

的资产安全紧密相关。如果数据安全不能得到应有的保证,那么金融发展也只能是空谈。基于此,与其说风险治理是金融法建构的主线,倒不如说,整个金融法律体系都应围绕金融机构客户的资金安全展开,而这一主题在大数据金融下显得尤其急切。在金融治理中,虽然规范的制订者都致力于从内部治理、流动性等力保金融机构的稳健,但是如果从"金融消费者是金融机构上帝"的角度评价,金融法在本质上是服务于金融消费者的权益,而这一问题与金融数据深度关联。现对与此相关的困境作如下解析:

一是"市场假象问题"。数据并非新词,在"小数据"时代,这一术语已然存在。语词自身的不准确性、多义性可能造成解释或理解的混乱,从而传递虚假、错误或误导的信息。在不同时空中,数据所要表达的思想与观念迥然不同:在小数据时期,数据相对静态,比较封闭化、零碎化与样本化,其应有的价值与功能难以释放;而在大数据时代,数据呈现开放性、相关性与总体性,其应有的潜能与价值可以被深层次挖掘,而与此同时,开放与动态也使数据处于不确定的风险之中。二是权利清单不明确。权利与义务是一个对称性的组合。在法律关系中,只有明确了权利,义务与关系才有存在的意义。大数据下,金融机构对于其辖下的金融数据安全负有保障义务,而这种义务的种类与范围是一个和金融消费者权利紧密关联的问题。虽然《消费者权益保护法》为消费者配备了9种权利,但是并没有解决这些权利的范围及与其他权利相互协调的问题。而且,根据该法第2条的"消费者为生活消费需要购买、使用商品或者接受服务"的概念循环,金融消费者是否属于消费者也充满了变数。三是关键概念不够清晰。语言是存在的家,其凝固的是一个世界。如果语言越来越抽象,我们也就和自己所处的世界与家园越来越远。实际上,语言也是法律的家园,其凝固的是关系、权利/权力、义务与责任。如果作为利益分切器的法律语言抽象、晦涩,那么法律正义也必然无家可归。金融数据安全是大数据金融的"立身安命"之本,在这一目标实现中,如果法律人从一开始就通过具体的条文对数据安全进行建章立制,而直接跳过数据、安全及数据安全等基础概念,那么就必然面临理想与现实严重脱节的矛盾。《网络安全法》、中国银保监会《关于印发监管数据安全管理办法(试行)》与数据保护紧密相关,但是其并没有廓清信息与数据的词义。四是义务主体不明确。在论及义务主体时,必须明确权利及权利主体。大数据引发了一系列新的法律问题,其中最基础的是数据权,但是对于这一术语的认知仍处于一种论战状态。在无语境设定时,汉语中的"权"字存在"权利"与"权力"两种截然不同的解读,而这也导致在认识范式上,数据权表现为权利范式或权力范式。此外,亦有人提出:"从数据权、数据权利到数据产权,数据确权正经历权利范式——权力范式——经济范式的嬗变。”[①]“数据权基本谱系可分为数据主权和数据权利两大框架。”[②]除对基本概念缺乏共识外,人们对于数据权的具体内容也是众说纷纭。由于数据权与金融数据权存在逻辑上的上下位关系,上述不确定就必然导致金融数据权的相关问题亦处于模糊状态,进而使在金融数据安全保障中义务主体的不确定。大数据金融下,若不严格地确定义务主体,那么金融数据安全保障就可能是一个似是而非的命题。

(二)关键词明确:金融数据安全保障义务配置的基础

本质上,法律学即语言学。“毋庸置疑,法律是一种语言机制。法律是用语言制定的,那些用来构成法律的概念只能通过语言才能为人们所理解。”[③]“概念在未明确之前,不应使用它,且在没有相信其真实性之前,不应提出该主张。”[④]鉴于此,在给金融数据安全提供义务性制度保障时,我们有必要对大数据语境下的数据、安全与义务主体等尽可能有一个系统、合理与客观的认识。

1. 数据

大数据时代,数据是信息处置系统的基本单元,但是对于何谓数据,法学界的理解并不相同,“从数据保护的法律史上看,数据的法律保护是舶来品,在欧美国家被称为‘personal data’。在我国存在多种称谓,比较典型的是个人信息、个人资料、个人数据。”[⑤]数据并非法学词汇,而是一个计算机科学的术语。在数据的法律研究中,对于数据是什么必须遵循“法律的归法律、计算机科学的归计算机科学”的学科原则。“网络语境下的数据,实际上应限于电子数据,即在计算机及网络中流通的二进制数字代码0和1组合而成的比特流。”[⑥]特征上,数据是“存储在计算机的各种信息的总和,是计算机加工的原料,是事实的集合,是测量或观察的结果或产生信息的原材料”。[⑦] 在形式上,数据可以划分为连续值的模拟性数据与离散的数字数据,前者如图像与声音等,后者如文字与符号等。

基于以上,对金融数据该作如何界定呢?对此可作广义与狭义的解释。广义上,

---

① 文禹衡:《数据确权的范式嬗变、概念选择与归属主体》,载《东北师大学报(哲学社会科学版)》2019年第5期。

② 肖冬梅、文禹衡:《数据权谱系论纲》,载《湘潭大学学报(哲学社会科学版)》2015年第6期。

③ [澳]约翰·吉本斯:《法律语言学导论》,程朝阳等译,法律出版社2007年版,第2页。

④ [德]考夫曼:《法律哲学》,刘幸义等译,法律出版社2004年版,第10页。

⑤ 刘建刚:《数据权的证成》,载《北京政法职业学院学报》2016年第4期。

⑥ 夏英:《数据的法律属性及其民法定位》,载《中国社会科学》2016年第9期。

⑦ 温浩宇、任志纯、靳亚静:《数据的概念及其质量要素》,载《情报科学》2001年第7期。

其不仅包括金融机构自身的数据，如资产质量、流动性、自有资本、盈亏等，而且还包括为客户提供服务沉淀下的数据。对此类数据可作以下划分：一是依主从性，可划分为基础性与衍生性数据，前者如客户的户名、账号、登录密码、资金余额等，后者如交易指令、交易流水、往来账号信息等；二是依私密性，可以划分为敏感性与一般性数据，前者与金融安全密切相关，应给予强力保护，后者只涉及一般金融隐私，可给予低级别的保护。狭义上的金融数据仅指与金融机构客户相关的数据。鉴于客户是金融机构发展的基础，"狭义说"更加契合金融的本性与金融安全的需求。

2. 安全

什么是数据安全？对此，有人认为："在大数据背景下，客户的信息安全和资金安全渐成重点，信息安全则是金融机构安全保障义务的核心内容。"①虽然这种法内言法的表述无懈可击，但问题是，金融大数据化下，如何保障数据安全？在法律的改良中，如果撇开技术因素而想当然地进行法律设计，那么这就是极大的不安全。这就表明，当"数据"和"安全"组合时，虽然在构词上，数据是作为限定语存在的，但是穷本究源地看，数据安全是一个技术性命题，而法律只是作为确认与保障而存在。

无安全，不数据。对于数据安全，人们发表了一些宏观、中观或微观的见解。宏观上的有："数据安全是指保证数据的机密性、完整性和可用性。"②"数据安全是指数据在生命周期中对数据的安全防护，它是一种主动的保护措施，主要指数据的保密性、完整性和可用性，一般包括两个方面：数据本身的安全和数据防护的安全，如敏感数据加密存储、传输中的安全通道、安全的加密算法、数据备份、异地容灾、终端数据安全、网络数据安全等。"③中观上的有："根据互联网的开放互联系统的结构和特点，在互联网安全模型中将安全实施划分到三个不同的安全层次，即基础设施层、服务层和应用层。"④在架构上，大数据涉及数据生命周期与数据平台两个方面。基于此，有研究者认为，大数据安全体系由以下三个层级组成：一是法律、法规及标准层；二是大数据生命周期层，主要涉及数据保护的相关技术，包括数据质量、数据生命周期管理、数据权属和隐私保护；三是大数据平台层，主要涉及身份认证、访问控制、数据加密和审计。⑤ 在计算机科学中，数据安全至关紧要，而这一问题所可能存在的伦理风险、法律风险等都

---

①　辜明安、王彦：《大数据时代金融机构的安全保障义务与金融数据的资源配置》，载《社会科学研究》2016年第3期。

②　陆顾新等编著：《银行数据治理》，机械工业出版社2020年版，第141页。

③　丁丽媛：《基于数据生命周期的金融数据安全管理研究》，载《信息安全研究》2018年第6期。

④　谢晓燕：《互联网安全技术标准体系研究》，载《现代电子技术》2009年第7期。

⑤　参见陈兴蜀、杨露、罗永刚：《大数据安全保护技术》，载《工程科学与技术》2017年第5期。

应以技术的方式进行事前防范,而不是通过法律维权的方式进行事后的“亡羊补牢”。

3. 义务主体

大数据化时代,如何认识数据具有全局性。虽然在研究中,人们对数据权表现出了浓烈兴趣,但是“数据确权问题非常复杂,数据权属构成也存在着较大的分歧。一方面,数据的来源具有多样性,个人、企业和政府对数据权属的认识和关注重点有明显的差异;另一方面,信息技术水平、数控能力、数据分析能力、跨国公司数量等因素都对数据确权有一定的影响”。[①] 在确定数据归属中,人们也用了一些闪烁不定的概念,如数据主体、数据控制者、数据处理者等,但是这些外延宽广的中性词还是没有解决权益归属。数据权利主体不明必然会对义务主体的确定性产生影响,从而直接危及数据安全的目标实现。

数据动态地依存于系统与网络之中,其体现的是一种流程性的循环,这个流程由数据的生成、输入、传送、接受、处理与反馈等多个节点组成。在这每个环节中的数据占有者,既对相关的数据享有权利,同时也对应地负有义务。从这个角度看,每个节点中的涉事者都对数据安全负有对应义务。在大数据金融的生态关系链中,涉及的当事者有智能终端的生产者/销售者、软件设计者/供应者、电信服务商、金融机构、金融监管者、金融行业协会及金融消费者等。在关系梳理上,作为一种金融循环,大数据金融直接涉及金融服务提供者与接受者之间的权利义务关系,但是由于数据的传输、处理等需要智能软硬件与固定或移动网络的支撑,在间接关系上,其还涉及金融机构/金融消费者与智能终端生产者/销售者、软件开发者/销售者、电信商等之间的权利义务关系。另外,由于法定的国家职能机构对于安全起着不可或缺的看护、监督与处置作用,其也是大数据金融链中必不可少的义务主体。

4. 义务内容

大数据金融是新技术催生的结果,技术性的数据风险必须以技术的方式来遏制,而法律的作用则在于对这种技术研发、使用与推广等的安全进行确认、引导与保障。由于在数据安全保障上,法律上的义务首先是指向金融服务提供者的,在义务的法律特征上,其应表现为数据的保密性、真实性、完整性与可用性,故当金融服务提供者的金融数据安全保障义务须通过技术要求进行落实时,其就主要体现在以下几个方面:

一是数据传输安全保障义务。金融交易数据的准确、及时与完整传输是大数据金融服务提供的实质所在。金融服务提供的义务主要包括:(1)金融数据的加密。数据安全的另一种表述就是要确保数据不会被泄露或被他人不当窃取。为实现这一点,金

---

① 姜疆:《数据的权属结构与确权》,载《新经济导刊》2018 年第 7 期。

融服务提供者应满足对称或非对称加密、数字签名、散列算法、数字证书等技术要求,并配备有专门的技术人员。(2)数据网络安全。网络是大数据金融运行必需的场景。网络安全主要体现于两个方面,即共享与安全。如果缺乏共享,或共享不畅,则大数据金融就陷入"皮之不存,毛将焉附"的僵局。是故,金融数据安全保障是数据共享下金融服务提供者应尽的基本义务,其内容包括网络结构安全、网络访问控制、不当入侵防范及网络设备防护等。二是数据存储的安全保障义务。大数据金融下,数据是金融业的核心资产。虽然在交易中,金融数据处于变动状态,但是这些数据最终都会留痕于金融服务机构系统的终端之中,因而确保金融数据存储的安全举足轻重,其主要体现于以下几点:(1)硬件安全。其包括机房、计算机设备的安全,物理位置选择的合理,防火、防雷、防震、防电磁、防盗、防破坏,电供持续与机房访问控制等。(2)运行系统安全。大数据金融下,每一笔交易都会被记录于系统中,确保计算机系统安然无恙的重要性是不言而喻的,确保运行系统安全包括客户的身份识别、服务器管理安全、系统资源授权访问与核查、网络通信安全及监控与日志管理等。(3)金融数据存储的安全。在总体上,金融数据备份的基本构成要素包括备份目的、备份主体、备份数量、备份策略、备份方式及执行引擎等。在系统架构上,金融数据备份至少应包括备份主服务器、介质服务器及客户端3个部分。数据备份方式一般为LAN/LAN-Free备份、热备份、冷备份、全量备份或增量备份等。三是数据使用安全保障义务。大数据时代,在超算技术下,数据标签化使数据具有强大的挖掘功能。大数据借助网络爬虫等技术对非结构化信息进行整体性的采集与相关性分析,并最终实现结构化与存储。正因如此,大数据为金融机构提供了全方位了解客户信息的机会,如负债、资产流动性与历史信用等,从而为未来业务的拓展提供了机会。然而,大数据挖掘是一柄"双刃剑",如果过度挖掘,就可能构成对他人正当权益的侵犯。大数据时代,虽然隐私权保护日显急切,但无论是事前告知或许可还是模糊化或匿名化处理,挖掘技术使这些设想的安全意义荡然无存。"大数据分析挖掘衍生出过去科学和商业所无法想象的崭新模式,但与此同时,也对经济、社会、文化产生深远影响,对隐私权在内的个人基本权利带来巨大冲击。"[①]金融数据安全关注的不只是某个点,而是一条线,其不仅仅体现于数据传输与存储环节,而且也贯穿于金融数据占有者事后的严格保密与适法使用。

大数据金融是一个系统性的工程,是多方合作的结果。虽然金融服务提供者是数据安全保障最重要的义务主体,但相对金融安全而言,义务也并非金融服务提供者的"独舞",而必须是这个链条中所有参与者的"共舞"。对于智能终端的生产者/销售者

① 胡水晶:《大数据挖掘的隐私风险及应对策略》,载《科技管理研究》2015年第9期。

等主体而言，其产品或服务必须符合法定的行业标准。对此，我国《网络安全法》第三章从网络运营者义务、产品与服务等角度对网络运行安全进行了专章规定。在安全保障义务中，金融消费者亦不能置身事外，除享受相关的法定权益外，在互联网、大数据时代，了解基本的网络与大数据知识、风险防范方法是金融消费者应尽的义务，而这也是金融数据安全保障义务的体现。

四、金融数据安全的法律责任保障

（一）面临的挑战

大数据不仅使金融平台、金融方式及金融理念等发生脱胎换骨的改变，而且大数据的特性也使当下法律的基本价值面临严峻挑战。在日益精密的数字技术下，因为可以对破碎、零散的信息进行汇总与归类，人们的行为不再被视为互不相关、偶然性发生的事件，相反，它们是相互依存的网络的一个组成部分，是相互串联的整体故事中的一个片断。客观上，个体行为貌似随意，但是在大数据计算下，人的行为都遵循某种规律，当幂律出现时，规律性的行为就会产生。

大数据带来了改变，为了秩序、稳定与安全等公共利益，在社会治理与责任追究中，预测与惩罚可能并不是因为当事人“做了什么”，而是因为“将要做什么”。虽然这种对个体行为“画像”的做法可以为营造一个高效、安全的社会提供捷径，但是却颠覆了传统的人的自由选择与责任自负的基本观念，撕裂了基本的法律正义观。在法律演进的历史上，“罗马人的法律（lex）这个词来源于选择。选择更多的是突出选择主体的行为及其正当性”。[①] 当大数据被奉行为集体选择的工具时，我们将不可避免地生存于一个没有多少独立选择和自由意志的社会中，正义的实现不是因为你做了什么，而是因为你明天将要做什么。在大数据功利主义治理下，是非将被利害主宰，手段正当性将被目的正当性所证明，法律的因果关系将被相关关系所取代。这些正在发生的转变也必然会以点带面地影响金融数据安全保障义务法律责任机制的走向。严格的法律责任是对金融数据安全义务的强力保障，但是在责任兑付中，面对大数据的相关性、预测性与功利性，法律责任机制该何去何从？

（二）路径选择

在人类知识的探索中，一切命题性的推理，似乎都建立于因果关系之上，这一观点也被法律学所接受，即在法律责任承担上，违法行为与危害后果之间应存在因果关系。为此，“必须证明需要承担责任的人自己以一种伴有过错的方式实施了行为，并由此而

---

① 张乃根：《西方法哲学史纲》，中国政法大学出版社 1997 年版，第 74 页。

造成了他因此要受惩罚或者被强制予以赔偿的那种损害”。[①] 在纷繁复杂的社会中,原因与结果是一条冗长的链条,在明确这一逻辑关系时,也只能从这条长链中截取其中的一小段进行孤立的因与果的考察。“原因与结果这两个概念,只有在应用于个别场合时才有其本身的意义。”[②]是故,虽然因果关系说给行为人对其违法成本的承担提供了一个自圆其说的方法论,但其是否契合法律实体正义亦是疑点重重,如怀疑论者就认为,因果律依靠的并不是理性,而是经验,法律人的因果问题并非什么科学调查,而是依据常识所作出的法律责任判断。“科学的实际效用依赖于它预知未来的能力,而科学的预知能力得以发挥必然依靠因果关系,但依靠因果关系进行的推理具有概然性。”[③]

虽然在法律的知识谱系中,因果关系似乎是作为不容置疑的真理存在的,但是作为经验的因与果只是一种习惯性的猜测,其并不必然靠谱。由此就产生一个难题:法律人一边希望借助因果关系通向正义,而在另一边却因为方法的不可靠而疏离于正义。既然因果关系不可靠,那么是否就意味着倒向大数据相关性呢?对此,必须心怀谨慎。法律是一种折中与妥协,当数据科技对金融模式、金融监管与社会治理等提出全新的挑战时,刻板地固守一种非此即彼的思维与法律的品性相背。发展是硬道理,大数据与大数据金融是人类新的文明方式,虽然强调相关性的大数据并非至善至美,但是其干预前置亦和法律所主张的“事前防范胜于事后救济”的思想不谋而合。因果关系论为法律学中探求正义的历史性基本知识,而历史是一种已内化为人们日常习惯与观念的无意识性选择。长远地看,法律是由过去、现在与未来所形成的一条线,与时俱进是法律发展的基本要求。大数据金融时代,为了确保金融数据安全义务的顺利履行,在责任机制的改良上,既要尊重传统,又必须展望未来,因而有必要确立“以因果关系为主、以相关关联为辅”的追责原则。

通过义务的方式确立、维护与实现金融数据安全权无疑是正确的,但是当保障义务没有履行时,如何进行快捷、有效的救助则更紧要。在数据安全保障义务落空时,如何实现权利诉求就是一个程序法问题,但是根据“谁主张,谁举证”的证据规则,当事人的权利就很有可能被虚置。大数据金融下,金融数据存在于系统中,在寻求公力救济时,就可能面临两个问题:一是谁的数据更具有证明力。数据既存在于客户的终端中,

---

① [美]H. L. A. 哈特、[美]托尼·奥诺尔:《法律中的因果关系》,张绍谦、孙战国译,中国政法大学出版社2005年版,第11页。

② 《马克思恩格斯全集》(第20卷),中共中央马克思恩格斯列宁斯大林著作编译局译,人民出版社1971年版,第25页。

③ 赵楠楠:《因果关系与概率的最初联姻——论休谟的概然性思想》,载《自然辩证法通讯》2015年第4期。

同时也存在于金融服务提供者的系统中，在两者之间发生碰撞时，谁的数据更可信需要正当性的解释。二是举证责任配置。打官司即打证据。在举证能力上，无疑金融服务者更具有比较优势，如果仍然坚守原有的举证规则，就背于法律不强人所难的基本原则；反之，如果适用举证责任倒置，则不难发现在大数据时代，传统的"谁主张谁举证"原则就形同虚设而失去存在的实际意义。为了确保诉权配置的公平，举证责任倒置只是作为例外而存在的，如在我国民事诉讼中实行倒置的情形主要有两种，即环境污染等特殊侵权情形与劳动争议情形。大数据金融下，金融数据安全的责任保障该适用何种规则？无疑，传统的"谁主张谁举张"已明显落后于时代的技术需求，"一刀切"地援用举证责任倒置也逆于法律公正的理念，只有适时适度地对举证责任倒置的情形进行扩张才符合发展趋势。

在科技的推动下，无论法律获得如何发展，宗旨上，法律是为了人类真善美的生活而存在，而不是人类为了法律而存在。大数据金融导致了一些基本概念的嬗变，如货币、安全，那么在金融数据安全的刑事责任上，我们就必须对时下的刑法体系、类罪名与个罪名、罪种之间的一致性及罪责刑是否相适等进行时代性的审视与解构。《刑法》第285～287条规定了一些相关计算机的犯罪，但是在这之中，有许多是值得反思的，如将这些个罪名置于类罪名"扰乱公共秩序罪"的统摄下，是否欠妥？第285条的"非法获取计算机系统数据罪"和盗窃罪之间的关联？智能化时代，对计算机该作何种解释？在《刑法》分则中，类罪名的先后排序即是法益重要性的排序。大数据安全事关国家安全与公共安全。那么，金融数据安全相关的罪名应安排在哪个类罪名下呢？这不仅是一个逻辑问题，更是一个法律态度与方向问题。此外，在"破坏金融管理秩序罪"中，我国《刑法》首先设置了关于货币的个罪名，如伪造货币罪、持有、使用假币罪。当货币的形态已在悄然间发生改变时，为了坚守罪名法定，法律也必须对关键概念作出厘定。

五、关于金融数据安全的一个扩大性解释：代结语

在传统意义上，安全是一个主客观性的概念。然而，随着人类生活的繁杂，"安全的传统意义已经发生了重大变化，安全是权利的获得和实现不受侵犯和危害，安全是国家和社会冲突表现的主要领域……安全具有巨大的相互依存性，不能离开世界和文化整体而获得安全，不能离开社会的发展而获得安全"。[①] 这一见解对大数据语境下金融数据安全治理具有很好的借鉴意义。在大数据治理中，数据割据、数据孤岛与数据质量是三大必须深思熟虑的问题。大数据金融之所以使金融循环的模式发生了颠覆

① 王鹰：《论安全的概念》，载《湖北警官学院学报》2003年第1期。

性的变化,就在于金融数据体系内与体系外的相互共享与流通。是故,在法律建构中,金融数据安全主要体现于三个层面:宏观上,国家应通过立法解决因地方主义、部门主义等人为因素所造成的数据割裂现象;中观上,金融市场主体应致力于避免因行业竞争、技术、历史遗留等所造成的数据孤岛现象;微观上,金融服务机构应在内部确保金融数据的完整性、真实性、准确性与一致性,从而确保其客户金融资产的安然无恙。

(责任编辑:陈娇娇)

我国应当确立必需设施理论吗

——平台语境下的规则审视

张 巍*

摘 要:数字平台中的拒绝交易问题日渐凸显,在我国引发了应否确立必需设施理论的讨论。必需设施理论发端于美国,它体现为一项相对特殊的反垄断分析方法;欧盟则将其嵌套于反垄断一般分析方法框架之内。近年来,这一理论在域外的适用范围逐渐限缩,原因在于:在规制产业中,普遍交易义务的施加排除了反垄断法的适用;在竞争领域,必需设施理论亦可为反垄断一般分析方法所替代。必需设施理论的这两个问题在我国也同样存在,我国并无必要引入必需设施理论。在平台语境下,以必需设施理论来克服反垄断分析的困难,或者作为规制的临时替代的观点并不具有说服力,必需设施理论在平台中亦无引入必要。对于平台拒绝交易问题,应当根据平台及其交易的特性来确定对平台的事前规制与反垄断。当平台被施加普遍服务义务时,应当排除反垄断法的适用;当对平台拒绝交易适用反垄断时,亦应适用反垄断一般分析方法。

关键词:数字平台;拒绝交易;必需设施理论;反垄断;规制

必需设施理论(Essential Facility Doctrine)是从美国普通法中发展出来的规则,用于判断市场主体拒绝交易的行为是否违反反垄断法,当经营者控制必需设施时,不得拒绝与竞争对手的交易,否则构成对反垄断法的违反。必需设施理论创设了一种自愿交易、缔约自由的例外,它对特定的市场主体施加了强制交易的义务。必需设施理论自诞生时起,便引发了各种争议,其适用范围受到很大限制。然而,这项日渐沉寂的制度在各司法辖区却展现出复兴的可能。随着平台权力的扩张,拒绝交易

* 北京大学法学院博士研究生。

现象在平台经济中时有发生,各司法辖区开始重新关注必需设施理论的制度价值。在中国,“平台二选一”“平台封禁”等问题同样引发了社会各界的忧虑,学界也开始对必需设施理论在平台领域的适用进行探讨。此前,虽然我国反垄断法的相关规定采用了“必需设施”的概念,[①]但其具体的适用规则尚不明晰。2021年国务院反垄断委员会颁布《关于平台经济领域的反垄断指南》(以下简称《平台反垄断指南》),进一步将“必需设施”的概念引入平台。[②] 虽然指南并不具有法律上的约束力,但该指南一经发布,便引发了广泛关注,诸多学者开始探讨必需设施理论在我国平台反垄断中的具体适用。因此,有必要对必需设施理论进行审视,对我国是否应当确立这一理论进行反思。

一、我国采用必需设施理论的呼声与背景

随着数字经济在社会生活中发挥着日益重要的作用,特定的平台也获得了巨大的权力,有时甚至决定其他市场主体的生存状态。接入平台,意味着可以获得更大范围的曝光、拓展更广阔的市场,以及赢取更多利润。而被平台拒之门外,则意味着曝光的降低、交易机会的减少与盈利空间的压缩。当某一平台成为特定市场的主要交易渠道时,平台拒绝交易可能还会给该市场中特定商户的商业经营带来致命打击。在这一背景下,平台拒绝交易是否应当受到法律调整,以及如何进行调整,成为当前平台研究中的热议话题。针对平台权力的崛起与平台拒绝交易的频发,在各司

---

① 早在2010年,《工商行政管理机关禁止滥用市场支配地位行为的规定》就引入了“必需设施”的概念。2019年国家市场监督管理总局出台的《禁止滥用市场支配地位行为暂行规定》(以下简称《滥用行为暂行规定》)延续了“必需设施”的规定,其在第16条规定了拒绝交易的5种行为表现,其中第五种行为表现中引入了“必需设施”的概念。根据该条规定,必需设施的认定应当综合考虑以合理的投入另行投资建设或者另行开发建造该设施的可行性、交易相对人有效开展生产经营活动对该设施的依赖程度、该经营者提供该设施的可能性以及对自身生产经营活动造成的影响等因素。此外,2015年国家工商行政管理总局《关于禁止滥用知识产权排除、限制竞争行为的规定》(以下简称《滥用知识产权规定》)第7条规定,“具有市场支配地位的经营者没有正当理由,不得在其知识产权构成生产经营活动必需设施的情况下,拒绝许可其他经营者以合理条件使用该知识产权,排除、限制竞争”,并规定了知识产权构成“必需设施”的认定条件。2020年国家市场监督管理总局对《滥用知识产权规定》的修订仍然延续了该条款。

② 《平台反垄断指南》第14条第1款规定,“控制平台经济领域必需设施的经营者拒绝与交易相对人以合理条件进行交易”是分析平台是否构成拒绝交易的因素之一。该条第2款规定,认定相关平台是否构成必需设施,一般需要综合考虑该平台占有的数据情况、其他平台的可替代性、是否存在潜在可用平台、发展竞争性平台的可行性、交易相对人对该平台的依赖程度、开放平台对该平台经营者可能造成的影响等因素。

法辖区,无论是政策制定者还是学术界都开始探讨这种新语境下必需设施理论的适用空间。

例如,在政策层面,美国联邦贸易委员会(Federal Trade Commission, FTC)2018年在竞争与消费者保护的听证会中表示,应当恢复必需设施原则的适用,以解决互联网平台的支配地位与其审查权问题。① 欧洲议会(European Parliament)2020年也发布了适用必需设施理论的说明——如果占支配地位的企业的资产,对于他人在市场中有效竞争是必需的(不可或缺的),且拒绝接入会消除市场中的有效竞争,由此对消费者造成损害,则应当与他人分享该资产。② 在学术界,诸多学者也主张采用必需设施理论的适用:弗里施曼(Frischmann)教授与沃勒(Waller)教授重构了基础设施(infrastructure)理论,并将其与反垄断法中的必需设施理论相结合,主张在放松规制的背景下,应当更多依赖于反垄断法,复兴必需设施理论在基础设施中的适用;③沃勒教授认为,通过更细致的界定和更严格的适用,必需设施理论也能够有效发挥作用;④耶鲁大学新锐学者古根博格(Guggenberger)指出,必需设施理论为制约大型科技公司的看门人权力提供了有力工具,呼吁扩大必需设施理论对平台的适用;⑤欧洲竞争法学者格雷夫(Graef)也主张重塑欧盟的必需设施理论,复兴必需设施理论对科技巨头的适用;⑥等等。

与此同时,中国学术界也展开了对必需设施理论的讨论,目前的讨论主要围绕以

---

① See Mitchell L. Stoltz, *Hearings on Competition and Consumer Protection in the 21st Century*, Federal Trade Commission(Nov. 15, 2018), https://www.eff.org/files/2019/02/27/ftc-2018-0076_eff_comment_on_consumer_welfare_standard_0.pdf.

② See Carmen Avram et al., *Question for written answer E-000595/2020 to the Commission*, *Rule* 138, European Parliament(Feb. 3, 2020), https://www.europarl.europa.eu/doceo/document/E-9-2020-000595_EN.html.

③ See Brett Frischmann & Spencer Weber Waller, *Revitalizing Essential Facilities*, Antitrust Law Journal, Vol. 75:1, p. 1-65(2008).

④ See Spencer Weber Waller, *Areeda, Epithets, and Essential Facilities*, Wisconsin Law Review, Vol. 2008:2, p. 359-386(2008).

⑤ See Nikolas Guggenberger, *Essential Platforms*, Stanford Technology Law Review, Vol. 24:2, p. 237-343(2021).

⑥ See Inge Graef, *Rethinking the Essential Facilities Doctrine for the EU Digital Economy*, TILEC Discussion Paper, No. DP2019-028, April 4, 2019.

下两个方面展开:一是对我国应否采用必需设施理论的研究,①尤其是近年来对平台语境下必需设施理论适用空间的探讨;②二是在承认必需设施理论的前提下,对必需设施理论具体适用规则的讨论。③ 本文的研究将围绕第一个层面展开,即对我国是否应当采用必需设施理论进行进一步研究。本文将在厘清必需设施理论本身的发展路径与具体规则的基础上,对必需设施理论近年来走向式微的深层次原因进行剖析,对我国

① 例如,林平等在对美国和欧盟的必需设施理论进行介绍的基础上指出,适用必需设施理论会导致的不利后果,认为应当谨慎对待这一理论;江山、姚保松在对美国的必需设施理论进行介绍的基础上,认为我国可以引入必需设施理论;宁度在对拒绝交易的竞争损害逻辑进行分析的基础上指出,必需设施理论的违法性认定标准并未遵循竞争损害逻辑,对该理论的适用予以了否定。参见林平、马克斌、王轶群:《反垄断中的必需设施原则:美国和欧盟的经验》,载《东岳论丛》2007年第1期;江山:《滥用市场支配地位规制中的必需设施规则》,载《河南省政法管理干部学院学报》2008年第4期;姚保松:《美国反垄断法基础设施条款对我国的启示》,载《河南师范大学学报(哲学社会科学版)》2009年第4期;宁度:《拒绝交易的反垄断法规制——兼评〈关于平台经济领域的反垄断指南〉拒绝交易条款》,载《法治研究》2021年第4期。

② 例如,黄晋探讨了必需设施理论在"飞书与微信纠纷案"中的适用;张江莉、张镭分析了必需设施理论对平台不予直链行为的适用;殷继国对平台封禁行为中必需设施理论的适用进行了探讨,主张适度扩张必需设施理论的适用;张素伦对必需设施理论在互联网行业的适用进行了分析,主张在互联网行业中谨慎适用必需设施理论;王健、吴宗泽对数据是否构成必需设施进行了研究,认为我国当前并不适宜明确将数据作为反垄断法中的必需设施,应在个案具体分析的基础上审慎考虑必要设施原则的适用。参见黄晋:《从飞书与微信纠纷看平台竞争问题》,载《知识产权与市场竞争研究》2020年第1期;张江莉、张镭:《互联网"平台封禁"的反垄断法规制》,载《竞争政策研究》2020年第5期;殷继国:《互联网平台封禁行为的反垄断法规制》,载《现代法学》2021年第4期;张素伦:《竞争法必需设施原理在互联网行业的适用》,载《河南师范大学学报(哲学社会科学版)》2017年第1期;王健、吴宗泽:《论数据作为反垄断法中的必要设施》,载《法治研究》2021年第2期。

③ 例如,李剑从相关市场界定、竞争效果权衡等层面探讨了必需设施理论的具体认定规则;侯利阳、王继荣对欧盟适用必需设施理论的相关案例进行了全面分析,对必需设施理论的考量因素与具体内涵进行了厘定;段宏磊、沈斌对必需设施理论在互联网经济中的适用规则进行了探讨,提出了"数据基数"标准、消费者利益保护标准,并将正当商业理由作为必需设施理论适用的阻却标准;陈永伟基于反垄断法中"两种错误"的分析,提出了对数据适用必需设施原则的5个准则;孙晋、钟原分析了将数据界定为必需设施应当满足的4个构成要件;李世佳也对数据构成必需设施的标准进行了探讨。参见李剑:《反垄断法中核心设施的界定标准——相关市场的视角》,载《现代法学》2009年第3期;李剑:《反垄断法核心设施理论适用中的效果权衡——反思Magill案》,载漆多俊主编:《经济法论丛》2009年下卷(总第17期),中国方正出版社2009年版,第134~151页;侯利阳、王继荣:《欧盟必需设施原则考析:兼论对我国的启示》,载《竞争法律与政策评论》2015年第1期;段宏磊、沈斌:《互联网经济领域反垄断中的"必要设施理论"研究》,载《中国应用法学》2020年第4期;陈永伟:《数据是否应适用必需设施原则?——基于"两种错误"的分析》,载《竞争政策研究》2021年第4期;孙晋、钟原:《大数据时代下数据构成必要设施的反垄断法分析》,载《电子知识产权》2018年第5期;李世佳:《论数据构成必需设施的标准——兼评〈关于平台经济领域的反垄断指南〉第十四条之修改》,载《河南财经政法大学学报》2021年第5期。

是否应当采用该理论进行分析,进而对我国平台语境下该理论的适用进行探讨。

二、必需设施理论的发展路径与具体规则

(一)美国:从"Terminal Railroad 案"到"MCI 案"

在美国,拒绝交易可能构成《谢尔曼法》第 1 条禁止的合谋,或者构成《谢尔曼法》第 2 条所禁止的垄断、试图垄断。在通常情况下,认定相关行为构成合谋、垄断、试图垄断时,一般需要对经营者的市场力量、行为的竞争损害、正当理由豁免等要素进行分析。[①] 然而,必需设施理论绕开了竞争损害的分析与市场力量的认定等要素,直接发展出了相对独立的判断标准。

一般认为,必需设施理论源于 1912 年"Terminal Railroad 案"。[②] 终点铁路协会(Terminal Railroad Association,TRA)是主要被告之一,它由几家铁路公司组织成立,成立后收购了圣路易斯联合车站,该车站是圣路易斯州唯一的横跨密西西比河的铁路桥。对于需要到达密西西比河对岸的铁路公司来说,该铁路桥是必经通道。之后一段时间,另外两家公司提供了从伊利诺伊州一侧穿越密西西比河到达圣路易斯州的途径,但在 1892 年之后,TRA 获得了这两家公司的控制权。拥有 TRA 成员资格的铁路公司控制着美国大约 1/3 的铁路里程,他们达成合意,除非获得现有成员的一致同意,任何其他铁路公司都不能成为 TRA 的成员,并拒绝为非成员的竞争对手提供铁路桥的通行。该案诉至美国联邦最高法院,美国联邦最高法院发布了一项命令,要求被告向所有竞争者开放,并提供平等的准入。法院认为,被告拥有横跨密西西比河的唯一铁路桥,控制着其竞争对手所必需的设施,应当在不歧视的原则下为竞争对手提供合理使用的途径。在"Terminal Railroad 案"中,法院首次提出了必需设施的观点,并以此对拒绝交易的行为予以禁止。这一案件为下级法院提供了借鉴,在之后的"Lorain Journal 案"[③]"Otter Tail 案"[④]"Hecht 案"[⑤]等案件中,法院都采用了类似的分析思路。

---

① 美国普通法中发展出了本身违法原则与合理原则:前者假定了行为的违法性,由被告来证明行为不造成竞争损害,或者促进竞争的后果大于竞争损害;后者则要求原告在满足了最初的举证要求后,由被告证明行为有合法的有利于竞争的正当理由,之后再由原告来证明被告促进竞争的目标可以通过对竞争危害较小的行为来实现,如果原告未能完成前述举证要求,法院将权衡该行为在反竞争和促进竞争方面的影响,从而作出判断。

② United States v. Terminal Railroad Association of St. Louis, 224 U. S. 383 (1912).

③ Lorain Journal Co. v. United States, 342 U. S. 143 (1951).

④ Otter Tail Power Co. v. United States, 410 U. S. 366 (1973).

⑤ Hecht v. Pro-Football, Inc., 570 F. 2d 982 (D. C. Cir. 1977), cert. denied, 436 U. S. 956 (1978).

在1983年的"MCI案"[①]中,必需设施理论得到了明确表达。在当时的电信法中,地方电话市场是受到规制的,而长途电话市场是一个竞争市场。AT&T是一个受规制的电信垄断者,控制着大部分市场的地方电话系统,但在长途电话市场面临来自MCI公司和其他公司的竞争。MCI指控AT&T拒绝将MCI的长途话务连接到本地电话系统,违反了《谢尔曼法》第2条。AT&T则认为,它拒绝互连是基于"撇奶皮"(cream-skimming)、技术不兼容和缺乏监管批准等正当理由。法院最终判决MCI胜诉。在运用必需设施理论进行违法性分析时,法院确立了四步分析法:(1)垄断者控制着必需设施;(2)竞争者无法实际地或合理可行地复制该必需设施;(3)垄断者拒绝竞争对手使用该设施;(4)向竞争者提供该设施是可行的。如果垄断者符合这4个要件,即可被认定为控制着必需设施,其拒绝交易行为将被判定违法。在"MCI案"之后,其他法院在适用必需设施理论时,提炼出了必需设施理论的第五个条件,即被告拒绝交易缺乏正当的商业理由(valid business justification)。[②]

(二)欧盟:从"Commercial Solvents案"到"Bronner案"

欧盟20世纪70年代也开始在一系列的案例中适用必需设施理论。在欧盟竞争法下,必需设施理论大都在《欧盟运行条约》(Treaty on the Functioning of the European Union, TFEU)第102条(原《欧共体条约》第82条)的框架下适用。在TFEU第102条下,当拥有必需设施的经营者拒绝交易时,可能构成市场支配地位的滥用。当然,如果经营者之间以联合抵制交易的方式拒绝交易,也可能构成TFEU第101条(原《欧共体条约》第81条)所禁止的垄断协议。

1974年"Commercial Solvents案"[③]中,欧洲法院(European Court of Justice, ECJ)[④]第一次认定拒绝交易构成了市场支配地位的滥用。本案中,商用溶剂公司(Commercial Solvents Corp, CSC)在用于制造乙胺丁醇(一种抗结核药)的原材料的生产和销售中占据市场支配地位,并且是欧共体境内唯一的原材料供应商。该公司自1966年开始,一直为其客户(Laboratorio Chimico Farmaceutico Giorgio Zoja SpA, Zoja)提供原材料,1970年春Zoja取消了对CSC的原材料采购订单后,又试图于1970年冬

① MCI Communications Corp. v. AT&T Co., 708 F. 2d 1081, 1132 – 33 (7th Cir., 1983), cert. denied, 464 U. S. 891(1983).

② See Gregory J. Werden, *The Law and Economics of the Essential Facility Doctrine*, Saint Louis University Law Journal, Vol. 32: 2, p. 457(1987).

③ Istituto Chemioterapico Italiano and Commercial Solvents v. Commission, joined cases 6 and 7/73, ECLI:EU:C:1974.

④ 欧洲法院相对初审法院(General Court, GC)来说是上诉法院。

恢复订单,但遭到CSC的拒绝。CSC决定自己生产乙胺丁醇,为了方便自己进入乙胺丁醇市场,才决定停止向Zoja供应原材料。欧洲共同体委员会(Commission of the European Communities)认为,CSC拒绝向Zoja提供原材料的行为构成了市场支配地位的滥用。欧洲法院指出,在目前的条件下,不可能采用其他的原材料实现对乙胺丁醇的大规模生产。这些替代方法要么处于试验阶段,要么仅限于满足制造商的有限需求。在该案中,欧洲法院分析步骤如下:(1)CSC利用其在原材料市场的支配地位,影响衍生品市场的竞争;(2)CSC拒绝向现有的客户供货,因为CSC希望在下游市场中与该客户进行竞争;(3)拒绝交易有可能将该客户从下游市场中剔除。此后,欧共体/欧盟的法院在多个案例中援引了"Commercial Solvents案"的判决思路,对拒绝交易是否构成市场支配地位的滥用进行分析。

在1992年的"B&I/Sealink案"[①]中,欧洲共同体委员会第一次使用了"必需设施"的表述。在对港口设施的分析中,委员会将必需设施界定为"竞争对手如果不接入,就无法为其客户提供服务的设施或基础设施",并指出,必需设施的所有者必须为竞争者提供非歧视的接入。在1995年的"Magill案"中,欧洲法院对拒绝交易的认定采用了"不可或缺"的标准,尽管这一案件没有明确使用"必需设施"的术语,但是这种分析标准为其他适用必需设施理论的案件提供了重要参考。[②] 1998年的"European Night Services案"[③]中,初审法院明确提及"必需设施"的概念。

"Bronner案"[④]中,欧洲法院援引了"Magill案"中确立的"不可或缺"的标准,并确立了欧盟必需设施理论适用的3个要件。在该案中,媒体印刷(Mediaprint Zeitungs-und Zeitschriftenverlag GmbH & Co. KG, Mediaprint)是两家报纸的出版商,这两家报纸的发行量和广告收入合计分别占奥地利日报市场的46.8%和42%。Mediaprint建立了唯一的全国范围内的派送方案,这使其报纸在凌晨时分派送成为可能。布朗纳(Oscar Bronner GmbH & Co. KG, Bronner)是一家与之竞争报纸的出版商,该报纸的发行量和收入分别占奥地利日报市场的3.6%和6%。Mediaprint拒绝为Bronner提供派送服务。欧洲法院指出,在认定Mediaprint的拒绝交易是否构成滥用市场支配地位时,需要考虑3个因素:第一,拒绝交易可能会消除下游市场的竞争;第二,拒绝交易没有客观上的正当性;第三,该接入对下游竞争者开展业务来说是不可或缺的,即服务没有实际

---

① Ⅳ/34.174, Sealink/B&I Holyhead: Interim Measures (1992).

② See Radio Telefis Eireann (RTE) and Independent Television Publications Ltd. (ITP) v. Commission, Joined Cases C-241/91 P & C-242/91 P, ECLI:EU:C:1995:98.

③ Cases T-374-375, 384 and 388/94, European Night Services(1998).

④ Case C-7/97, Oscar Bronner v. Mediaprint(1998).

或潜在的替代方案。欧洲法院进一步明确,只有当交易对相对人是不可或缺的时候,经营者才可能构成滥用,仅仅是“经济上不可行”(not economically viable)则不构成。

三、我国是否有必要采用必需设施理论

(一)必需设施理论的式微及其原因分析

在欧盟,虽然“不可或缺”的标准自确立后,必需设施理论多次被之后的案件所援引,尤其是与知识产权授权使用相关的案件,然而,近年来欧盟对必需设施理论的适用相对较少。在美国,自“MCI案”的标准确立后,尽管该标准在下级法院中被广泛采用,但美国联邦最高法院从未承认过必需设施理论,尤其是在2004年的“Trinko案”[①]中,美国联邦最高法院对必需设施理论的拒绝适用直接重创了该理论,导致该理论在之后的判决中很少被适用。笔者认为,必需设施理论本身存在可行的替代方案,这直接导致了其在适用上的式微。

1. 必需设施理论可为产业规制所替代

必需设施理论与产业规制之间存在重叠与交叉。就目前各主要司法辖区的案例来看,必需设施理论的适用范围多为受到规制的市场,如桥梁、码头、电力等设施等。因此,反对必需设施理论的一个有力观点认为,在规制机关可以有效监督的情况下,无需引入这一理论。[②]

这一主张建立在反垄断与产业规制相区别的基础上。一般而言,反垄断与产业规制在调整手段上存在差异,反垄断通常是事后的行为禁令,规制则往往是事前的行为控制。在适用范围上,反垄断适用于市场机制能够有效发挥作用的领域,规制则常常适用于市场机制无法有效运转的领域。对于特定的产业来说,规制的介入通常对市场主体的行为施加了一定的限制,这在很大程度上排除了反垄断的适用。必需设施理论要求经营者进行交易时,其实是对经营者施加了强制交易的行为义务,而在规制产业中,当经营者已经被施加此类义务时,反垄断法已无适用的必要。

事实上,在美国,必需设施理论之所以被摒弃,原因之一即是产业规制构成了对反垄断法的替代。美国“Trinko案”中的判决思路集中体现了美国联邦最高法院在规制产业中对必需设施理论的拒绝适用。“Trinko案”发生在1996年《电信法》的背景下,1996年《电信法》要求在业本地交换运营商(Incumbent Local Exchange Carrier,ILEC)

---

① Verizon Commc'ns., Inc. v. Law Offices of Curtis V. Trinko, LLP, 540 U.S. 398 (2004).

② See Herbert Hovenkamp, *Federal Antitrust Policy: The Law of Competition and its Practice (Fourth Edition)*, Thomson Reuters, 2011, p. 338.

以非歧视的方式向竞争性本地交换运营商(Competing Local Exchange Carriers, CLEC)分享网络。据此,被告威瑞森(Verizon Communications, Inc. ,Verizon)作为在业本地交换运营商,必须以非歧视的方式向竞争性本地交换运营商提供地方电话服务的接入。竞争性本地交换运营商借此以合约方式进入了在 Verizon 的地方电信线路。之后,原告多林克(Law Offices of Curtis V Trinko,Trinko)提起诉讼,控诉 Verizon 在填写 CLEC 的用户订单前,总会先填写自己客户的订单,而且之后根本不会填写 CLFC 的用户订单。Verizon 此举旨在损害 CLFC 的利益,诱使 CLFC 的客户转而使用 Verizon 的电信服务。Trinko 声称,Verizon 偏袒自己的客户而歧视 CLEC 的客户,未能履行其在《电信法》下的义务,其拒绝交易的行为构成对《谢尔曼法》第 2 条的违反。Trinko 认为,《谢尔曼法》第 2 条的违反建立在必需设施理论的基础上。美国联邦最高法院驳回了 Trinko 的指控,裁定原告只能根据 1996 年《电信法》进行救济。斯卡利亚(Scalia)法官指出,美国联邦最高法院从未承认过必需设施理论。① 美国联邦最高法院认为,一般情况下,反垄断法对公司与竞争对手打交道没有规定任何义务。美国联邦最高法院分析了必需设施理论在规制行业中的适用,指出,由于《电信法》中确立的规制部分地替代了反垄断法的功能,当政府规制要求强制接入时,必需设施理论将不再适用。2006 年,霍温坎普(Hovenkamp)也指出,"Trinko 案"虽然没有用这么多的语言来说明,然而,在受到规制的产业中,当规制机关正在对构成垄断基础的行为进行积极监管时,它可能已经有效地终结了反垄断法中的必需设施理论的主张。②

在欧盟,当产业规制已经对经营者施加了强制交易义务时,必需设施理论的适用也在很大程度上被排除。2010 年"Deutsche Telekom 案"③中,欧洲法院指出,当国家层面的规制完全排除了市场竞争的可能性时,欧盟层面的竞争法将不再适用。而当规制之下,仍然存在竞争的可能性时,欧盟层面的竞争法仍然可以适用。虽然欧洲法院仍然在欧盟竞争法的框架下对电信经营者的滥用行为进行了分析,但是该案保留了这样一种可能性,即当产业规制完全替代市场竞争时,必需设施理论将不再适用。2020 年的"Lithuanian Railways 案"④中,欧盟初审法院也指出,特定部门的规制(sector-specific regulation)已经对立陶宛铁路公司(Lithuanian Railways)施加了强制交易义务,这排除

---

① See Barak Orbach & Grace Campbell Rebling, *The Antitrust Curse of Bigness*, Southern California Law Review, Vol. 85:3, p. 605 - 656(2012).

② See Herbert Hovenkamp, *The Antitrust Enterprise: Principle and Execution*, Harvard University Press, 2008, p. 248.

③ Case C - 280/08 P Deutsche Telekom v. Commission(2010).

④ Case T - 814/17, Lithuanian Railways v. Commission(2020).

了必需设施理论的适用。2021年的"Slovak Telecom案"[①]中,欧洲法院同样采用了类似的分析思路,排除了必需设施理论在规制产业中的适用。

2. 必需设施理论可被反垄断一般分析方法所替代

在规制产业之外,或者产业规制尚未完全排除市场竞争的领域,拒绝交易仍然可能受到反垄断法的管辖。然而,在这种情况下,反垄断法存在一般的分析框架,这也构成对必需设施理论的替代。

在欧盟,必需设施理论嵌套于反垄断一般分析方法之中,拒绝交易的案件大都是在滥用市场支配地位的框架下进行分析的。如前所述,在"Bronner案"中,法院确立了必需设施理论的3个构成要件,前2个要件"行为造成竞争损害""没有客观上的正当性"与欧盟滥用市场支配地位的分析框架相吻合,第3个要件中确立的"不可或缺"的标准,则使得现有的滥用市场支配地位规则更加严格。就此而言,运用必需设施理论对拒绝交易进行分析,不仅需要满足滥用市场支配地位的一般构成要件,还需要满足"不可或缺"的标准。然而,虽然"不可或缺"的标准与"竞争损害"被作为了2个单独的要件,但在具体分析中这两者在逻辑上是一致的,当经营者对下游竞争者来说构成"不可或缺"的设施时,拒绝与竞争对手交易,往往会损害下游市场的竞争。如果并非"不可或缺",则下游竞争者通常会有替代性的选择,因而也不会造成竞争损害。在执法与司法实践中,欧盟委员会和法院也往往将这两个要件合二为一进行分析。[②] 此外,2020年欧盟委员会也进一步强调了必需设施理论与反垄断一般分析框架的调和,指出数字平台中必需设施理论的适用仍需要在个案评估的基础上进行竞争损害分析与相应的实质测试,并考虑到案件的具体情形、具体行为类型与经济背景。[③] 因此,在欧盟,必需设施理论的适用延续了反垄断的一般分析方法,事实上消解了"必需设施"的概念。

在美国法中,必需设施理论作为相对独立的规则体系也是饱受争议的。必需设施理论的核心认定标准在于"不可复制",对于何者构成"不可复制",并不存在一个清晰的界定标准,且该理论的适用无须对相关市场进行界定,也无须对行为的竞争损害进行分析,这在一定程度上放松了拒绝交易行为的违法性认定标准,可能造成对拒绝交

① Case C-165/19 P Slovak Telekom v. Commission(2021).

② 例如,《欧盟排他性滥用指南》指出,欧盟委员会通常会从"不可或缺"推导出"行为将排除下游市场的有效竞争"。See Guidance on the Commission's Enforcement Priorities in Applying Article 82 of the EC Treaty to Abusive Exclusionary Conduct by Dominant Undertakings(2009/C 45/02), para. 85.

③ See Philip Torbøl et al., *Brussels Regulatory Brief*: *April* 2020, K&L Gates(May 1,2020), https://www.klgates.com/Brussels-Regulatory-Brief-April-2020-05-01-2020.

易行为的过度执法,从而导致更多的搭便车行为,进而削弱创新动力与投资激励。因此,对拒绝交易的违法性认定应当适用严格的标准,将其建立在行为造成竞争损害的基础上。正如阿里达(Areeda)教授所指出的,"并不存在一般的分享义务,强制开放即使存在,也是且应当是非常例外的","任何人都不应该被迫进行交易,除非这样做很可能通过降低价格或增加产量或创新来大幅改善市场竞争"。①

在实践中,美国法院对拒绝交易的分析,也常常绕开必需设施理论,而采用了更一般的分析方法,"Aspen 案"②就是一个典型的例子。美国联邦最高法院在分析拒绝交易是否构成对《谢尔曼法》第 2 条的违反时,直接绕开了必需设施理论,而考虑到了相关市场、垄断权力、行为的竞争损害等因素,并在此基础上确立了拒绝交易的三步分析法。"Aspen 案"的基本案情是:被告经营着阿斯彭地区(Aspen)4 个滑雪场中的 3 个,原告与被告之前一直存在"多天—多场地"联票的合作安排,并根据游客对滑雪场的具体使用情况进行分成。后来被告要求改变分成方案,新方案中仅向原告提供很低比例的固定分成,这实质上相当于拒绝了与原告之间的联合滑雪安排。美国联邦最高法院在分析被告的拒绝交易是否违法时,采用了如下分析思路:第一,垄断者和竞争对手之间必须有一个预先存在的、自愿的、可能有利可图的交易,而在之后垄断者拒绝与竞争对手交易;第二,拒绝交易涉及的产品,是垄断者向市场中其他处于类似情形的客户销售的产品;第三,也是最为重要的,垄断者停止业已存在的交易是为了以牺牲短期利润为代价来实现反竞争目的。美国联邦最高法院指出,被告终止了一个对消费者有利的成功项目,未能在审判中建立一个合理的商业理由,并强调了被告愿意牺牲短期利益以损害未来的竞争。据此,美国联邦最高法院认定被告违反了《谢尔曼法》第 2 条。

(二)我国并无必要采用必需设施理论

1. 规制产业中存在"普遍服务"的事前规制

目前,我国虽然未在规则层面确立规制产业中的反垄断豁免,而仅在《反垄断法》第 7 条规定了特定规制产业的合法经营活动受到保护,但是在特定的产业中,经营者被施加了强制接入义务等事前的行为规制,这在很大程度上排除了反垄断法的适用,使得反垄断法对拒绝交易的介入没有必要。例如,《电力法》第 26 条规定了供电企业的强制交易义务,该条要求供电企业"不得违反国家规定对其营业区内申请用电的单位和个人拒绝供电";《电信条例》第 17 ~ 22 条、第 43 条规定了电信业务经营者的互联

① See Philip Areeda, *Essential Facilities: An Epithet in Need of Limiting Principles*, Antitrust Law Journal, Vol. 58:3, p. 841 - 853(1989).

② Aspen Skiing Co. v. Aspen Highlands Skiing Corp., 472 U.S. 585 (1985).

义务与普遍服务义务;《邮政法》第2条也规定了邮政企业的普遍服务义务。此外,《城市供水条例》①、各省的燃气管理条例②等诸多法律文件中都对经营者施加了强制交易义务。在这些产业中,规制机关对经营者施加了强制交易的行为义务,并对交易价格进行了规定,这些规制措施排除了反垄断法的适用。而事实上,在我国的反垄断执法实践中,拒绝交易的反垄断也鲜少发生在这些行业中。

2. 反垄断法提供了替代性的分析方法

当经营者未被施加强制交易、普遍服务等事前的行为义务时,必需设施理论也无适用的必要。此时虽然反垄断法存在适用空间,但是反垄断法中存在一般的分析方法,这构成对必需设施理论的替代。

我国拒绝交易的反垄断也主要是在滥用市场支配地位的框架下展开的。拒绝交易构成我国《反垄断法》第17条所禁止的滥用行为。在滥用行为的违法性认定中,首先需要对经营者的市场支配地位进行判断,并在此基础上判断行为是否构成拒绝交易,然后判断拒绝交易的行为是否损害了市场竞争,最后判断行为是否存在正当理由。在《反垄断法》之外,《滥用行为暂行规定》虽然引入了"必需设施"的概念,规定了"必需设施"的认定应当考虑的要素,但并未创设拒绝交易反垄断的特殊规则。"必需设施"的认定构成了行为分析的一部分,当必需设施的控制者拒绝交易相对人以合理条件使用其必需设施,即可认定满足拒绝交易的行为要件。而当行为要件满足时,还需其他要件同时满足才能认定经营者构成对反垄断法的违反。因此,当某一经营者被认定为控制"必需设施"时,其拒绝交易的行为并不一定构成市场支配地位的滥用,认定经营者构成滥用,还需要结合经营者是否具有市场支配地位、行为是否造成竞争损害、是否存在正当理由等因素综合判断。当某一经营者并不构成控制"必需设施"时,如果其在相关市场中占据支配地位、从事了拒绝交易行为、行为造成竞争损害,且没有正当理由时,仍然构成市场支配地位的滥用。

在实践中,我国对拒绝交易的反垄断执法也遵循了这一分析框架。自反垄断法颁

---

① 参见《城市供水条例》第33条。

② 以《湖北省燃气管理条例》为例,该条例第20条规定:"燃气经营企业不得实施下列行为:(一)拒绝向符合用气条件的单位和个人供气……"这实际上对燃气经营企业施加了强制交易义务。

布以来,我国反垄断执法机关共查处7起拒绝交易案例。[①] 通过对行政处罚决定书的整理,笔者发现,这些案例基本上遵循了拒绝交易反垄断的一般分析方法,而并未对"必需设施"进行认定,即我国执法机关对拒绝交易违法性的认定思路是,只有当经营者实施了拒绝交易的行为、具有市场支配地位,造成了竞争损害且没有正当理由时,才构成对反垄断法的违反。在司法实践中,虽然部分地方法院在对拒绝交易行为进行分析时,提及了"必需设施"的概念,但是在分析方法上,也是遵循了反垄断的一般分析方法。例如,在"宁波联能热力公司案"中,法院以被告不具有市场支配地位为由,驳回了原告对被告拒绝交易的指控;[②]在"摩托罗拉公司案"中,法院以被告不满足拒绝交易的行为要件为由,驳回了原告的诉请。[③] 因此,对于拒绝交易的反垄断,我国一直是在反垄断一般分析方法的框架下展开的,这一分析方法完全可以应对市场中的拒绝交易行为,我国无须再引入必需设施理论。

四、平台语境下的规则审视

如前所述,必需设施理论在我国并无引入的必要。一方面,产业规制对经营者施加的普遍服务的行为义务排除了反垄断法的适用;另一方面,在竞争领域中,反垄断一般分析方法为平台拒绝接入提供了分析工具。这两者构成了对必需设施理论的有效替代。针对平台拒绝交易,有学者认为,平台反垄断存在相关市场界定的困难,平台中的竞争损害认定也更为复杂,必需设施理论可以避免此类难题;[④]在反垄断之外,平台中尚未确立普遍服务的事前规制,必需设施理论的适用弥补了这一空白。[⑤] 笔者认为,这两种观点看似有一定道理,但均缺乏充分的正当性。

首先,将必需设施理论作为克服平台反垄断分析困难的观点并不具有说服力。因为平台反垄断并不局限于平台拒绝交易的反垄断,在拒绝交易之外,平台还可能存在

---

① 这7起案例分别为渝工商经处字〔2015〕15号、渝工商经处字〔2016〕15号、国家发展和改革委员会行政处罚决定书〔2017〕1号、国家发展和改革委员会行政处罚决定书〔2017〕2号、国市监处〔2018〕22号、国市监处〔2018〕21号、国市监处〔2021〕1号行政处罚决定书。在这7起案例之外,还有1例涉及食用盐批发市场中的经营者以拒绝交易的方式对不同地区食盐零售商实施差别待遇,反垄断执法机关最终以滥用市场支配地位实施差别待遇对当事人进行了处罚,参见内工商处罚字〔2016〕4号行政处罚决定书。

② 参见浙江省宁波市中级人民法院民事判决书,(2013)浙甬知初字第86号。

③ 参见北京知识产权法院民事判决书,(2017)京73民初1671号。

④ 参见段宏磊:《从微信限制飞书事件中看互联网必要设施理论适应"门槛"》,载财经网2020年3月18日,https://news.caijingmobile.com/article/detail/413816。

⑤ See Brett Frischmann & Spencer Weber Waller, *Revitalizing Essential Facilities*, Antitrust Law Journal, Vol. 75:1, p. 1 - 65(2008).

垄断协议、掠夺性定价、限定交易、搭售、价格歧视等其他涉嫌垄断的行为,判断这些行为是否构成对反垄断法的违反,也需要在反垄断一般分析方法的框架下展开,这不可避免地需要对平台相关市场界定、竞争损害认定等问题进行回应,必需设施理论并不能真正解决平台反垄断分析方法上的困难。与此同时,必需设施理论下对经营者施加的强制交易义务是对经营者缔约自由非常严重的限制,只有在极其例外且十分必要的情况下,才能对经营者施加这种义务。如果没有界定相关市场,没有对行为的竞争损害后果与可能的正当性进行分析,而直接根据“不可复制”或“不可或缺”这一标准来对经营者施加强制交易义务,可能会导致对市场交易行为的过度限制,因为“不可复制”或“不可或缺”的表述本身具有很大的不确定性,在具体案例的适用中存在很大的解释空间。通过对拒绝交易行为的违法性认定施加相关市场界定、竞争损害认定等条件,能够在一定程度上提升分析的严谨性,防止对经营者的缔约自由造成过度限制。

其次,平台相关法律制度的探索并不局限于反垄断法,在规制层面,也可以对相关规则进行完善。事实上,就我国的执法力量储备而言,反垄断执法人员的数量相对紧缺,而行业监管机关的执法力量相对比较充沛,①有更多的执法资源对平台行为进行持续监管。因此,以反垄断作为监管临时替代的方案,并不具有说服力。目前,各司法辖区都处在对平台相关规则的探索与构建阶段,在规制领域,也出现了对平台行为进行监管的尝试。虽然这些探索尚未成为正式的立法,部分规则也尚存争议,但在大的方向上体现了对平台规制的强化,其中一些规则也涉及了平台的普遍服务与强制交易义务。例如,欧盟2020年12月发布了《数字市场法》(Digital Markets Act)提案,该提案界定了数字市场的“看门人”,并对其施加了特殊的行为义务,其中就规定了“看门人”在特定情况下,应当允许其他应用与“看门人”之间实现互操作性,“看门人”不得限制用户使用其在“看门人”平台之外获得的服务等义务。② 再如,美国众议院司法委员会2021年6月通过6项反垄断法案,旨在促进平台之间的竞争。法案对平台的兼容性与互操作性进行了规定,要求特定的平台保持透明的、第三方可访问的接口(包括应用程

① 反垄断执法机关的职能部门编制人员不足50人,而相关规制机关如工信部,其职能部门编制将近600人。参见《中央编办关于工业和信息化部有关职责和机构调整的通知》(中央编办发〔2015〕17号);吴丽华:《平台竞争“内卷化”,编制不足50人的反垄断局打算怎么干?》,载澎湃新闻2021年2月20日,https://www.thepaper.cn/newsDetail_forward_11389201。

② See Proposal for a Regulation of the European Parliament and of the Council on Contestable and Fair Markets in the Digital Sector (Digital Markets Act), 2020/0374 (COD).

序编程接口),以促进和维护竞争企业或潜在竞争企业之间的互操作性。① 我国工信部等部门目前也在酝酿相关规则,要求平台间解除对网址链接的屏蔽,实现互联互通。②

总体而言,对平台拒绝交易的法律介入,首先应当考虑是否应当对平台施加行为上的事前规制,这在很大程度上影响到平台的行为模式,同时影响到反垄断法发挥作用的空间。对此,笔者认为,可以根据平台或者交易的特性来划分对平台规制的范围:对于公共性较强的平台交易,可由规制机关对平台行为予以介入,对平台施加普遍服务等行为义务;而对于私人属性较强的平台交易,则交由市场、交由当事人进行协商,仅在拒绝交易行为造成竞争损害这一例外情况下由反垄断执法机关进行介入。当反垄断执法机关对平台拒绝交易行为进行介入时,应当遵循反垄断分析的一般方法,在相关市场界定、竞争损害认定的基础上,对平台是否违反反垄断法进行分析。

五、结语

正如霍温坎普 1999 年在《联邦反托拉斯政策》中所指出的,必需设施理论是《谢尔曼法》第 2 条责任基础中最麻烦、最不连贯、最难以处理的规则之一。③ 我们在考虑是否采用这一规则时应当足够审慎。对于拒绝交易问题,现行法已经提供了分析工具——如果产业规制对经营者施加了普遍服务义务,那么可以直接据此执法,反垄断法并无介入余地;如果经营者未被施加普遍服务义务,则可以适用反垄断的一般分析方法来进行处理,也无须采用必需设施理论。对于平台拒绝交易,应当结合平台及其交易的具体特性,来确定具体的处理规则。必需设施理论并不是处理平台拒绝交易的治本之策,特别是在存在替代方案的情形下,贸然引入这一理论将造成叠床架屋的效果。因此,我国并无确立必需设施理论的必要。

(责任编辑:陈娇娇)

---

① See US House Committee on the Judiciary, *Chairman Nadler Applauds Committee Passage of Bipartisan Tech Antitrust Legislation*, House Judiciary Committee (June 24, 2021), https://judiciary.house.gov/news/documentsingle.aspx? DocumentID = 4622.

② 参见任晓宁:《互联互通下一步:边界和未来在哪里》,载经济观察报 2021 年 10 月 20 日,http://www.eeo.com.cn/2021/1020/508153.shtml。

③ See Herbert Hovenkamp, *Federal Antitrust Policy the Law of Competition and its Practice (Fourth Edition)*, Thomson Reuters, 2011, p. 336.

【经济法实施】

法典化时代独立存在的经济法责任理论*

李晓辉**

摘　要：当前以“传统责任＋独创性责任”形式呈现的独立存在的经济法责任，因其打破了法理学中法律责任形式与部门法一一对应的思维定式和惯性而难以获得法理学的接受和认可，亟须在理论上取得突破。在司法实践中，经济法责任虽然体现为借用六大“传统责任”加20余种“独创性责任”的庞大体系，但是所有被选择并规定在经济法之中的责任形式，都浸润着经济法的理念和价值追求，与其原本所在的部门法中所要达到的目标追求是不一样的，这集中体现在经济法责任形式的选择既关注个体利益的维护又关注社会整体利益的保障。因此，以“传统责任＋独创性责任”形式存在的经济法责任，其本身就是对法理学中法律责任理论的丰富和发展，并可能落实在经济法立法法典化之中，成为未来其他新兴部门法在责任选择方面参照的标准。

关键词：经济法责任；传统法律责任；独创性责任；法理学

一、问题的提出

本文将围绕两个问题展开。一是在经济法责任研究已经推进至当前取得的“传统责任＋独创性责任”初步共识之后，下一步的理论研究方向在哪里？按照此思路，“传统责任”被从“三大责任”扩围至“六大责任”，即除民事责任、行政责任和刑事责任外，还包括违宪责任、诉讼责任和国家赔偿责任；①“独创性责任”也不断被提炼出来，从早期的“诸如拆分企业、信用减等、资格减免、引咎辞职、停业整顿、竞业禁止、惩罚性赔

---

*　本文系2022年度中央高校基本科研业务费项目“习近平法治思想对经济法理论与实践创新研究”（编号：20720221016）研究成果。

**　法学博士，厦门大学法学院助理教授、硕士研究生导师，厦门大学习近平新时代中国特色社会主义思想研究中心研究人员。

①　参见赵震江、付子堂：《现代法理学》，北京大学出版社1999年版，第485页。

偿、产品召回等”,[①]后续不断被增加到20余种,从整体上而言“经济法究竟有多少特有的责任形态,至今仍没有定论”。[②] 从发展趋势看,学者会继续丰富经济法责任中的“传统责任”和“独创性责任”形式,这容易使我们产生“安全”的错觉,因为我们几乎将所有法律责任形式都已经收入囊中了,似乎也只有这样才可以满足和解决所有部门法对经济法责任形式的需求,在必要时我们都可以以“问讯吴刚何所有,吴刚捧出桂花酒”予以应对。但是,问题是这种责任形式在数量上的堆砌会产生质的突变吗?经济法责任中的“传统责任”是否具有“独创性”的一面?而“独创性责任”是否具有“传统”的一面?特别是在当前经济法立法法典化的背景下,又如何在“经济法责任编”中予以规定?

二是经济法责任理论及其责任形式如何能够实现与法理学中的法律责任理论的互动?当前,法理学中对法律责任通常的分类是依据部门法的性质,并据此形成了相对稳定的责任形式和体系,究其原因,这“同民法、刑法、行政法的历史及其法典化的进程,同其界域的相对明晰,以及在立法上的相对成熟等,都有密切关联”。[③] 据此,从理论上讲,作为独立部门法的经济法早晚有一天会形成与自己部门法相对应的责任体系。就其名称而言,大多数学者赞成将其称为“经济法责任”,[④]并期待有朝一日能被纳入法理学的责任理论体系之中。在实践中,形成较晚的经济法责任似乎与法理学中的法律责任理论仅仅存在单向的“借用”关系,当前在法理学中尚难以见到“经济法责任”的理论贡献。为改变此状况,学者们认为“经济法责任有着自己独特的形态以及责任承担方式”,[⑤]并根据不同的标准对经济法责任进行了划分。客观地讲,这些依据不同的标准所进行的分类虽然有助于我们认识经济法责任的特殊性,但是是否能够进入法理学的法律责任理论体系尚待继续探索。

二、“传统责任+独创性责任”与传统部门法中的责任形式并立

(一)“传统责任+独创性责任”成为基本共识

经济法责任之争大体经历了“经济法责任是否独立存在”“综合责任是否科学合

---

① 李昌麒主编:《经济法学》(第2版),法律出版社2008年版,第661页。

② 颜运秋:《“经济法责任”基本问题研究》,载《山东警察学院学报》2010年第2期。

③ 张守文:《经济法理论的重构》,人民出版社2004年版,第446页。

④ 井涛:《经济法责任的独立性问题探讨——第四届经济法前沿理论研讨会综述》,载《华东政法学院学报》2004年第1期。

⑤ 刘拥:《经济法责任的实现与公诉权的现代转型》,载《法学杂志》2012年第1期。

理”“经济法责任独立存在”3个阶段。[①] 就当前研究的基本共识来看，基于法理学中以部门法属性划分法律责任类型的方法，大多数学者认为“划分法律责任类型的其实并不是承担责任的方式，而是法律主体承担责任时所依托的法律关系的部门法属性”，[②]因此可以推断经济法责任确实是独立存在的。那么，作为独立存在的经济法责任是以何种形式存在的？大多数学者认为，“其他法律部门的法律责任形式均在经济法上有所体现”，“经济法责任还在实务中开创出了三大传统法律部门均不具有的独创性责任形式”，[③]对此共识基本上可以总结为“传统责任＋独创性责任”的责任形态。[④]

（二）从“传统责任＋独创性责任”到“经济法责任独立存在”的“质”变

接下来，“传统责任＋独创性责任”如何能够推导出“经济法责任独立存在”的结论呢？大多数学者认为，“经济法责任是对传统法律责任形式的一种质变式的‘整合’而非‘组合’”，[⑤]但是问题是我们当前借用六大“传统责任”加20余种“独创性责任”的“组合”模式是如何被“整合”为“质”变后的“经济法责任”的？

从前期的研究来看，尚无对此“质”变过程进行完整阐释的成果，但是与此研究方向接近的观点主要有：(1)“拓补说”。该说认为只有发掘传统部门法理论及其责任理论的局限性，才能实现对传统法律责任理论的超越、拓展和补漏，进而实现对经济法责任的“典型性分析或类型化研究”，[⑥]进而构建独特的经济法责任理论。(2)“鸡不可能下鸭蛋说”。该说认为如果某一法律责任的归责原则、责任主体和构成要件均是由经济法律规范规定的，那么无论采取什么样的责任形式，它都属于经济法责任。换言之，即使经济法责任形式与其他部门法中的形式相同，二者的性质也是不同的，因为“某一部门法可以规定其他部门法的责任，这在逻辑上是讲不通的，就像鸡不可能下鸭蛋一样”。[⑦] (3)“二元性说”。该说认为经济法律责任具有二元性与二重性，“即同时承担公法责任及私法责任”，[⑧]因为参与经济活动的任何主体的经济违法行为，都同时损害了社会整体利益和某一个体的经济利益。(4)“主导说”。该说认为经济法责任在经济法规定的多种责任形式中处于中心地位，这是由经济法责任自身的特点决定的，因此

① 参见焦富民：《论经济法责任制度的建构》，载《当代法学》2004年第6期。

② 《经济法学》编写组编：《经济法学》（第2版），高等教育出版社2018年版，第88页。

③ 《经济法学》编写组编：《经济法学》（第2版），高等教育出版社2018年版，第89页。

④ 参见张继恒：《经济法责任理论及其思维转向》，载《江西财经大学学报》2011年第6期。

⑤ 《经济法学》编写组编：《经济法学》（第2版），高等教育出版社2018年版，第89页。

⑥ 张守文：《经济法责任理论之拓补》，载《中国法学》2003年第4期。

⑦ 翟继光：《论经济法责任的独立性》，载《当代法学》2004年第4期。

⑧ 刘水林：《经济法责任体系的二元结构及二重性》，载《政法论坛》2005年第2期。

应该建立“以经济法责任为主导的多种责任形式的互动与互补”,[①]借以实现经济法多种责任配置的整体效率和综合功能。(5)“责任链说”。该说认为经济法责任链是由若干最小的不可再分的法律责任形式组成的链条,这些责任形式不是“随意的、胡乱的堆砌”,[②]而是具有一定的本质特征,体现了经济法追求社会整体经济效率价值的目标。(6)“啮合说”。该说认为经济法责任突破了公私法划分的限制,将多种传统法律责任与经济法独创性责任规定在同一部法律之中,“并重新啮合,这是社会关系复杂化、解决社会冲突的手段多元化、研究社会的理论方法多样化等在法学研究中的反映”。[③](7)“第二性义务说”。该说认为经济法责任作为一种独立法律责任形态存在,是经济法主体因其违法行为而应该承担的不利后果,“为经济法律关系主体违反经济法第一性义务而应该承担的第二性义务”。[④]

综上所述,经济法责任无论体现为什么样的责任形式,即使在形式上与传统法律责任形式相同,但是“其内容和目的可能会有区别”,[⑤]或者说“组合后还赋予其新的内容”,[⑥]因此当它们被选择并规定在经济法中时,无疑浸润着经济法的理念和价值追求,就与其原本所在的部门法中所要达到的目标是不一样的,这集中体现在经济法责任形式的选择既关注个体利益的维护又关注社会整体利益的保障,[⑦]或者说是“落实宪法对社会公共利益和个人财产权的双重保护”,[⑧]否则政府在经济法立法中是不会选择这种责任形式的,而可以任由市场调节发挥作用。

(三)“经济法责任独立存在”视角下各类传统责任形式在经济法中的统合

如果我们坚持“经济法责任独立存在”的观点,那么如何看待各类责任形式在经济法中同时存在?从前期的研究来前,大致有以下几种观点:(1)“抽象概括式”。该观点认为经济法是现代法,有别于传统法律部门,可以综合运用多种责任形式;与传统部门法产生的社会阶段相比,经济法产生时社会关系变得更加复杂,致使单一责任形式难

---

① 应飞虎:《问题及其主义——经济法学研究非传统性之探析》,载《法律科学(西北政法学院学报)》2007年第2期。

② 郑鹏程:《经济法责任特征新论》,载李昌麒、岳彩申主编:《经济法论坛》第7卷,群众出版社2010年版,第52页。

③ 邓纲:《争议与困惑:经济法中的法律责任研究述评》,载《现代法学》2012年第1期。

④ 赵大华:《论经济法中权力主体的经济法律责任》,载《法商研究》2016年第5期。

⑤ 丁邦开、周晖国编:《现代经济法——理论与运用》,中国大百科全书出版社1993年版,第81页。

⑥ 王全兴:《经济法基础理论专题研究》,中国检察出版社2002年版,第47页。

⑦ 参见程宝山:《经济法基础理论精要》,立信会计出版社2008年版,第71~72页。

⑧ 薛克鹏:《建构与宪法相融的经济法——兼论政府与市场经济的关系》,载《法学杂志》2021年第1期。

以解决复杂的社会关系；伴随社会经济的发展，公法和私法的界限正在变得模糊，导致多种责任形式可以并存于同一个部门法中。(2)“鸡尾酒式”。该观点认为各种责任形式在经济法中的排列是有一定规律的，“它们基本上遵循行政责任在先、民事责任居中、刑事责任在后，市场主体责任在先、主管机关责任在后的规律”，①这种认识可以被形象地称为“鸡尾酒式”。当然，鸡尾酒虽由基酒和辅助材料组成，但是它们的调制还是要遵循一定的物理规律和材料的特点，才能调制出一杯层次分明、口感变化多样的鸡尾酒，也正如经济法中借用了各种传统的法律责任形式，并根据需要对其进行排列组合，使之能够体现“政府之手”介入微观市场规制领域和宏观经济调控领域的协调社会经济发展的作用。(3)“中药铺式”。该观点认为中药铺中为达到治疗不同疾病的目的，医生需要根据中医理论实行“配伍”和“君臣佐使”，而不是凭空想象地乱抓药，且中医中所使用的中药的类型是开放性的，新物种和新的炮制方法不断被创新和发掘出来。具体到经济法责任研究方面，学者实际上已经关注到经济法责任虽然体现为多种责任形式，但是其“质”的规定性体现在这些责任形式的选择和使用是有经济法这个部门法的理论基础支撑的，“就是强调不仅要像传统责任制度那样关注私人成本的补偿，而且也要对具有整体价值的社会成本进行补偿”，②在立法和司法实践中依据经济法基础理论对各种责任形式进行选择和搭配使用。

从发展阶段看，我国的经济法责任形式研究已经经历了抽象概括式和鸡尾酒式的阶段，进入了中药铺式的阶段，体现为既有新的责任形式不断被总结和创设出来，又需要实现经济法理论与所有责任形式的贯通和统合。那么，未来浸润着经济法理念和价值的经济法责任，无论是体现为对传统责任形式一种或者多种的借用，抑或体现为经济法所独有的责任形式，则都可以被看作经济法责任的实现方式。据此，经济法责任作为一个整体也会因有经济法理论的支撑而可以独立存在。

三、经济法责任理论与法理学中法律责任理论的互动

在经济法责任研究方面，一个无法回避的问题就是其与法理学中的法律责任的互动。众所周知，法理学从部门法中抽象出“责任”范畴后，各个传统部门法均在其前面冠以与本部门法相关的称谓，形成了与其部门法相适应的责任体系，反过来又丰富和发展了法理学中“责任”的内涵和外延，实现了双向互动。据此推断，学者们经过反复

---

① 郑鹏程：《经济法责任特征新论》，载李昌麒、岳彩申主编：《经济法论坛》第7卷，群众出版社2010年版，第52页。

② 张守文：《经济法责任理论之拓补》，载《中国法学》2003年第4期。

研讨和权衡确定的“经济法责任”也符合这种研究进路,但是目前存在的问题是双向的:一方面,经济法责任没有被法理学作为一种独立的责任形式予以归纳和确认,“法理学界和其他部门法学界基本上持否定态度,不承认经济法责任是一个独立的法律责任”;①另一方面,经济法责任也没有实现对法理学中责任理论的丰富和发展。这种状况既影响了法理学的与时俱进和开拓创新,又影响了经济法与其他学科之间的交流,甚至影响了经济法学的学科评价和学科地位,②对此问题我们不能视而不见或者闭眼假寐。那么,接下来的问题是:我们现在正在做什么？未来我们要做什么？未来我们能改变什么？

(一)我们现在正在做什么

1.跨过了通过论证经济法责任的独立性达到论证经济法独立性的阶段

在经济法研究的早期,为了回应其他部门法对经济法提出的经济法独立性问题,部分学者有意或者无意地从论证经济法责任独立性的角度,归纳和创立自认为的经济法中不同于传统责任形式的新责任形式。在这种追求经济法责任独立性思维的指引下,我们就很容易认为,如果把经济法责任分为民事责任、行政责任、刑事责任等责任形式,经济法就不存在自己独立的责任形式了,并且认为“如果违反经济法需承担特殊的法律责任并有特殊的诉讼程序,那么经济法在法律体系中的独立地位问题就迎刃而解了”,③“没有独立的经济法责任,那么就很难在法律体系中建立起真正意义上的具有独立地位的经济法”。④

当前,我们早已跨越了该阶段,实际上,特殊的或者独立的经济法责任与经济法的独立存在之间并不存在必然的联系,我国经济法理论和实践的产生和发展有其自身特殊的社会基础和深层次的经济原因。自改革开放以来,我国从计划经济阶段历经有计划的商品经济实现到市场经济的转变,而市场调节在带来高效率的同时也带来了其自身无法克服的市场障碍、市场唯利性,以及市场调节的被动性和滞后性三个方面的市场缺陷。为弥补市场机制存在的3种缺陷,国家采取了市场规制、政府投资和宏观调控3种基本方式调节社会经济的运行,⑤在权责对应的法治要求下,对违法行为规定相应的能够体现经济法理念和价值的责任形式是客观需要,可以发挥其为市场经济顺利

---

①　焦富民:《论经济法责任制度的建构》,载《当代法学》2004年第6期。

②　参见肖江平:《中国经济法学史研究》,人民法院出版社2002年版,第231~232页。

③　韩志红:《关于经济法中以“新型责任”弥补“行政责任”缺陷的思考》,载《法商研究》2003年第2期。

④　焦富民:《论经济法责任制度的建构》,载《当代法学》2004年第6期。

⑤　参见漆多俊:《论经济法产生的社会根源》,载杨紫烜主编:《经济法研究》第1卷,北京大学出版社2000年版,第97页。

运行保驾护航的作用。

2. 对综合经济法责任论进行了扬弃

在经济法责任研究的早期,综合经济法责任论是部分学者曾经坚持的一种观点,也被称为“综合责任”,[①]这种责任形式突破了法律责任与部门法一一对应的思维定式和惯性,认为“只有综合性的经济法责任才能有效地制裁违反经济法的行为”,[②]形成了与新兴的现代法相适应的新型责任理论。当然,也有学者对此观点有所保留,认为其“缺乏基本的法理支撑和论证过程”,[③]且与经济法理论中的调整对象存在一定的矛盾,难以指导经济法的归责机制,需要在未来研究中予以扬弃。

3. 依据不同的标准对经济法责任进行不同的分类

由于经济法责任的形式较多,是由不同性质的多种责任形式构成的统一体,而且跨越了传统的以部门法划分责任形式的界限,因此除以部门法为划分标准外,学者还提出了诸多新的划分标准,并根据不同的标准对经济法责任的形式进行了不同的分类,包括公法责任和私法责任,职务责任和非职务责任,财产性责任和非财产性责任,经济性责任和非经济性责任,国家责任、企业责任、社团责任和个人责任,过错责任、无过错责任和公平责任,干预(调制)主体责任和干预(调制)受体责任,本法责任与他法责任,财产责任、行为责任及资格责任等,[④]在此无法一一列出。这些责任形式分类是在经济法责任拥抱法理学中的责任理论失败之后的另辟蹊径,其积极作用在于有助于认识经济法责任的主要特征。

4. 探索经济法责任对传统法律责任理论与形式的补充、超越与创新

如果说要对过去经济法责任形式研究最突出的特征作出总结和描述,那就非经济法责任对传统法律责任形式与内容的补充、超越与创新莫属,或者说“把经济法律责任与传统法律责任分开有着重大的理论和实践意义”。[⑤] 在此问题上,学者可谓不遗余力,认为需要“彻底摒弃过去对于三大责任形态的过分强调”,[⑥]或者认为“这些民法、

---

① 邱本:《经济法总论》,法律出版社2007年版,第270页。

② 邱本:《经济法总论》,法律出版社2007年版,第271~272页。

③ 薛克鹏:《经济法综合责任论质疑》,载《政法论坛》2007年第4期。

④ 参见焦富民:《论经济法责任制度的建构》,载《当代法学》2004年第6期。

⑤ 刘大洪主编:《经济法学》,中国法制出版社2007年版,第103页。

⑥ 张守文:《经济法责任形态刍议》,载王全兴主编:《经济法前沿问题研究》,中国检察出版社2004年版,第172页。

行政法、刑法所不具有或不重视的责任形式”,[①]是经济法对法理学中责任理论的突破和贡献等。具体而言,学者普遍认为拆分企业、经济法上的惩罚性赔偿、缺陷产品召回、资格减免、信用减等、拆分公司、引咎辞职、政府经济失误赔偿、企业社会责任,甚至是提炼、归并鼓励、奖励等责任形式,使其可以被“类型化”[②]为经济法所特有的责任形态,体现出对传统法律责任理论的突破和创新。[③]

5. 对宏观调控法中的责任形式进行分析

在对经济法责任具体形式进行研究的过程中,学者发现在市场规制法领域的经济法责任形式相对容易确定,甚至可以参考其他国家立法中的相关责任形式,但是在宏观调控法中其就存在可诉性之争。否认宏观调控法可诉性的观点认为,“不能判决宏观调控机关对宏观调控决策给受控主体造成的损害承担赔偿责任”,[④]如果需要承担责任也应该是政治责任。在支持宏观调控法可诉性的观点中,有的观点认为“明确政府责任是经济法的核心内容所在”,[⑤]国家如果因不当实施宏观调控和市场规制措施给调制受体造成损害的话,需要承担“经济法上的国家赔偿”[⑥]以及公共物品供应不足时的实际履行责任等;有的观点认为,在立法中应该“明确规定政府的公共服务责任”;[⑦]有的观点认为应该建立宏观调控领域的公益诉讼制度,借以追究政府“金钱赔偿或修复”[⑧]等责任。

6. 关注到经济法主体之间法律责任的非对等性

在市场规制法中,经济法主体之间的法律责任并不对等,往往体现为对弱势一方予以倾斜性保护。在实践中,基于经济实力、信息不对称等原因,经济法主体中的消费者、中小企业与非垄断企业,在分别与经营者、大企业与垄断企业进行名义上平等的交易活动中常常处于劣势地位,需要国家在经济法律制度设计中予以特别保护,主要体现为在《消费者权益保护法》《反不正当竞争法》《反垄断法》中对相对弱势一方在赔偿标准、举证责任等方面的倾斜性保护。

---

① 李晓辉:《经济法责任研究路径的反思与突破》,载《厦门大学学报(哲学社会科学版)》2011年第2期。

② 季奎明:《经济法中特殊法律责任的类型化研究》,载《福建论坛(人文社会科学版)》2013年第7期。

③ 参见顾功耘、罗培新主编:《经济法前沿问题》,北京大学出版社2006年版,第45页。

④ 邢会强:《宏观调控行为的不可诉性再探》,载《法商研究》2012年第5期。

⑤ 吕忠梅、廖华:《论社会利益及其法律调控——对经济法基础的再认识》,载《郑州大学学报(哲学社会科学版)》2003年第1期。

⑥ 张守文:《经济法责任理论之拓补》,载《中国法学》2003年第4期。

⑦ 刘大洪、郑文丽:《政府权力市场化的经济法规制》,载《现代法学》2013年第2期。

⑧ 胡光志:《论宏观调控行为的可诉性》,载《现代法学》2008年第2期。

在宏观调控法中,也存在主体之间法律责任的非对等性。在实践中,作为受控主体的各市场主体的法律责任不断地被强化,但经济管理和调节主体的法律责任却常常被忽视,出现双方权利(力)和义务"不均衡、不对等"①的情况,被认为经济法律权力主体享受着极大的权力却承担着极少的责任。② 例如,政府宏观调控可能引起的巨大政策性风险的责任承担几乎是空白,经济管理和调节主体因错误地估计和判断经济形势或因官僚主义、长官意志的原因而作出错误决策,并进而导致经济发展出现严重的问题,却难以适用经济法来追究经济管理和调节主体的责任,因为"在有效的司法审查制度尚未确立的情形下,很难通过诉讼机制追究其责任"。③ 在宏观调控法中,这种不平衡的责任承担模式往往会挫伤市场主体的经营积极性,"如果相关责任人不存在渎职、寻租或重大恶意,则主要是政治性和行政性问责",④容易助长经济管理和调节主体干预经济的随意性,亟须新的法律制度设计予以平衡。实际上,在未来的宏观调控立法中,应以规定经济管理和调节主体的义务为主,借以充分保障市场主体的合法权利。

(二)未来我们要做什么

1. 在经济诉讼实践中归纳和提炼经济法责任的具体形态

在经济法责任研究的早期,由于经济立法和司法的不完善,导致"创新性探讨极少",⑤在司法实践中"责任缺失却成为制约经济法独立发展的瓶颈"。⑥ 当前,在经济立法和司法相对完善的背景下,经济法责任研究已经进入探讨实施实效和创新发展的阶段,其"责任体系的设计要充分考虑到责任的追究力度和可实现性",⑦以便在经济诉讼实践中归纳和提炼经济法责任的具体形态,同时对原有的责任形态做出必要的反思与扬弃。

在市场规制法领域,在1993年制定的《消费者权益保护法》第49条规定了"退一赔一"的惩罚性赔偿之后,其他部门法的立法发生了很多变化,需要我们及时作出总结和改进。具体而言,《劳动合同法》第87条规定,特定条件下,用人单位需要向劳动者支付的赔偿金为经济补偿标准的2倍;《民法典》第1207条规定,明知产品存在缺陷仍然生产、销售,或者没有依据前条规定采取有效补救措施造成他人死亡或者健康严重

---

① 吕忠梅:《经济法律责任论》,载《法商研究》1998年第4期。

② 参见赵大华:《经济法视野下的宏观调控及其救济》,载《经济问题探索》2013年第8期。

③ 李昌麒主编:《经济法学》,法律出版社2008年版,第684页。

④ 刘红臻:《宏观经济治理的经济法之道》,载《当代法学》2021年第2期。

⑤ 肖江平:《中国经济法学史研究》,人民法院出版社2002年版,第260页。

⑥ 陈婉玲:《经济法责任的归责原则》,载《政法论坛》2010年第6期。

⑦ 李志刚:《调制受体法律责任体系的重构》,载《法学》2007年第6期。

损害的,被侵权人有权请求相应的惩罚性赔偿;《消费者权益保护法》第55条规定,因经营者欺诈对消费者的赔偿标准由价款或者接受服务的费用的1倍提高到3倍,而对于经营者明知商品或者服务存在缺陷仍然向消费者提供的,规定了所受损失2倍以下的惩罚性赔偿;《旅游法》第70条第1款规定了特定条件下旅行社需要承担旅游费用1倍以上3倍以下的赔偿金;《食品安全法》第148条第2款规定,经营者生产不符合食品安全标准的食品或者经营明知是不符合食品安全标准食品的,其惩罚性赔偿标准为支付价款10倍或者损失3倍的赔偿金。

从发展过程看,我们前期认为消费者权益保护领域的惩罚性责任为经济法的"独创性责任"之一,但是当前其又展现出"传统责任"的一面,对此应该如何看待?赔偿标准不一问题,除最低赔偿标准不同外,普通商品以"价款或者接受服务的费用"为赔偿标准且不考虑可能带来的损失,而食品领域有两个标准,即不符合安全标准的食品为"支付价款十倍或者损失三倍的赔偿金",缺陷产品赔偿又为"所受损失二倍以下"。另外,惩罚性赔偿的适用主体也不统一,"知假买假"的消费者(或称"职业打假人")仅在食品和药品领域可以获得赔偿,带来了法治实施的统一问题。

在宏观调控法领域,《预算法》中虽然规定了"主管人员和其他直接人员"可能承担的行政责任和行政处分,但是相关责任主体从来没有被成功起诉到法院,因为缺乏依据行政诉讼理论确立的"直接利害关系人"作为起诉人,需要继续探索纳税人公益诉讼制度;在《政府采购法》中,在政府采购合同的缔约阶段政府可能因行政复议和行政诉讼承担行政责任,但是在履约阶段其并没有规定救济方式和责任形式。2014年财政部出台的《政府和社会资本合作项目政府采购管理办法》第22条第2款规定,在PPP项目合同履行中发生争议且无法协商一致的,可以依法申请仲裁或者提起民事诉讼。据此推断,对于PPP项目履约阶段,政府将承担民事责任,这也是一种创新性的责任承担方式。在金融法领域,新的责任承担方式体现在2013年修订的《消费者权益保护法》第28条规定,提供证券、保险、银行等金融服务的经营者应该向消费者提供经营地址、安全注意事项和风险警示等信息,该条被认为是确认了"金融消费者"的存在。因此,如果金融经营者在提供服务的过程中有欺诈行为,金融消费者是可以适用《消费者权益保护法》第55条获得3倍赔偿的,但是从当前的司法实践看这尚未实现。[①] 显然,金融消费者概念的引入无疑是没有考虑到我国《消费者权益保护法》中惩罚性赔偿的存在,这一点与其他国家是不同的;同时根据我国《消费者权益保护法》中对消费者概念

---

① 参见阳建勋:《我国金融机构惩罚性赔偿责任落空的反思与制度完善》,载《法律科学(西北政法大学学报)》2019年第5期。

的规定，金融消费者也不是"为生活消费需要"而购买金融产品和接受金融服务的，二者是投资关系无疑，因为在我国即使是活期账户也会有0.35%的年利率作为投资收益。

2. 认识到具有相对独立的执法机构不是经济法责任的"质"的规定性

在各国的竞争法立法中，往往存在不同于其他传统法律责任追究主要在法院实现的特点，即各国在竞争法执行过程中通常都设置了独立或相对独立的执法机构，如欧盟的欧盟委员会、美国的联邦贸易委员会和司法部反托拉斯局、德国的联邦卡特尔局、日本的公平交易委员会、我国的国家市场监督管理总局和反垄断局等，专门负责处理违反竞争立法的案件。这些相对独立的、"以准司法机关的角色保护一些法律关系"①的执法机构的存在，被部分学者认为是经济法责任不同于其他传统责任方式的独特性所在。但是，需要明确的是，上述专门执法机构仅仅是经济法责任实施机制的特征之一，并不能影响到经济法责任"质"的规定性，不能成为经济法责任独立性或者独创性的体现。

3. 我国的经济法责任形式研究将受经济法国际化发展趋势的影响

经过40余年改革开放和国民经济的持续发展，我国国内生产总值在2010年年底已经跃居世界第二，成为一个真正的经济大国。在我国经济日益国际化的进程中，经济法中的国家调节理论也需要适时增加"国际调节"②的内容，借以回应国际组织、国际条约和其他国家法律等的限制性规定。考虑到我国企业活动在世界经济体系中不断扩展的现状，经济法责任形式研究亦应贯彻"国际着眼、国内着手"的思路：一方面，可以参考其他发达市场经济国家相关立法中成熟的责任承担方式；另一方面，相关国内研究不能根据不同的标准作出种类繁多的分类，或者创设太多被称为"新型责任"的责任形式。这些依据不同标准所进行的分类虽然有助于我们认识经济法责任的特殊性，但是不利于经济法律和政策的国际合作与协调。

（三）未来我们能改变什么

1. 实现经济法责任对法理学中责任理论的丰富和发展

在法理学中，对法律责任最通常、最重要的分类方法是根据法律责任的部门法性质进行分类，这也是目前学界比较公认的对法律责任分类的方法。因此，只要承认经济法是一个独立的法律部门，就可以相应地推知，在经济法领域法律责任也同样客观存在。在缺乏专门的经济审判庭的背景下，我国长期以来在经济法责任具体形式的确

① 薛克鹏：《经济法综合责任论质疑》，载《政法论坛》2005年第4期。

② 漆多俊：《中国经济法理论之创新与应用——30年回顾与启示》，载《法学评论》2009年第4期。

定方面很难取得突破性进展。经济法学者力图突破法理学中传统法律责任划分标准对经济法责任类型的划分,但在回应现实经济的发展需求中出现了理论的普适性问题,然而,从整体上看,经济法学界对经济法责任及其责任形式的认识"并没有根本的分歧",①其分歧主要在于如何进行理论上的归纳和提炼。

通过分析前期的研究可以发现,我们从法理学中借用了其"责任"范畴,通过冠以"经济法"彰显部门法特征,并确立了"经济法责任独立存在"的基本共识,下一步需要做的是总结出经济法责任对法理学中法律责任理论的丰富和发展。在复杂的现代社会经济背景下,公法与私法的界限逐渐模糊并相互交叉,一部法律的出台往往是诸多各部门法规范的综合,相应地,在规定的责任形式方面也存在对原属于多个部门法责任形式的选择适用,同时还根据需要创新出一些新的责任形式,这体现出政府综合运用多种责任形式保障社会经济法运行的目的。因此,以"传统责任+独创性责任"形式存在的经济法责任,其本身就是对法理学中法律责任理论的丰富和发展,并可能在未来成为其他新兴部门法在责任选择方面参照的标准。

2. 通过司法实践创新法理学中的责任理论

实事求是地讲,经济法作为一个当前既没有专门审判机构又没有专门诉讼程序法的部门法,提出通过司法实践改变法理学中的责任理论,无疑是痴人说梦、痴心妄想和不自量力。长期以来,似乎无论经济法学者们如何组合各种责任形式,由于"责任体系的设计要充分考虑到责任的追究力度和可实现性",②法理学中的责任理论仍然坚持以传统部门法为划分标准,坚持不把我们这种责任承担方式纳入其理论之中,传统部门法也认为自身通过扩展适用完全可以将我们称为"经济法纠纷与争议"的内容涵盖到自己的责任体系之下。从未来发展趋势看,我们只能寄希望于通过丰富的经济法司法实践,打破法理学中法律责任形式与部门法一一对应的思维定式,从而实现改变法理学中责任理论的理想。

3. 在法典化背景下实现对经济法责任理论的构建

当前,法典化逐渐成为经济法立法的发展方向,其优势在于能够使相对分散的经济法律规范在经济法理念的指引下实现"系统化"③和"统合"。④ 可以预见的是,未来将产生在"经济法典"中构建经济法责任的制度需求,而这就需要整合和提炼以"传统

① 张守文:《贯通中国经济法学发展的经脉——以分配为视角》,载《政法论坛》2009年第6期。

② 李志刚:《调制受体法律责任体系的重构》,载《法学》2007年第6期。

③ 漆多俊:《经济法系统化方式的探讨——兼论经济法法典的制定》,载湘潭大学法学院编:《湘江法律评论》第3卷,湖南人民出版社1999年版,第173~175页。

④ 张守文:《经济法的立法统合:前提与准备》,载《学术界》2020年第6期。

责任＋独创性责任”形式呈现的经济法责任理论。在此问题上大体有3种可能的方案供选择：第一种是最优方案，即明确提出经济法责任是独立存在的责任形式，与其他传统的责任形式并立，其表现形式是“传统责任＋独创性责任”，并以经济法基础理论为其理论指导；第二种是次优方案，即不明确提出经济法责任独立存在的观点，但是需要明确经济法立法中的责任形式安排——无论是借用传统责任形式还是经济法独创的责任形式，均体现了经济法的理念和价值追求，并不是简单的形式借用或者简单组合；第三种是第三优的方案，即考虑到经济法责任研究当前仍然存在诸如独立性、具体责任形式等诸多争议，尚无法达成相对多数的一致意见，仅仅将初步的共识（包括借用的传统责任形式、独创性责任的特殊性、经济法责任的综合性特征等）作出总结和说明，待后续研究达成一致意见之后再整合和提炼。

在上述3种方案的选择问题上，应该秉持适时和审慎的方针。由于经济法典的正式编纂工作尚未启动，因此具体选择哪种方式取决于启动经济法法典化工作时我们在经济法责任研究方面的共识和进展，否则一味地求快、求齐和求新，欲速则不达，可能带来更多的理论混乱。纵观经济法学者们在各个时期提出的各种形式的经济法法典性文件，“经济法责任都是其中必备内容”。[①] 在1986年国务院经济法规研究中心召集制定的《经济法纲要（起草大纲征求意见稿）》中，其第六章规定了“经济法责任”。在2019年公布的《经济法通则（学者建议稿）》中，使用了“经济法中的责任”的称谓，具体包括一般法律责任、特别法律责任和补救措施。[②] 在程信和教授等提出的“经济法典”总论中，经济法责任被分为“本来意义上的责任”和“事后追究的责任”两大类。[③] 从上述分类来看，学者们显然采取的是第三优的方案，就其内容而言并不涉及对经济法责任是否独立存在的判断，仅仅是对经济法立法中的各类责任形式进行汇集和归类，因此未来仍需继续归纳和提炼作为独立存在的经济法责任的理论体系。

四、结语

经济法责任贯穿经济法律关系运行的全过程，是经济法律规范得以适用、经济法目的得以实现的关键环节。由于经济法产生较晚，因此其法律责任制度构建从一开始就面临如何处理与相对成熟的传统部门法责任形式间关系的协调问题。在研究的早期阶段，学者们将探索经济法责任的特殊性与论证经济法的独立性相结合，更多强调

---

① 焦海涛：《经济法法典化：从“综合法”走向“整合法”》，载《学术界》2020年第6期。

② 参见程信和：《经济法通则原论》，载《地方立法研究》2019年第1期。

③ 参见程信和、曾晓昀：《经济法典“总则”论》，载《法治社会》2021年第2期。

经济法责任形式新异的一面,这样的研究进路难以获得法理学中法律责任理论的支撑。在经济法执法与司法实践中,经济法的责任形式表现为以传统法律责任形式为基础同时又兼具自身独创性的责任,即“传统责任＋独创性责任”相结合的模式,形成了与经济法作为新兴的现代法相适应的新型责任理论。在经济法立法法典化的背景下,我们的最优选择是确认经济法责任的独立存在,并利用经济法基础理论统领经济法责任形式的选择,但是从学者目前提出的经济法典(学者建议稿)中可以看出,其选择的是较保守的对各类责任形式进行汇集和归类的第三优的方案,仍需根据经济法司法实践的进一步发展进行理论上的提炼和总结。

(责任编辑:潘璐璐)

平台经济时代反垄断行政制裁制度的优化*

李胜利** 漆小七***

摘 要：威慑是反垄断制裁最主要的目标。在当前平台经济背景下，面对平台企业特殊组织形式和层出不穷的新型垄断行为，我国反垄断行政制裁制度的局限性愈发凸显，集中表现为制裁手段和制裁对象单一，而仅凭罚款难以有效威慑平台企业的垄断行为。放眼全球，拆分和剥夺董事资格制度已成为反垄断执法机关制裁垄断行为的重要武器，构成对罚款手段的有力补充。对此，我国反垄断法应以"最优威慑"为原则，通过理顺没收违法所得与罚款的关系来完善金钱制裁制度，并尝试采用拆分和剥夺董事资格制度，构建反垄断非金钱制裁制度，进而实现平台经济时代反垄断行政制裁制度的整体优化。

关键词：平台经济；反垄断；行政制裁；拆分；剥夺董事资格

过去几十年，我国互联网经济异军突起，平台企业成为促进我国经济增长、改善民生的重要力量。然而大型数字平台实施的数据集中、自我优待、生态封闭、跨市场力量传导、"二选一"，以及无序并购等一系列垄断行为，已经严重损害了数字市场的竞争秩序。2020年12月，中央经济工作会议上将强化反垄断和防止资本无序扩张作为2021年中国经济的工作重点。对于垄断行为的遏制，制裁是其中的关键环节，我国反垄断法虽然规定了行政制裁和民事制裁，但基本是以行政制裁为主导。在我国的反垄断行政制裁制度中，反垄断一直以金钱制裁为主要方式，然而，中国和世界的平台经济反垄

---

* 本文系2021年度安徽大学经济法制研究中心重大项目"数字经济时代竞争法的新发展"的阶段性成果。

** 法学博士，安徽大学法学院暨经济法制研究中心教授。

*** 安徽大学法学院暨经济法制研究中心硕士生。

断实践表明,罚款这一传统的制裁手段在平台经济领域的威慑效果有限。2021年4月10日,市场监管总局对阿里巴巴强制"二选一"行为开出了182亿元的罚单,讽刺的是在阿里巴巴收到182亿元监管处罚后的首个交易日,阿里巴巴港股逆市上扬,相关人士称"阿里的基本面稳定,受到的冲击有限"。① 从世界范围来看,谷歌2018~2020年在全球共遭受了8次罚款,罚款总额约95亿美元,也并未从根本上改变谷歌的经营理念和行为。因此,平台经济时代,如何优化我国反垄断行政制裁制度,强化反垄断法实施的威慑效果,并以此促进平台企业的规范有序健康发展,成为理论界与实务界的重要议题。

一、平台经济下我国反垄断行政制裁制度的检思

法律制裁是由特定国家机关对违法者依其法律责任而实施的强制性惩罚措施。② 英国法学家哈特曾言,"需要惩罚是为了使那些自愿服从法律约束的人们不至于沦为某些恶棍的牺牲品"。③ 然而,以惩罚为核心的法律制裁并不是天经地义、与生俱来的,而是国家成熟之后施加给社会的,因此,残酷的惩罚随着社会进步逐渐被抛弃。一般认为,矫正和威慑是现代法律制裁最重要的目标。④ 而反垄断法的制裁目标主要有威慑垄断行为、为受害者追回损失、惩罚违法经营者和实现效率等,但国际社会一致认为威慑是反垄断制裁最重要的目标。⑤

随着法经济学在威慑理念中的发展,最初用于犯罪刑罚理论的威慑思想在反垄断制裁中得以运用。各国在制定反垄断制裁政策时都体现了威慑思想,这种威慑并非完全威慑,而是建立在执法成本和收益比较上的"最优威慑"。⑥ 目前,世界主要反垄断司法辖区均把"最优威慑"作为反垄断制裁最重要的目标,平台经济下,我国反垄断行政制裁制度的优化也可以考虑以"最优威慑"为原则展开。

(一)我国反垄断行政制裁制度的基本特征

我国《反垄断法》第46条、第47条、第48条分别对垄断协议、滥用市场支配地位和

---

① 杨秀红、张建锋:《被罚182亿后 阿里港股为何逆市上涨?》,载新浪财经,https://finance.sina.com.cn/stock/s/2021-04-12/doc-ikmyaawa9274397.shtml。

② 参见邓子滨:《法律制裁的历史回归》,载《法学研究》2005年第6期。

③ 参见[英]哈特:《法律的概念》,张文显、郑成良、杜景义、宋金娜译,中国大百科全书出版社1996年版,第214页。

④ 参见邓子滨:《法律制裁的历史回归》,载《法学研究》2005年第6期。

⑤ 参见王健、方翔:《威慑理念与我国反垄断制裁的有效协调》,载《经贸法律评论》2019年第2期。

⑥ 参见王健、方翔:《威慑理念与我国反垄断制裁的有效协调》,载《经贸法律评论》2019年第2期。

违法实施经营者集中的垄断行为规定了行政制裁措施。其中,经营者达成并实施垄断协议的,以及滥用市场支配地位的,由反垄断执法机构责令停止违法行为,没收违法所得,并处上一年度销售额1%以上10%以下的罚款;经营者违反《反垄断法》规定实施集中的,由国务院反垄断执法机构责令停止实施集中、限期处分股份或者资产、限期转让营业以及采取其他必要措施恢复到集中前的状态,可以处50万元以下的罚款。无论是立法规定还是反垄断执法实践,我国反垄断行政制裁制度体现出如下两项基本特征:

1. 制裁方式以金钱制裁为主

哈佛大学法学院法与经济学教授沙维尔将制裁分为两大类:金钱制裁与非金钱制裁,[①]引申到反垄断法领域,反垄断制裁也可分为金钱类和非金钱类。罚款作为行政管理中最常见的制裁方式,无论是在规范层面还是在实践层面都起着重要作用,其设定主要出于以下考虑:

第一,执法成本。通常而言,金钱制裁的成本要远低于非金钱制裁,非金钱制裁通常以消耗资源为代价,而金钱制裁只是对资源的再分配。[②] 第二,补偿性。金钱制裁一定程度上可以填补违法行为造成的损害,这种补偿主要体现为:填补公益损害和填补私益损害。传统理论认为,补偿性通常由民事制裁中的损害赔偿实现,但随着实践和理论的发展,行政罚款的补偿功能越来越受到重视,行政罚款不仅可以补偿私主体,还可以补偿行政公益损害。第三,威慑性。一般认为,垄断行为的目的是获取垄断利润,而罚款是最直接的降低其预期利润的制裁方式。根据犯罪经济学的理论,罚款增加了违法行为的犯罪成本,犯罪成本的增加必然会对违法者产生威慑,行政罚款作为世界范围内最主要的制裁方式,其威慑意义不言自明。

2. 制裁对象以法人为主

我国反垄断法规定的制裁对象是经营者,《反垄断法》第12条将经营者解释为从事商品生产、经营或提供服务的自然人、法人和其他组织。在反垄断执法实践中,我国一般没有对自然人进行行政处罚,制裁对象实际上就是公司法人。现代民商法理论认为法人是与自然人并列的独立民事主体,法人机关理论的核心要义主要有两点:第一,作为组织体的法人,只能通过董事等机关成员才能进行民事活动,这些机关成员的职务活动视为法人的活动;第二,法人应当对董事等机关成员职务活动的后果承担民事法律责

---

① See Steven Shavell, *The Optional Structure of Law Enforcement*, Journal of Law& Economic, p. 257 - 259(1993).

② 参见李国海:《反垄断法实施机制研究》,中国方正出版社2006年版,第195页。

任。[①] 根据法人理论,公司对董事等成员活动承担责任,但是在制裁时,仅仅依靠对企业法人的制裁是否就能产生足够的威慑?恐怕不能轻易地作出肯定回答。表面上,垄断行为由公司实施,但实际上真正作出决定的是个人,作为真正决策者的企业负责人如果没有被科以责任,那么反垄断法的立法目标难以实现,即使他们所控制的企业因垄断行为而受到惩罚,事后他们还可能再次作出实施垄断行为的决定。很多国家都意识到了对直接责任人个人主体处罚所能产生的独特威慑效果,甚至在一些国家,还会对行业协会或经营者的负责人判处监禁刑。[②]

(二)平台企业的特征

经济学家确定了一类重要的企业,现在通常被称为"多边平台"。多边平台通过将两种或两种以上不同类型的经济主体结合在一起,促进它们之间的互动,从而创造价值。[③] 相比传统行业,其最显著的特点就是规模对平台的极端重要性。正是这些特征的存在,才导致平台企业垄断行为的市场表现及危害不同于过往,也带来了平台经济时代反垄断行政制裁制度优化的课题。

1. 极端的规模效应

一是规模经济和范围经济。平台经济领域的特点是具有强大的规模经济效益,在支付了前期投资和固定成本后,用户增加对平台只产生极低的边际成本,随着平台企业用户规模的增加,他们的平均成本显著降低。从经济效率的角度来看,用户享受了一定的好处,但从竞争角度,相关企业往往处于不利地位。此外,平台企业可以通过在多个相邻市场同时运作,降低成本,提高服务质量。平台企业可以通过利用现有的客户和供应商进行品牌、技术和专门知识的共享,以及可能最重要的是,共享和合并消费者数据来加强竞争优势。强大的范围经济解释了为什么许多大型平台企业能够成功地跨越几个相邻市场建立生态系统。[④] 二是网络外部性。网络外部性是指:"当一种产品对用户的价值随着采用相同产品或可兼容产品的用户增加而增大时,就出现了网络

---

① 参见王长华:《公司法人机关理论的再认识——以董事对第三人的责任为视角》,载《法学杂志》2020年第6期。

② 参见方翔:《行业协会从事垄断协议法律责任之检视与重构——基于执法案例的实效评估》,载《中国市场监管研究》2019年第8期。

③ See David S. Evans & Richard Schmalensee, *The Antirust Analysis of Multi-stded Platform Businesses*, Nber Working Paper Series(2013).

④ See David S. Evans & Richard Schmalensee, *The Antirust Analysis of Multi-stded Platform Businesses*, Nber Working Paper Series(2013).

外部性”。[①] 网络外部性是平台企业的另一重要特征,它意味着随着用户数量的增加,平台的价值也相应扩大。这一要素导致赢家赢得更多的市场份额,并阻碍其后的市场进入。网络外部性使公司的市场力量呈指数级增长,因为它的规模通常与基础产品提供的质量无关。[②] 因为网络外部性的存在,也导致了平台经济领域的规模效应——规模越大,网络外部性越强,平台收益也就更大。三是大数据和算法。大数据和算法是随着互联网平台的发展而诞生的新兴事物,新一轮的科技革命使数据成为企业重要的生产要素,大数据与产业高度结合,成为促进企业发展的重要力量。大型平台通过对用户数据的挖掘,结合算法技术,使用户的市场行为趋于透明,在此基础上平台将数据分析结果用于市场竞争,强化其市场地位。[③] 大数据对平台企业的重要性不言而喻,而大数据的获得正是基于大规模的用户基数,同网络外部性一样,企业规模越大,大数据的作用就越强,对平台的帮助越大。

2. 大型平台的经营战略——增长大于盈利

经营战略事关企业的长期发展,是企业经营过程中的全局性战略安排。传统理论认为,利润最大化是企业最重要的经营目标,背离这一原则将导致企业在市场竞争中处于不利地位。[④] 然而仅仅着眼于利润的视角在平台经济领域过于狭隘,将经营目标简单视为盈利忽视了竞争过程。大型平台不仅追求利润也追求竞争优势,哈佛学派主张市场结构反映竞争过程,这一观点在平台经济领域同样适用,鉴于规模在平台经济中的极端重要性,市场结构的作用被进一步放大,战略上企业往往选择规模增长大于盈利。

根据传统理论,大型企业的掠夺性定价是非理性的,原因有两点:首先,以低于成本的价格提供产品和服务并不能确保将竞争对手排除在市场之外,即使能够将竞争者驱逐出市场,大型企业日后还是要将价格提高到垄断价格水平以弥补当初的损失;其次,企业实施这一策略还要有能力阻止受垄断价格诱惑的潜在竞争者进入市场。[⑤] 然而这一论断在平台经济领域似乎不再有效,当规模在企业竞争过程中起到决定性作用时,价格成为次要考虑,“烧钱补贴”、低价甚至免费提供服务以抢占市场份额已成为平

---

① 参见张坤:《互联网行业反垄断研究》,湖南大学2016年博士学位论文,第23页。

② See Evans David S. & Richard Schmalensee, *Failure to Launch: Critical Mass in Platform Businesses*, Review of Network Economics, Vol. 9:4, p. 1 - 28(2010).

③ 参见杨东、臧俊恒:《数字平台的反垄断规制》,载《武汉大学学报(哲学社会科学版)》2021年第2期。

④ Lina M. Khan, *Amazon's Antitrust Paradox*, The Yale Law Journal, Vol. 126:3, p. 710 - 805(2017).

⑤ Lina M. Khan, *Amazon's Antitrust Paradox*, The Yale Law Journal, Vol. 126:3, p. 710 - 805(2017).

台企业的常规操作。

(三)平台经济下我国反垄断行政制裁制度的局限

1. 金钱制裁的局限

其一,违法所得难以计算。时至今日,即使是在传统行业中,违法所得的适用和计算也存在诸多困境。[①] 按照我国反垄断法的规定,依文义解释,立法原意应是确立没收违法所得与罚款的并科模式,但实践中没收违法所得并非主流的处罚方式,而且在传统的产业类型中,这一处罚方式时常缺位,在处罚决定或判决中往往并不涉及,在极少数阐明理由的案件中,均是因为违法所得难以精确计算,执法机关对此选择不予没收。在平台经济领域,平台企业的商业模式较传统行业有很大不同。双边市场条件下,平台企业商业模式从付费转向免费再到补贴,数据型企业的盈利模式与传统行业差异较大,这导致数据垄断企业的获益和利润难以确定:一来数字经济领域的补贴烧钱模式逐渐兴起,大量平台企业关注未来收益,故存在部分数字企业当前营业收入很低甚至没有的情况;二来平台垄断是数字市场垄断的典型,其表现出双边或多边市场的特性,通过免费端吸引流量,通过广告等付费端进行盈利。平台企业营收的不确定性导致了很难准确把握其垄断行为带来的收益,从而使违法所得更加难以计算。

其二,罚款威慑效果局限。罚款是我国针对垄断行为最重要的制裁手段,其作用机理是通过消除垄断行为的预期利润实现威慑。但是在平台经济领域,盈利并不是企业最重要的目标,平台关注竞争过程,市场优势地位是平台最重要的经营目标。平台的竞争主要发生在市场进入的环节,而非进入后的经营销售环节,其竞争目标在于用户本身。[②] 基于互联网行业竞争的特点,可以说盈利只是其支配地位取得后的变现环节,因此,一次性的罚款并不能实现对其垄断行为的长期威慑。再者,根据法经济学的最优威慑理论,罚款数额的确立还应当考虑违法行为被发现的概率和执法成本。[③] 鉴于平台领域属于高科技行业,其垄断行为较传统行业更加隐蔽,执法成本也更加高昂,从目前来看,我国在平台经济领域的反垄断执法案例并不多。如果考虑到违法行为被发现的概率,当下罚款的严厉性对于互联网行业远远不够。当然,过高的罚款很可能导致涉案企业财务危机甚至破产,这显然不是执法机关希望看到的结果,同时也不符合比例原则。最后,罚款本身也存在威慑不足的困境,尤其当违法者有足够的能力支

---

① 参见王健、方翔:《反垄断没收违法所得适用的现实困境与解决思路》,载《竞争政策研究》2018年第1期。

② 参见张坤:《互联网行业反垄断研究》,湖南大学2016年博士学位论文,第40页。

③ 参见王健、方翔:《威慑理念与我国反垄断制裁的有效协调》,载《经贸法律评论》2019年第2期。

付罚金时,罚款很难构成真正的威慑。①

2. 缺少非金钱制裁手段

一是缺少个人制裁。虽然我国反垄断法规定制裁对象为经营者,但实际上的制裁对象就是公司法人。对于经济法领域的垄断行为,仅规定法人的责任存在一定局限:首先,不同于民事上的侵权行为,垄断行为的社会危害性很强,它损害了公平自由的竞争秩序和社会公共利益,当只是对个人的经济利益造成损害时,法人足以承担责任,但当不法行为损害的是竞争秩序和社会利益时,仅规定对法人的制裁不足以实现惩戒;其次,垄断行为表面上是由公司法人实施,实际上作出垄断行为决策的是公司董事和高管,如果没有针对他们的制裁,事后他们很有可能再次实施违法行为;最后,垄断行为的主观恶意十分明显,无论是垄断协议、滥用市场支配地位还是经营者违法集中,垄断行为都是通过恶性的竞争手段实现排除或者限制竞争的目的,而针对法人的制裁并不涉及真正决策者的价值判断,对他们的名誉与威信不产生影响。

二是经营者集中制裁不足。我国反垄断法对经营者违法集中的规定主要以恢复措施为主,至于50万元的顶格罚款,对于大型平台企业只是一种象征意义。在传统行业中,只有规模较大的公司之间的合并才会引起执法机关的重视,但在平台经济领域,并购已经成为大型平台企业的重要发展战略。实际上,大型平台的部分并购行为目的在于消除潜在竞争和扼杀创新,这种并购在国际上也被称为“扼杀型并购”。② 对产生于平台经济领域的特有的“扼杀型并购”,当下的反垄断立法并未给予足够重视,这与当年反垄断法制定的背景有关。随着互联网行业的不断发展,“扼杀型并购”的弊端将进一步突显,而我国对经营者违法集中的象征性罚款显然不能起到威慑效果。

二、反垄断行政制裁的国际比较

(一)制裁平台垄断的域外实践

平台垄断的全球制裁情况见下表1。

① 参见[美]理查德·A.波斯纳:《法律的经济分析》(上),蒋兆康译,中国大百科全书出版社1997年版,第298~299页。

② 参见方翔:《数字市场初创企业并购的竞争隐忧与应对方略》,载《法治研究》2021年第2期。

表1 平台垄断全球制裁情况(2017~2020年)

国家或地区	涉案公司	处罚时间	违法行为	制裁措施
英国	BGL	2020年11月	该公司经营的比价网站禁止合作房屋保险公司在其他比价网站提供更低价格	罚款2433万美元
土耳其	谷歌	2020年11月	滥用在搜索引擎市场的支配地位,操纵搜索结果,置顶对其付费内容	罚款2443万美元
韩国	NAVER	2020年10月	滥用市场支配地位,操纵搜索结果,降低竞争对手排名	罚款2300万美元
俄罗斯	苹果	2020年8月	限制第三方应用程序的系统权限;对第三方应用程序在苹果App Store上架的不合理限制	删除对第三方应用程序开发者的歧视条款,确保苹果的应用程序不具有额外优势
法国	苹果	2020年3月	(1)锁定苹果独立经营商的转卖价格;(2)滥用其对高端经销商的优势地位,实施歧视性待遇,致使后者客户流失,甚至退出市场	罚款12.4亿美元
土耳其	谷歌	2020年2月	滥用在搜索引擎市场的支配地位和在购物市场的支配地位	罚款1524万美元
法国	谷歌	2019年12月	滥用在搜索引擎市场的支配地位	罚款1.69亿美元
欧盟	谷歌	2019年3月	滥用在搜索引擎市场的支配地位,排挤互联网广告服务领域的竞争对手	罚款16.8亿美元
欧盟	谷歌	2018年7月	滥用在安卓操作系统市场的支配地位,强制捆绑谷歌浏览器和谷歌搜索引擎	罚款48.9亿美元
新加坡	Uber、grap	2018年9月	两家公司并购后提高交易价格	罚款950万美元

续表

国家或地区	涉案公司	处罚时间	违法行为	制裁措施
土耳其	谷歌	2018 年 9 月	滥用在手机系统中的优势地位，要求手机制造商将谷歌搜索引擎设为默认搜索引擎	罚款 1500 万美元
印度	谷歌	2018 年 2 月	搜索结果歧视	罚款 2100 万美元
欧盟	高通	2018 年 1 月	滥用其在 LTE 芯片市场的支配地位	罚款 11.3 亿美元
欧盟	谷歌	2017 年 6 月	滥用在搜索引擎市场的支配地位操纵搜索结果	罚款 27.2 亿美元
欧盟	脸书	2017 年 5 月	收购 whatsApp 时提供误导信息	罚款 1.24 亿美元

资料来源：笔者根据高伟绅律师事务所发布的《反垄断全球进展》整理。参见微信公众号“高伟绅律师事务所”2017 年 7 月 11 日至 2021 年 1 月 11 日发布的报告。

通过对相关执法情况的梳理，可以看出全球在平台领域的反垄断制裁呈现以下特点：

第一，罚款依然是全球范围内针对平台垄断最主要的制裁方式。这是由罚款的特性决定的，一般认为罚款的负面影响较低，除使违法者遭受金钱损失外，并没有其他消极后果。同时，罚款在实际操作中灵活性较强，行政执法机关可以根据违法行为的性质、持续时间、违法程度等一系列要素灵活设置罚款数额。①

第二，罚款存在一定的局限，其中最突出的就是罚款对大型平台威慑不足。反垄断制裁最重要的目标就是威慑，这种威慑分为具体威慑（对违法企业）和一般威慑（对潜在违法企业）。② 从表 1 可以看出，在过去 3 年谷歌、苹果、脸书、高通在全球范围内都遭受了较严厉的反垄断制裁，其中以对谷歌的制裁最为严厉。2017 ~ 2020 年，谷歌在世界范围内被总计开出约 95 亿美元的罚单，罚款次数高达 8 次，显然难以认为对其实现了反垄断制裁的威慑目标。实践表明，更多类型的制裁措施有必要被应用于数字市场，以实现对违法行为的有效威慑。

① 参见李国海：《反垄断法实施机制研究》，中国方正出版社 2006 年版，第 193 页。

② 参见王健、方翔：《威慑理念与我国反垄断制裁的有效协调》，载《经贸法律评论》2019 年第 2 期。

（二）其他反垄断行政制裁方式的镜鉴

1. 拆分

英语中一般用"divestiture"（剥离）一词指代拆分。我国学者将拆分定义为"当市场上存在具有垄断地位的企业，限制或可能限制市场竞争时，反垄断法执行机构为了恢复市场的正常竞争状态，要求该垄断企业拆分为两家以上的企业或者出让一定的营业资产"。① 近期随着互联网领域垄断问题愈演愈烈和相关研究的进一步深入，美国似乎有意再次拾起拆分这一武器。2020年10月，美国众议院发表声明称需要对亚马逊、谷歌、脸书、苹果实现更严格的监管，不排除采取拆分措施。② 作为一把"双刃剑"，拆分的利弊都十分明显。

一般来说，拆分的功能主要体现在以下方面：第一，保护竞争过程。有效竞争的概念最早由美国哈佛学派的梅森和贝恩教授提出，其核心要义有二：首先，从市场结构、市场行为、市场绩效出发，集中的市场结构会造成进入壁垒，不利于市场竞争，最终损害社会经济效率；其次，垄断结构带来强大的市场力量，竞争需要人为保护。与之相对，芝加哥学派从价格理论出发，他们认为"在市场的范围内，理性的经济人通过选择有效的投入组合来最大化利润，背离这一原则的行为将受到市场竞争的惩罚"。上文已述及，结构在平台经济领域有着决定性的作用，芝加哥学派的理论忽视了竞争过程，国外已有学者对芝加哥学派提出批评，呼吁反垄断政策应当回归竞争过程，③本文赞同这一观点，当回归到竞争过程，拆分对平台反垄断的价值更加凸显。第二，威慑效果强。拆分是反垄断法特有的制裁手段，也是反垄断法中最彻底、最具有威慑力的手段，拆分从根源上剥夺了企业的违法能力。作为反垄断法的终极武器，拆分的威慑意义无需多言。

与功能相对，拆分的弊端也十分明显，首先便是执行问题。波斯纳曾言，"重组企业以消除产业集中的诉讼必然是复杂和难以操作的"。④ 企业拆分通常耗时长久，从提起诉讼到拆分完成，可能要花费数年甚至上10年。据统计，1890～1999年，美国拆分企业的平均耗时长达63个月。⑤ 拆分的拖延往往导致当判决作出或可以执行时，该产

---

① 参见李国海：《反垄断法实施机制研究》，中国方正出版社2006年版，第177页。

② 参见承天蒙：《美国众议院：需对亚马逊、苹果、脸书、谷歌更严监管甚至拆分》，载澎湃新闻2020年10月7日，https://www.thepaper.cn/newsDetail_forward_9478675。

③ See Lina M. Khan, *Amazon's Antitrust Paradox*, The Yale Law Journal, Vol. 126: 3, p. 710–805 (2017).

④ 参见［美］理查德·A. 波斯纳：《反托拉斯法》，孙秋宁译，中国政法大学出版社2002年版，第120页。

⑤ 参见［美］理查德·A. 波斯纳：《反托拉斯法》，孙秋宁译，中国政法大学出版社2002年版，第129页。

业已经发生了很大变化,提起诉讼时的目的和真正执行时的效果往往存在很大偏差。此外,即使确定要进行拆分,在具体操作时也会遇到一些问题,重组产业时,决定哪些资产应当被拆分以及拆分给谁也是难以把握的。拆分企业可能带来的另一个问题是效率损失。从经济角度看,法律和公共政策的目的应当是增加社会财富,①这一经济福利标准意味着只有当政策创造补偿受益,才可以实行。拆分可能造成的效率损失体现在两个方面:静态效率和动态效率,静态效率主要是指产品的分配效率和企业的生产效率,拆分可能会对企业的规模经济造成伤害,动态效率则是更多考虑创新因素,一般来说,大型企业往往可以在创新方面投入更多的资金。

由上文分析可知,拆分的适用应当深思熟虑。本文主张,在平台经济领域,拆分应当仅适用于企业近期的非法兼并行为,作为一种结构性救济措施,拆分适用于企业的结构性违法更具合理性。对于非结构性违法,即使是拆分应用最多的美国也一直持保守态度,波斯纳统计了美国过去的拆分实践,数据表明,即使在传统行业中,拆分也主要应用于企业的非法兼并,而在非结构性违法中并不多见。② 在平台经济领域,美国曾经尝试对微软实施拆分,但最终以失败收场,其中,很重要的原因就是微软并未实施结构性违法行为。当时,政府对微软的指控主要是其签订了某些独家交易和捆绑协议,限制了互联网浏览器和 PC 操作系统市场的竞争。③

相比之下,对平台企业的结构性违法实施拆分更加合理。平台经济领域的并购已愈演愈烈,其中很大一部分并购旨在抑制和扼杀潜在的竞争和创新。对于平台经济时代特有的非法兼并,仅依靠当事人申报和执法机关的事前审查很难实现充分规制,事后的拆分就显得更加重要。事前的合并审查是一种完全预测性的做法,与任何预测性练习一样,事前合并审查并不一定总是能正确地预测合并的竞争效应,或确定一种完全减轻合并预期的竞争损害的补救措施。首先,由于资源限制,执法机构可能只能获取与竞争效应相关的部分信息,即使假设获取了与合并相关的所有信息,并利用这些信息对合并产生的竞争效应进行评估,其仍然是一种充满固有不确定性的随机练习。其次,合并企业很可能向执法机构歪曲部分信息,以实现逃避审查的目的。④

---

① See Howard A. Shelanskit & J. Gregory Sidak, *Antitrust Divestiture in Network Industries*, The University of Chicago Law Review, Vol. 68:1, p. 1 – 99 (2001).

② 参见[美]理查德·A. 波斯纳:《反托拉斯法》,孙秋宁译,中国政法大学出版社 2002 年版,第 123 页。

③ See Howard A. Shelanskit & J. Gregory Sidak, *Antitrust Divestiture in Network Industries*, The University of Chicago Law Review, Vol. 68:1, p. 1 – 99 (2001).

④ See Menesh S. Patel, *Merger Breakups*, Wisconsin Law Review, Vol. 2020:5, p. 975 – 1042 (2020).

2. 剥夺董事资格

鉴于罚款的弱制裁性,英国政府表达了对这一制度的担忧。起初,英国政府试图通过垄断犯罪刑事化来威慑犯罪,尽管许多国家的反垄断法都有关于垄断刑事制裁的立法,但理论和实践都表明,反垄断法中的慎刑原则是一项基本原则,刑事制裁不能作为制裁垄断的常规武器。从确定刑事制裁开始,英国对垄断行为实施刑事制裁的案例屈指可数,截至 2011 年,英国只有一起成功的刑事制裁反垄断案例。① 与罚款和监禁相比,剥夺董事资格似乎是一种折中的做法,这一制度也越来越受到英国执法机构的重视。其作用主要表现在以下方面:

第一,直接影响董事个人利益。公司违反反垄断法并不是公司作出的,而是由公司内部的个人根据他们自己的利益和动机作出的。剥夺董事资格对企图从事垄断行为的董事有很强的威慑力,它们可能损害董事声誉,并对其职业和收入产生不利影响。第二,有助于强化企业的竞争合规。其可以使公司董事无法忽视正在发生的违法行为,他们必须更积极地了解公司的活动,并确保公司遵守法律。② 通过针对董事资格的处罚,可以帮助企业在内部强化企业治理,董事会将更加重视竞争合规,有助于形成积极的竞争文化。第三,可以使反垄断法更加趋近公平和效率。个人责任是一种比公司制裁更有效的执行工具,很多时候主要惩罚董事和高管,并让那些从事公司日常运营的人相对不受影响。③ 在成本方面,与刑事制裁(包括监禁费用)相比,这些措施的执行成本更低,执法机构可以通过更低的成本实现对垄断行为的威慑。④

自 20 世纪初以来,剥夺董事资格制度就是英国法律中的组成部分,然而该制度早期并非针对垄断问题,而主要应用于公司法领域。《1998 年竞争法》和《2002 年企业法》(EA2002)的出台标志着英国竞争执法制度的转变。《2002 年企业法》的通过,为"剥夺董事资格"制度确立了合法依据,并将其定位为反垄断法中罚款的补充威慑。

有关条文(EA2002 第 204 条)于 2003 年 6 月 20 日正式生效,由此导致在《1986 年公司董事资格取消法》(Company Directors Disqualification Act 1986,CDDA 1986)中插入了第 9A ~9E 条。第 9A 条规定,当满足以下两个条件时,法院应当对董事发布"竞

---

① See Andreas Stephan, *Disqualification Orders for Directors Involved in Cartels*, Journal of European Competition Law & Practice, Vol. 2:6, p. 529 – 536(2011).

② See Peter Whelan, *The UK Competition Regime*, Oxford University Press, 2021, p. 283 – 310.

③ See Peter Whelan, *The UK Competition Regime*, Oxford University Press, 2021, p. 283 – 310.

④ See Andreas Stephan, *Disqualification Orders for Directors Involved in Cartels*, Journal of European Competition Law & Practice, Vol. 2:6, p. 529 – 536(2011).

争资格取消禁令"(Competition Disqualification Order,CDO):第一,公司违反竞争法;第二,作为董事的行为使其不适合参与公司管理。虽然没有明确说明,但第二个条件的适用前提是:相关个人在违法发生时必须是公司的董事。法院在决定董事的行为是否使其不适合参与公司管理时应当考虑如下几点:第一,董事行为导致了公司违反竞争法有关规定;第二,董事没有主动实施违法行为,但他有合理理由怀疑公司行为将违反竞争法,却未能采取措施予以阻止;第三,在违法行为实施时,董事并不知情,但这一行为董事应当知情。

在具体执行方面,英国竞争执法机构(Competition and Markets Authority,CMA)无权对任何个人施加 CDO,这一权力只授予法院。如果 CMA 有合理理由怀疑公司违反竞争法,它可以进行调查以决定是否申请 CDO。一旦 CMA 确定申请 CDO,则必须:第一,通知该董事;第二,允许董事进行陈述。在 CDO 申请的听证会上,有关个人有权出庭、代表自己作证并传唤证人。此外,在董事受到 CDO 约束期间,其如果担任公司董事、公司财产接管人,或以任何方式"直接或间接参与公司发展、运行或管理",将被认为是刑事犯罪(最高 2 年监禁以及罚款),除非该董事获得了法院许可。按照规定,CMA 可以接受董事的"取消资格承诺",而不是向法院申请 CDO,"取消资格承诺"的效力与正式的 CDO 效果相同。在法律责任方面,董事被取消资格的期限最高可达 15 年。

总体来看,在 CDO 制度确立之初,其应用并不多,当时执法机关表示他们满足于对从事垄断行为的企业处以重大罚款。相比之下,董事取消资格的执行机制被视为"明显未被充分利用"。① 但从 2016 年开始,情况发生了改变,2016 年 CMA 第一次在竞争执法中适用 CDO,2018 年 4 月 18 日, CMA 在一个卡特尔案中再次行使了该权力。2020 年 7 月 14 日,CMA 发布了 2019 年年度执法报告,根据该报告,在处罚方面,过去一年 CMA 对 7 起违反《英国竞争法》的行为作出了决定,罚款总计 5600 万英镑(折合 7036 万美元),10 名董事被剥夺董事资格,其中,很重要的原因就是,英国发现罚款难以有效阻止垄断行为。②

此外,在 CDO 成功实施的案例中,占主要情形的是董事主动的"取消资格承诺",而不是法院命令。这不是因为 CMA 不愿求助于法院,事实上,2020 年 CMA 向高等法院、商业和财产法院提出了两次申请 CDO,两人最终向 CMA 提供了"取消资格承诺",

① See Peter Whelan, *The UK Competition Regime*, Oxford University Press, 2021, p. 283 – 310.

② See Andreas Stephan, *Disqualification Orders for Directors Involved in Cartels*, Journal of European Competition Law & Practice, Vol. 2:6, p. 529 – 536(2011).

申请被撤回。[①] 同样的现象也发生在2019年,在高等法院第一次下达针对两位董事的剥夺资格命令时,其中一位主动向执法机构提出了"取消资格承诺"。截至2021年1月,只有一起通过CMA诉讼、法院判决方式成功实施的CDO案例。该案发生于2020年7月3日,高等法院取消了迈克尔·马丁(Michael Martin)7年担任公司董事的资格。[②] 造成这一现象的原因在于,在CMA向法院提起CDO申请时,他们往往已经与涉案董事充分接触,并掌握了充分证据,大多数董事并不愿意去法庭"碰碰运气"。[③] 事实上,CMA对董事主动"取消资格承诺"的关注很可能一直持续,因为相比法院诉讼,它节约了大量的时间和成本。

尽管开局缓慢,近年来英国已经成为少数几个严重依赖剥夺董事资格来执行竞争法的司法管辖区之一。作为新兴事物,该制度已经受到渴望改善执法的其他司法管辖区的强烈关注,即使是拥有成熟竞争制度的国家也注意到了英国的做法,并希望看看它是否能在国内奏效。[④]

三、平台经济下我国反垄断行政制裁制度的优化举措

(一)金钱制裁制度的优化:理顺违法所得与罚款的关系

从目前来看,我国反垄断罚款制度本身面临的重要问题便是违法所得如何适用于平台经济领域。依照现行规定,对从事违法行为的企业应当没收违法所得并处罚款,这一规定在传统行业就面临了不少争议,在平台经济领域其适用难度进一步加深。理论上,没收违法所得并处罚款的制裁模式会导致反垄断法的威慑过度,不符合法经济学中的最优威慑理论。[⑤] 在具体操作中,平台企业的违法所得更加难以计算,即使执法机关能够计算出违法所得,也会耗费大量的人力和物力成本,不符合反垄断法的效率要求。根据威慑理论,制裁的确定性是影响威慑效果的重要因素,相比没收违法所得实施过程中的极大不确定性,罚款可预见性较强,从这一角度入手,可以确立罚款在行政处罚中的中心地位,取消没收违法所得。

当前世界上主要有整合没收违法所得的罚款中心主义、没收违法所得与罚款的复用模式、兼具没收违法所得与罚款功能的课征金制度3种反垄断行政处罚模式。然

---

① Peter Whelan, *The UK Competition Regime*, Oxford University Press, 2021, p. 298 – 300.

② Peter Whelan, *The UK Competition Regime*, Oxford University Press, 2021, p. 298 – 300.

③ Peter Whelan, *The UK Competition Regime*, Oxford University Press, 2021, p. 298 – 300.

④ Peter Whelan, *The UK Competition Regime*, Oxford University Press, 2021, p. 302 – 303.

⑤ 参见王健、方翔:《反垄断没收违法所得适用的现实困境与解决思路》,载《竞争政策研究》2018年第1期。

而,无论是复用模式还是课征金制度在实践中都表现出了一定的局限性,[①]相比而言,整合没收违法所得的“罚款中心主义”优势明显。“罚款中心主义”是当今国际社会的主流趋势,越来越多的国家在反垄断法中确立了罚款的中心地位,并提高罚款在反垄断执法中的适用频率。[②] 在平台经济领域,国外对违法企业的制裁措施也以罚款为主。此外,在行政处罚法的框架下,违法所得一般被视为罚款的加重情节,这种单一的制裁措施可以减少适用中的争议。[③] 最后,罚款对于执法机关来说具有操作上的灵活性,根据违法行为的性质、持续时间、企业规模等一系列裁量因素,执行机关可以适用较灵活的罚款数额,并且可以反复适用以实现对违法行为的威慑。

鉴于以上考虑,在未来修订《反垄断法》时,可以考虑取消没收违法所得,参考现今世界主流的“罚款中心主义”,将没收违法所得整合到罚款中,并将其作为罚款的考量因素以提高处罚的确定性、加强制裁的威慑效果。

(二)采取非金钱制裁措施

1. 拆分

我国采取拆分制度具有可行性。首先,对于大型平台的部分恶意收购,我国反垄断法当前存在治理困难,结构性救济手段缺失是造成这一局面的关键。现行反垄断法只能对规模较大的公司合并实行制裁,对于大型企业针对中小企业的扼杀型并购则无能为力。通过引入拆分则可以实现对结构性违法的精准打击,营造良好的市场竞争环境。其次,我国过去也实施了一系列的拆分活动,但并非依据反垄断法。拆分作为反垄断法中特有的制裁手段,有必要于立法中加以确立。我国实施过多次拆分实践,如1999年,为在电信行业中引入竞争,政府将原中国电信拆分为中国电信、中国移动、国信寻呼和中国卫星通信,2001年,国务院进一步对中国电信实施拆分,形成了电信市场中国移动、中国铁通、中国卫通、中国网通、中国电信、中国联通并存的竞争格局。[④] 我国的拆分实践表明,拆分有效地促进了相关行业的竞争,促进了经济技术发展。完善我国《反垄断法》时引入拆分制度,也是依法治国的内在要求。最后,作为反垄断法中最为严厉的制裁手段,拆分对企业有着很强的威慑效果。威慑是我国反垄断制裁制度最重要的价值目标,引入拆分制度有助于进一步加强《反垄断法》对违法企业的威慑。

就实施主体而言,拆分制度的实施以法院主导,作为行政机关的美国联邦贸易委

① 参见方翔:《威慑理念下我国反垄断行政处罚制度的检视》,浙江理工大学2019年硕士学位论文,第39页。

② 参见李国海:《反垄断法实施机制研究》,中国方正出版社2006年版,第193~195页。

③ 参见陈清秀:《行政罚法》,法律出版社2016年版,第256页。

④ 参见林婷:《反垄断法视角下的企业拆分制度研究》,暨南大学2020年硕士学位论文,第14页。

员会以及司法部只负责对违法企业提起诉讼。拆分作为一项专业性极强的工作,对执法者的专业水平要求很高。此外,我国过去实施的一系列拆分活动,一直都是由行政机关主导,自上而下展开。在我国反垄断法的执行体系中,虽然规定了行政执行和私人民事诉讼的二元实施体系,但行政机关一直处于反垄断法执行的核心位置。另外,效率是反垄断法律责任的重要价值。[①] 与法院执行相比,行政执法机关无疑效率更高,法院的诉讼过程经常冗长且复杂,在瞬息万变的市场中,通过法院实施拆分很可能造成无谓的效率损失。综上考虑,笔者认为,我国反垄断法在实施拆分时应当以反垄断行政机构为实施主体,此外在实施过程中应当充分听取专家学者以及行业从业人员的意见。一方面,拆分的过程非常复杂,且对市场结构影响较大,即使是专门的执法机构也很难凭一己之力圆满完成,这时反垄断专家学者的意见就显得尤为重要;另一方面,拆分对相关行业影响较大,行业从业人员的意见也不能忽视。只有在综合考虑各方意见的情况下方可实施拆分,这样才能保证实施过程的公平公正。

就实施条件来看,企业的哪种行为将导致拆分是拆分适用时的核心问题。我国反垄断法规定的垄断行为主要是垄断协议、滥用市场支配地位和经营者集中。笔者认为,在平台经济领域,拆分应当仅适用于企业近期的非法兼并行为,即经营者违法集中。此观点主要出于以下考虑:一是行为性质。非法兼并是一种结构性违法行为,拆分作为一种结构性救济措施,适用于结构性违法更具有合理性。二是执行层面。如果说因为企业的排他行为而实施拆分,那么最直接的问题就是如何实施,把大型企业拆分为较小单位的任何程序都是极其复杂和难以驾驭的。实施过程中面临的首要问题便是如何拆分、哪些资产应当被剥离,以及剥离给谁,当被拆分的企业难以按照部门或业务范围进行划分时,情况就更为复杂。此外,对企业的业务进行水平拆分时将面临可能的效率损失,这在平台经济领域更甚,由于网络效应和规模经济等因素的存在,对平台企业的拆分将带来巨大的社会成本。相比之下,基于企业近期非法兼并而实施的拆分将避免这些问题,执法机构对企业近期的非法兼并实施拆分执行难度很小,并且几乎不会带来效率损失,拆分之后两家公司依然可以按照以往的模式继续经营。三是时代背景。平台经济时代,非法兼并已愈演愈烈,“扼杀型并购”严重影响了中小企业的生存和发展,拆分是制裁非法兼并的常规武器,也是有效武器。

拆分作为反垄断中最严厉的制裁措施,在实施中应当秉持审慎的原则,并充分考虑可能带来的影响。这种影响主要体现在以下方面:一是拆分是否具有替代性。实施拆分应当考虑是否存在可能的替代选择,这一替代选择可以达到和拆分相同或相近的

---

① 参见丁国峰:《反垄断法律责任制度研究》,安徽大学 2011 年博士学位论文,第 45 页。

效果。对拆分进行可行性分析是十分重要的,因为失败的拆分将给社会带来巨大的成本,既损害了企业利益,也将导致消费者福利受损,基于此,应当谨慎适用拆分。二是拆分是否影响创新。平台经济时代,创新是企业发展的重要力量,很多国家都把保护知识产权、促进创新作为重要发展目标。有关数据显示,大型企业往往在研发方面投入更多的资金并取得了较多的创新成果。① 因此,如何衔接好拆分和创新的关系是有效实施拆分的重要考虑因素。三是拆分应当以最小有效规模为底线。拆分的目的是保护竞争和威慑违法,消灭企业不是执法机关所希望看到的。

2. 采取剥夺董事资格制度

威慑是我国反垄断制裁制度最重要的价值目标,这也是引入剥夺董事资格制度最重要的考虑因素。通过上文分析可知,平台经济背景下,我国反垄断行政制裁制度面临的主要问题就是罚款难以实现对大型平台的有效威慑,作为罚款的补充,剥夺董事资格可以实现对违法行为的特殊威慑。罚款的作用机理主要是通过降低违法者的预期利润实现威慑,这一措施主要从经济的角度出发,与之相比,剥夺董事资格制度更加强调董事个人的权利义务,这也更加契合法律的价值导向。根据威慑理论,惩罚的严厉性是影响威慑效果的重要因素,与罚款相比,剥夺董事资格是一种更加严厉的制裁措施,一旦实施将会对董事的职业生涯和个人声誉造成不可逆的负面影响。此外,罚款很多时候损害的是股东利益,而对实际作出违法决定的个人影响较小,通过惩罚董事,反垄断法更加趋近公平。

有关董事的责任规定在我国法律体系中并非没有依据。我国公司法规定了董事的忠实义务和注意义务,并规定了相应的责任形态。从我国公司法中董事责任的立法和实践来看,董事责任在公司治理中起到了重要作用。据统计,2009 ~ 2019 年,我国针对公司董事作出的处罚决定呈大幅上升趋势,②可见,针对董事的制裁在我国并非没有适用土壤。我国公司法中没有剥夺董事资格的相关规定,这是由于公司法中董事的义务主要是对股东和公司负责的信义义务,与之相对有关责任也主要以对公司和股东的赔偿为主。然而,当董事违反反垄断法时,其损害的主要是社会公共利益,这与公司法中董事违反信义义务的损害性质是不同的,董事实施垄断行为的危害远高于对公司的损害,理应承担更严厉的责任。

就主体要件而言,英国法律规定,竞争执法机构只有权对董事违法提起诉讼,最终

---

① See Ioannis Kokkoris, *Innovation Considerations in Merger Control and Unilateral Conduct Enforcement*, Journal of Antitrust Enforcement(2020).

② 参见肖凯:《董事违反信义义务赔偿责任范围研究》,南昌大学 2020 年硕士毕业论文,第 14 页。

作出剥夺董事资格命令的机关是高等法院。然而,执法机构可以接受董事的“取消董事资格承诺”,该承诺的效力与法院判决相同。英国的执法实践表明,大多数的成功案例并没有通过法院,截至 2021 年 1 月只有一起通过诉讼实施剥夺董事资格的案例,此立法和实践的背离值得我国反思。同时,我国反垄断法的实施主体虽然由行政机关和司法机关组成,但在实践中基本是由行政机关主导,与法院相比,行政机关更加专业、灵活和高效。反垄断执法机构处于打击垄断行为的一线,其与违法企业的联系较密切,垄断行为具有天然的隐蔽性,行政机关往往对企业的违法行为反应更加迅速,并能及时进行规制和制裁。此外,反垄断执法机构仅对上级机构和反垄断法负责的执法要求,决定了其执法过程有较大的裁量空间,这一空间有助于执法机构灵活选择制裁措施和制裁力度,以实现最优威慑。最后,行政机关主导相比法院诉讼可以节约大量的时间和金钱成本,符合反垄断法的效率要求。综合以上考虑,行政执法机关是剥夺董事资格制度最佳的实施主体。当然,也应当保障被剥夺董事资格者依法寻求法律救济的权利。

就行为要件来看,在具体适用时,笔者认为可以参考英国的做法。当满足以下两个条件时,执法机构有权剥夺公司董事资格:第一,公司违反竞争法;第二,公司违反竞争法这一事实与该董事有直接关系,包括直接决定实施该行为,或者虽不是该行为的决定者,但明知或者应知而放任其发生。

此外,对于剥夺董事资格的年限,最长可达 15 年,但在决定最终年限时应当考虑以下要素:一是在调查期间,董事是否直接或间接参与了公司经营管理,一旦参加,将视为加重情节;二是如果董事积极配合调查,并主动提出取消资格,则这一行为可视为减轻情节;三是当企业已经遭受高额罚款时,可以适当缩短剥夺董事资格的年限,避免威慑过度;四是根据违法行为的性质、持续时间等一系列要素灵活设置剥夺年限;五是根据董事距离退休时间的长短灵活选择处罚措施,当董事即将退休时,可以通过加大罚款数额实现威慑。

(责任编辑:郑俊典)

我国数字平台经营者集中的反垄断审查:挑战与因应*

汤　霞**

摘　要:数据作为重要的生产资料为数字平台带来巨额经济利益,一些大型平台通过经营者集中来垄断数据,排除和限制竞争,损害经济效率与科技创新。与传统经济相比,平台经济具有双边市场特性、信息技术性、动态垄断性等特征,我国反垄断执法机构对数字平台经营者集中的审查面临申报标准不明、相关市场界定的标准无法适用于数字平台,以及审查缺乏前瞻性和对平台自主监管的引导等挑战。我国应改变长期坚持的消极包容审慎的监管态度,加快《反垄断法》的修订与配套法律制度的完善,通过扩大数字平台经营者集中申报的范围、明确相关市场竞争状况发生实质性改变的判断标准,以及推动反垄断执法机构的事前监管和数字平台的自主监管等举措,完善数字平台经营者集中的反垄断审查。

关键词:数字平台;经营者集中;申报标准;相关市场

近年来,互联网信息技术的进步使得数字经济蓬勃发展。根据中国信息通讯研究院(China Academy of Information Communications Technology, CAICT)2021年4月发布的《中国数字经济发展白皮书》,我国2020年的数字经济规模为39.2万亿元,占GDP的比重高达38.6%,成为经济增长的关键驱动力。① 作为数字经济重要企业组织形式的数字平台"异军突起",一些数字平台迅速发展成为超级平台,对国家民生和市场经济的影响愈发重要,但也挑战了法律,损害了市场的有序竞争,遏制数字平台的垄

* 本文系华南师范大学青年培育基金"数字贸易国际规则制定的最新态势及中国的因应策略研究"(编号:20sk17)的研究成果。

** 法学博士,华南师范大学法学院特聘副研究员。

① 参见中国信息通讯研究院:《中国数字经济发展白皮书》,2021年4月,"前言"。

断已成为各国立法的主流。[①] 目前,我国以百度、阿里巴巴和腾讯为代表的一大批数字平台企业已跻身世界前列,对促进经济增长、推动民生改善发挥着举足轻重的作用,但近年来数据技术和市场资源也在加速向头部平台集中,引发了人们对它们可能导致不公平市场竞争的担忧。经营者集中是数字平台进行行业垄断的重要表现形式,我国反垄断执法机构对数字平台违法实施经营者集中的反垄断问题予以高度重视。但互联网平台经济具有网络效应、信息属性,以及更新换代快等特性,在适用主要规制传统产业经济的《反垄断法》的过程中可能会存在于法无据的挑战。如何有针对性地加强对数字平台经营者集中的反垄断审查,在保障创新和竞争的同时确保大型平台企业遵守规则极为迫切和必要。

一、从消极到积极的包容审慎:我国数字平台经营者集中的反垄断审查状态

根据"熊彼特假定",大型数字平台企业的规模经营可以提升经营效率,推动技术进步和创新,并获得可观的回报。[②] 数字平台企业为了扩大市场规模和获得更高的市场集中度,通常采用并购初创企业的方式来提升其市场竞争力,消灭潜在的竞争对手。截至2020年12月14日,2010~2020年这10年我国公开披露的互联网企业并购事件总共有542起,并购趋势在2018年达到峰值,有97起,2019年有57起,2020年小幅上升到65起。[③] 比如,2015年美团与大众点评网合并、2016年滴滴与Uber合并、2018年饿了么与百度外卖的合并,以及2019年阿里巴巴收购网易考拉等。这些并购行为涉及社交网络和生活服务等与人们生产、生活密切相关的消费入口,意图打造一个全方位和封闭式的业务组合。

由于我国的数字平台并购案呈现参与经营者集中的企业营业额低于《反垄断法》规定的经营者集中申报标准、反垄断执法机构在互联网企业实施集中行为之前监管缺

---

① 在国外,苹果、脸书、亚马逊和谷歌等大型数字平台滥用其市场主导地位,通过各种反竞争行为打压竞争对手,以在网络市场保持垄断地位。上述行为不仅阻碍了竞争,也削弱了行业的创新和发展,增加了市场进入壁垒。近年来,欧盟和美国对数字平台反垄断监管的力度逐步加强,反垄断执法机构多次对上述巨头予以调查或处罚。2021年11月23日,欧洲议会通过《数字服务法》,明确了数字平台的责任和确保市场公平竞争的规则。2022年1月20日,欧洲议会通过《数字市场法》,立足解决市场封锁问题,对科技巨头的违法行为加以处罚。2021年6月11日,美国众议院宣布了两党反垄断立法议程《更强大的在线经济:机遇、创新和选择》,其通过追究大型科技垄断企业的反竞争行为,为消费者、工人和小企业主创造公平的竞争环境。

② 参见王先林:《反垄断法与创新发展——兼论反垄断与保护知识产权的协调发展》,载《法学》2016年第12期。

③ 参见青瞳视角:《互联网企业并购视角 近十年共计542起》,载北京头条客户端2020年12月14日,https://baijiahao.baidu.com/s?id=1686048579208938601&wfr=spider&for=pc。

位,以及集中后是否出现排除限制竞争效果的不确定等特征,在实践中互联网平台并购交易案极少受到国家的反垄断审查,并购企业通常也未向反垄断执法机构申报,导致很多初创企业面临被收购或被灭亡的艰难处境。究其原因,是因为2008年施行的《反垄断法》立足于传统产业经济,对互联网领域经营者集中审查的规定滞后,反垄断执法机构对平台并购案缺乏相应的执法依据。事前的经营者集中审查对反垄断执法机构的经济预测能力提出了较高的要求,执法机构出于自身能力限制可能无法准确判断数字平台经营者集中带来的反竞争效果。比如,头部平台利用自身优势地位设置市场准入壁垒,排挤潜在的竞争对手;数据寡头滥用用户数据或者降低对用户数据的保护,甚至限制用户的选择权等。这些不受政府干预的并购使得本就聚集诸多资源和优势的头部平台进一步稳固其市场支配地位,形成"赢者通吃"的局面,严重阻碍创新和竞争。一些学者认为,数字平台的相关市场界定不如传统经济那么清晰,数字经济已成为拉动全球经济增长的新动能,执法机构应处理好反垄断与保护创新之间的界限,不可轻易通过反垄断来干预竞争。[①] 可能受此观点影响,我国反垄断执法机构对数字平台的监管出现"能力"与"监管"的问题,既希望通过数字平台繁荣发展来拉动经济增长,又担心监管会阻碍创新,从而不敢监管。执法部门对包容审慎监管原则的曲解使得长期以来我国对数字平台的反垄断监管沦为弱监管或不监管,在2020年12月之前没有适用《反垄断法》规制数字平台经营者集中的案件出现。

然而,与传统经济相比,平台经济具有一定的特殊性,数字平台并购的对象是数据和技术而非生产设备或销售渠道,其本身既具备强大的资源配置能力又具有制定并具体执行平台交易规则的权力,对市场竞争的影响更为深远,数字平台在开创新业态和新模式的过程中也会因平台内部主体之间以及平台之间的竞争而引发垄断与不正当竞争的质疑。互联网领域巨大的网络效应和锁定效应使一些平台成为阻碍创新的推手,它们通过提高新进入者的市场准入门槛和并购潜在的竞争者等商业模式来继续维持其垄断地位。我国日渐意识到数字平台通过并购扩大市场势力的手段对限制创新的危害可能比传统的垄断行为更大,国家反垄断局局长甘霖指出,应持续加强对经营者集中的反垄断审查,防止"掐尖式并购"和资本无序扩张。[②] 立法机关也在积极推动《反垄断法》修订,改变过去弱监管和不监管的消极包容审慎监管状态,健全我国对数

---

① 参见《国务院反垄断委员会张穹:传统反垄断工具不适用互联网等新经济》,载央广网2017年8月31日,https://baijiahao.baidu.com/s?id=1577216716454742018&wfr=spider&for=pc。

② 参见《改革创新开创反垄断工作新局面——访市场监管总局副局长、国家反垄断局局长、国务院反垄断委员会秘书长甘霖》,载国家市场监督管理总局官网,https://www.samr.gov.cn/xw/mtjj/202112/t20211219_338196.html。

字平台的积极且有效的包容审慎监管。[①]

二、规制不足:我国数字平台经营者集中审查面临的挑战

我国目前在规制经营者集中的反垄断问题时通常关注传统静态竞争下的市场份额以及相关市场等判断因素,而这些无法适用于具有动态竞争和双边市场等特性的平台经济。

(一)经营者集中的申报标准不够明确

经营者集中的申报标准决定着反垄断执法机构对企业的集中行为是否予以审查,而与商品的交易数量、营业额等息息相关的市场份额则是影响企业实施经营者集中是否需要申报的关键因素。《反垄断法》第21条和第22条对经营者集中的申报条件进行了规定,但并未明确未达到申报标准的集中是否需要审查。2018年修正的国务院《关于经营者集中申报标准的规定》第3条规定了经营者集中申报的标准,然而,数字平台具有很强的更替性和创新性,其垄断地位不似传统垄断行业那么稳固,市场份额也不太稳定,数字平台一旦失去创新能力或意愿,可能很快被竞争对手取代,面临激烈的市场动态竞争。对数字平台企业来说,其主要通过免费商品或服务等吸引大量用户数据,市场份额的大小与其数据能力和占有的数据量密切相关,被并购的初创企业可能并未盈利,但其掌握的大量用户数据为并购方以后获得较大的利润和市场占有率提供了基础。因此,传统上以营业额为标准显然无法有效筛查对市场竞争和创新产生重大影响的数字平台经营者集中案件,也不能保护市场中的技术创新竞争。

以2016年滴滴并购Uber为例,该并购使滴滴公司在国内的网约车市场份额高达90%,但滴滴以实施经营者集中的两个参与方均未获得盈利,且Uber上一会计年度的营业额未达到申报标准为由未进行申报。统计数据显示,滴滴和Uber合并之后在网约车市场几乎没有可替代的竞争者,[②]存在极大的排除和限制竞争的风险。商务部未能及时收到申报,对合并行为的监管也较为滞后,无法有效发挥申报机制的风险预防功能。考虑到数字平台也需要保护竞争,若数字平台的营业额不能准确反映其市场竞争潜力,那么经营者集中的申报标准就应当进行相应调整。在“奇虎360诉腾讯垄断案”中,最高人民法院认为,互联网行业的特殊性使营业额不能作为认定市场力量的唯一因素。[③] 鉴于实施经营者集中的参与方对我国的数字市场影响巨大,《反垄断法》的修

---

① 参见孙晋:《数字平台的监管需要思路创新》,载《经济参考报》2021年7月6日,第8版。

② 参见中国互联网信息中心:《专车市场发展研究专题报告》,2015年12月,第7页。

③ 参见许光耀:《互联网产业中双边市场情形下支配地位滥用行为的反垄断法调整——兼评奇虎诉腾讯案》,载《法学评论》2018年第1期。

改应当对此问题予以回应。

(二)传统相关市场界定的标准无法适用于数字平台

一些企业为了提升其市场竞争力或扩大市场规模,可能通过经营者集中的方式并购其他企业,使得经济过度集中或者出现个别头部企业垄断市场的局面。为了判断经营者集中对市场竞争的影响程度,反垄断执法机构通常需要对相关市场进行界定,即判断并购前后相关市场竞争条件是否存在强化市场势力、相关市场是否出现价格上浮或其他反竞争问题。《反垄断法》第12条第2款规定的相关市场是指经营者在一定时期内就特定商品或服务进行竞争的商品范围和地域范围。国务院反垄断委员会在2009年颁布的《关于相关市场界定的指南》中强调,界定相关市场对识别竞争者和潜在的竞争者、判断经营者的市场份额与市场集中度,以及考察经营者的行为对市场竞争的影响等极具重要意义。但相关市场涉及的商品和地域等因素无法对所有涉嫌垄断的行为进行清晰和准确的界定,因为不同的反垄断执法机构或法院就同一个垄断案件或者相似情形依法作出的界定存在差别。由于垄断行为所涉事项的复杂性,即便对相关市场的权衡因素以及常用的定量分析方法作出明确指引,也无法对一些特殊情形如双边平台经济和完全免费市场等进行全方位和动态化的指引。[①]

首先,数字平台具有双边市场特性。其一方面,通过互联网平台提供的商品和服务以及各种优惠政策吸引消费者聚集;另一方面,将聚集的消费者关注度转移给有需求的广告商、销售商等客户,即一边市场上的收益由另一边市场上的用户数量来决定。这两个方面具有正相关关系,聚集的消费者越多和关注度越高,对客户的效用越大,对市场定价的影响也就越大。数字平台为跨界竞争和服务提供了诸多可能性,但数字企业受消费习惯、专利技术以及产品更新换代快等因素的制约,企业转产的难度较大,且转产后的竞争情况无法确定。另外,传统行业和数字经济的深度融合使一些适用场景有明显差异但功能却有较高重合度的商品和服务之间的边界愈发模糊。在传统的基于需求和成本来判断单边市场市场定价的"供给替代法"之下,经营者可根据其他经营者改造生产设施投入的成本和承受的风险,以及进入市场的时间等因素来决定不同产品的替代程度,这些进行替代生产的企业都可以视为同一相关市场的参与者,但这种方法无法解决动态化的数字平台的跨界竞争、融合与非对称性定价问题。

其次,数字平台的免费服务行为加剧了相关市场界定的复杂性。数字平台企业为了获得更多的用户和数据,可能会以双边市场为媒介为消费者提供免费的服务,或者通过向销售商等用户收取费用的方式为消费者提供免费商品。鉴于假定垄断者测试

---

① 参见丁茂中:《我国〈反垄断法〉的修订路径》,载《法学》2020年第5期。

(Small but Significant and Non-transitory Increase in Price,SSNIP)是在单边市场并购中考量市场价格变动后产品的销量和企业利润的变化,传统的以价格为主要依据来确定相关市场主体力量的做法对数字平台提供的免费产品不适用。

(三)经营者集中审查缺乏前瞻性和对平台自主监管的引导

数字平台的网络效应和规模效应使得平台通过经营者集中实施的垄断行为的竞争损害波及的范围更大、影响更深。反垄断执法机构囿于掌握的平台信息有限、执法的技术水平不足以及《反垄断法》规定的滞后性,在处理经营者集中问题时通常以事后惩罚为主,过于包容和审慎的执法态度为数字平台的迅速发展提供了空间,但缺乏有效约束的平台破坏了市场竞争和创新,损害了消费者的社会福利。事前的经营者集中审查需要反垄断执法机构对市场环境有较强的预测能力,而数字经济的动态性加剧了执法机构的预测难度。平台兼具市场竞争主体和市场管理者的双重身份:在其作为市场竞争主体参与外部市场竞争和内部市场竞争时,需要《反垄断法》对其实施经营者集中排斥和限制竞争的违法行为进行规制;在其作为市场管理者规范平台内部市场时,平台管理者可以通过技术手段实现评级、排名等方式来约束平台参与者的行为,提升平台各方的合规意识和整体竞争实力,并落实不法市场主体的平台退出机制。① 平台的自主监管可以弥补政府监管的不足,节省政府的监管成本,我国的反垄断执法机构对平台企业的倡导性监管不足,执法不够柔性,对市场主体自我规制的引导和激励有所忽视,很难满足数字平台经营者集中的反垄断监管需要。

三、回应与完善:我国数字平台经营者集中审查的优化路径

在《反垄断法》制定之初,我国的互联网产业发展尚不成熟,对平台经济反垄断问题未给予足够规制。随着互联网经济的蓬勃发展,一些互联网巨头利用自身垄断地位排除、限制竞争,阻碍技术创新并损害中小企业和消费者的利益。为了鼓励公平竞争,维护消费者权益和社会公共利益,第十三届全国人大常委会第三十一次会议公布的《反垄断法(修正草案)》中将鼓励创新、推进公平竞争政策实施作为反垄断监管的重要目标。反垄断立法和执法实践对数字平台经营者集中审查面临的挑战予以回应和完善,既要实行积极的包容审慎监管,又要维护创新和竞争的市场环境。

(一)扩大数字平台经营者集中申报的范围

数字平台企业的核心关注点在于用户数量、用户的关注度,以及商品和服务的技

① 参见时建中、马栋:《双重身份视角下平台自治与反垄断监管的界限》,载《竞争政策研究》2020年第4期。

术创新,而不仅仅是营业额的增长。这种盈利模式要求平台企业在前期通过免费或低价的方式获得更多用户的注意力,以便能够积累更多的用户数据来长期维持较高的市场份额。即便数字平台企业的市场规模和营业额无法达到《反垄断法》规定的申报要求,但其在数据信息搜集能力上的优势可能具有较强的市场竞争力,界定平台经营者集中应当更多地考虑互联网行业的特殊性,仅以营业额作为申报标准可能存在片面性,应当进一步考察数字平台并购前后的市场竞争力。另外,我国还应当考虑数字平台利用协议控制架构(Variable Interest Entity, VIE)实施经营者集中的反垄断审查问题。

1. 将交易额和市场集中度作为判断数字平台经营者集中申报的辅助标准

数字平台经营者集中虽然在法律意义上交易的是商品或服务,但二者实质上是对数据的合并。用户虽然可以免费使用数字平台提供的服务,但其提供的个人数据为平台搜索服务创收提供了助力,因而平台提供的免费服务也是一种经济行为。[①] 我国可对经营者集中申报的范围进行扩大。如果被并购方的营业额未达到反垄断申报标准但交易额巨大,说明并购后的市场潜力巨大,反垄断执法机构应当审查被并购一方的市场地位及其获得市场地位的关键因素,尤其是对数据的占有优势。交易额在一定程度上能反映被并购企业的价值,相较于波动较大的市场份额而言更容易获取。2021 年 2 月 7 日,国务院反垄断委员会发布《关于平台经济领域的反垄断指南》(以下简称《指南》),其第 18 条规定了平台经营者参与平台一侧市场竞争或发挥主导性作用的,可以计算平台所涉交易金额。但是,交易双方为了不被审查,可能会通过合同安排对交易额进行隐秘调节,这也对反垄断执法机构和人员提出了更高的要求,我国应兼顾执法效率和公平,考察数字市场的特点谨慎确定交易额的大小。[②] 另外,为了解决"滴滴并购 Uber 案"出现的争议,《指南》第 19 条第 3 款明确将参与集中的经营者因采取低价或免费行为导致营业额达不到申报标准但市场集中度较高的集中行为也纳入反垄断审查的范围。可喜的是,《反垄断法(修正草案)》第 26 条第 2 款已明确国务院反垄断执法机构应当对未达到国务院规定的申报标准但有证据证明具有或可能具有排除限制竞争效果的经营者集中进行调查。

2. 将 VIE 架构纳入数字平台经营者集中申报的范围

长期以来,国内互联网头部企业采用 VIE 的方式,通过子公司与一系列协议来控

---

① 参见曾彩霞、朱雪忠:《欧盟对大数据垄断相关市场的界定及其启示——基于案例的分析》,载《德国研究》2019 年第 1 期。

② 参见叶明、梁静:《我国移动互联网领域经营者集中申报标准问题研究》,载《竞争政策研究》2019 年第 6 期。

制内资企业的运营,以规避政府对外国投资者直接出资比例的限制,这是我国大型互联网企业并购其他企业较常采用的方式。[①] 反垄断执法机构在过去较关注企业的组织形式,对涉及 VIE 架构的企业之间的集中并没有明确的态度,导致这类并购几乎没有按照《反垄断法》的要求进行申报。2020 年 12 月 14 日,市场监管总局对阿里巴巴投资收购银泰商业股权、阅文收购新丽传媒股权、丰巢收购中邮智递股权等通过 VIE 架构收购而未依法申报的违法实施经营者集中的行为分别处以 50 万元罚款的反垄断处罚。[②] 这是反垄断执法机构首次将 VIE 架构纳入经营者集中的监管范围。《指南》明确经营者集中的反垄断审查还应当包括 VIE 架构,即 VIE 架构的交易达到《反垄断法》规定的申报门槛时也需申报。此举纠正了反垄断执法机构因 VIE 模式处于政策禁止与实际运行的灰色地带而放弃《反垄断法》第 20 条第 3 款规定的法定竞争审查的做法,加强了对数字平台通过 VIE 架构实施经营者集中的反垄断监管。

(二)明确相关市场竞争状况产生实质性改变的判断标准

相关市场的竞争状况需要根据经营者的经营行为所涉及的商品市场来合理确定。《指南》第 11 条规定,分析相关市场竞争状况可以考虑相关平台市场的发展状况。因此,数字平台双边市场的界定可以根据平台一边的商品来界定,也可以根据平台涉及的多边商品来分别界定多个相关市场,并考虑多个市场之间的关联与影响。《指南》还强调在确定所涉产品的相关市场时,应关注与平台功能、商业模式、用户群体、线下交易等相关的替代因素,特别是应从终端用户的角度考虑所涉及的平台与相关市场之间的结构关系。

鉴于低价或免费已成为数字平台竞争的主要模式,价格不再是平台经营者竞争的首选手段,基于价格竞争的 SSNIP 也无法准确界定相关市场。针对数字平台双边市场的特殊性,可适当参考欧盟的"确立盈利模式测试法",将收费主体和对象作为判断数字平台相关市场的标准。数字平台企业主要包括 3 种市场模式:一是平台为用户提供网络接入服务,用户向提供网络服务的供应商支付相应费用;二是平台为广告投放者提供投放广告服务的市场,广告投放者支付相应费用;三是平台为用户提供不同的网络内容服务,用户支付一定费用。这 3 种盈利模式构成 3 个独立的相关市场,如果盈利

---

① 参见仲春:《我国数字经济领域经营者集中审查制度的检视与完善》,载《法学评论》2021 年第 4 期。

② 参见国家市场监督管理总局:《市场监管总局依法对阿里巴巴投资收购银泰商业股权、阅文集团收购新丽传媒股权、丰巢网络收购中邮智递股权等三起未依法申报违法实施经营者集中案件作出行政处罚决定》,载国家市场监督管理总局官网,http://www.samr.gov.cn/xw/zj/202012/t20201214_324335.html。

模式具有可替代性,就可以认为经营者处于同一个相关市场。[①] 运用该测试方法来界定相关市场可以避开传统的专业知识、知识产权等复杂技术标准的限制,根据数字平台企业的特性,考察相关市场是否具有可替代性,测试结果也更可靠。针对数字平台企业提供的免费行为,我们可以通过"产品性能测试法",以产品性能变化产生的消费需求转化为分析对象,判断产品性能变化是否会使得其他替代产品进入所涉竞争市场。[②] 从实践来看,数字平台提供的产品性能的提升可以吸引更多的消费者,而价格补贴或优惠只是短期的竞争策略,产品性能的提升才是保持企业竞争力的关键,因此,产品性能测试法较符合数字平台企业的特性。

在实践中,我国反垄断执法机构也通过多种因素来判断数字平台经营者集中的相关市场是否发生实质性变化。2021 年 7 月 24 日,国家市场监督管理总局对腾讯公司收购中国音乐集团股权的经营者集中行为进行了审查,对二者合并在相关市场的份额、市场集中度,以及对市场进入和消费者的影响进行了评估,认为合并后的实体占有较高的市场份额,有可能提高市场进入壁垒,导致排除和限制竞争的效果,遂依法作出要求腾讯及关联公司在 30 日内解除独家音乐版权、停止高额预付金等版权费用支付方式,以及无正当理由不得要求上游版权方给予其优于竞争对手的条件的行政处罚决定,以恢复市场竞争状态。[③] 该案是国家市场监督管理总局对违法实施经营者集中采取措施重塑市场竞争秩序、保障消费者选择权的第一案,有助于网络音乐产业的创新和健康发展。

(三)完善反垄断执法部门的事前监管和数字平台的自主监管

近年来,我国反垄断执法机构不断加强执法力度,对未依法申报的经营者集中进行处罚的案件日渐增多,但反垄断执法机构对企业实施集中的行为一开始并未关注,也未采取相应措施。这些企业集中后可能会产生排除和限制竞争的效果,执法机构主要以事后处罚的方式来规制。比如,2021 年 7 月 7 日,国家市场监督管理总局依据《反垄断法》第 21 条的规定对互联网领域 22 起未申报经营者集中的违法行为进行行政处

---

① See Philip Areeda & Donald F. Turner, *Predatory Pricing and Related Practices Under Section* 2 *of the Sherman Act*, Harvard Law Review, Vol. 9, p. 88(2015).

② See Thomas M. Jorde & David J. Teece, *Antitrust*, *Innovation*, *and Competitiveness*, Oxford University Press, 1992, p. 38 – 39.

③ 参见《市场监管总局依法对腾讯控股有限公司作出责令解除网络音乐独家版权等处罚》,载国家市场监督管理总局官网,http://www.samr.gov.cn/xw/zj/202107/t20210724_333016.html。

罚,对涉案企业分别处以 50 万元的罚款。[①] 鉴于平台经济的不确定性和不可预测性,事后监管可能会增加《反垄断法》的实施成本,无法有效地激励创新和维护公平竞争秩序,因而,探索更加符合平台经济的事前监管极为必要。反垄断执法机构应在事前对数字平台开展持续的调研和竞争评估,严格监管大型数字平台的市场份额和市场势力的动态变化,要求平台企业在并购前向监管部门备案,在获得许可的前提下才能实施经营者集中行为。即便实施经营者集中的平台未申报,反垄断执法机构也应当保持专业敏感度,主动介入以便更迅速有效地履行监管职能。

2021 年 7 月 10 日,国家市场监督管理总局依法禁止虎牙公司与斗鱼公司的合并属于强化事前监管的典型代表。[②] "虎牙、斗鱼合并案"中,腾讯公司依法进行申报,国家市场监督管理总局认定二者合并具有排除和限制竞争的效果并依法予以禁止,避免了游戏行业的"掐尖并购"。反垄断执法机构更注重考察集中对市场竞争、技术进步与消费者利益的影响,并积极提升自身监管技术水平,确保市场经济秩序的健康有序发展。反垄断执法机构精细化和多样化的事前监管对规范互联网市场运营具有重要作用,也是落实 2020 年 12 月召开的中央政治局会议和中央经济工作会议提出的"强化反垄断和防止资本无序扩张"的重要举措。该案作为首个互联网领域被禁止实施的经营者集中案件,对互联网行业发展产生重大影响。

另外,我国还应充分发挥平台企业在经营者集中反垄断审查中的自主监管,鼓励数字平台企业内部建立反垄断管理体系,为平台企业提供反垄断合规指引,引导平台企业在实施经营者集中之前对并购可能产生的不利影响进行评估,避免采用扼杀型并购等排除、限制竞争的并购行为。[③] 反垄断执法机构在赋予数字平台监管自主权的同时须明晰政府监管与平台自治的界限,既要避免过度干预,也要保障平台自治的规范、合法,并在平台损害创新和消费者利益时及时介入。

四、结语

与传统产业经济相比,数字平台实施经营者集中可以实现规模经济,提高经营效率,进而提升消费者的社会福利。然而,拥有技术标准的平台可能会抬高其他经营者

---

① 参见《市场监管总局依法对互联网领域二十二起违法实施经营者集中案作出行政处罚决定》,载国家市场监督管理总局官网,http://www.samr.gov.cn/xw/zj/202107/t20210707_332396.html。

② 参见《市场监管总局依法禁止虎牙公司与斗鱼国际控股有限公司合并》,载国家市场监督管理总局官网,http://www.samr.gov.cn/xw/zj/202107/t20210710_332525.html。

③ 参见王先林、方翔:《平台经济领域反垄断的趋势、挑战与应对》,载《山东大学学报(哲学社会科学版)》2021 年第 2 期。

进入市场的壁垒，产生排除、限制潜在的竞争者公平竞争的效果。鉴于数字平台具有双边市场特性、技术信息性和动态垄断性等特性，即便是营业额不大但交易额较大的平台经营者集中也可能对市场产生显著影响。反垄断执法机构应更加关注经营者的市场行为、市场进入壁垒，以及对竞争的影响等因素，来判断数字平台经营者集中是否可能产生排除和限制竞争的效果。反垄断保护的是创新和竞争，平台只有不断创新才不会被市场机制淘汰。我国反垄断执法机构在处理数字平台经营者集中问题时，一方面，应鼓励和促进数字平台的创新和发展，对数字平台违法实施经营者集中进行反垄断审查，预防和制止可能造成排除、限制竞争的垄断行为；另一方面，应坚持积极的包容审慎监管原则，以经济效率为追求目标，谨防对大型数字平台“一刀切”的反垄断。

（责任编辑：郑俊典）

食品安全民事公益诉讼中惩罚性赔偿：适用困境与制度优化*

曹俊金** 阮赞林***

摘 要：食品安全民事公益诉讼是实现食品安全社会共治的重要方式，但现行法律与司法解释仅就该制度作了原则规定，致使其司法适用存在争议，特别是在惩罚性赔偿金的可适用性、计算与调整规则、后续管理规则等方面存在制度挑战。我国应通过修改《食品安全法》，在食品专门立法中确立惩罚性赔偿制度，明确惩罚性赔偿金的司法适用规则，形塑惩罚性赔偿金使用管理顶层架构。

关键词：食品安全；惩罚性赔偿；公益诉讼

食品安全关乎公众的身体健康与生命安全，行政规制与司法控制相复合的二元治理模式成为应对食品安全挑战的基本路径。行政规制方面，我国近年来通过推进食品安全管理体制机制改革、完善食品安全监管法律体系、提升食品检验检疫标准、加强食品安全违法惩治力度等方式逐步提高食品安全监管能力。① 司法控制方面，我国在逐步完善食品私益诉讼制度的同时，通过构建具有中国特色的公益诉讼制度来保护消费安全，发挥辅助规制的效果。② 公益诉讼是实现食品安全社会共治的重要方式，但惩罚性赔偿的适用问题成为司法实践与理论研究的争议焦点。2021 年 3 月，最高人民检察院、最高人民法院等部门共同召开了探索建立食品安全民事公益诉讼惩罚性赔偿制度

* 本文系农业农村部委托项目“电子商务下小农户农产品质量安全法律制度研究”（编号：125D0203）和中央高校基本科研业务费专项资金的研究成果。

** 法学博士，上海政法学院副教授、同济大学中国战略研究院研究员。

*** 管理学博士，华东理工大学法学院教授、华东理工大学食品药品监管研究中心主任。

① 参见中共中央、国务院《关于深化改革加强食品安全工作的意见》（2019 年 5 月 9 日印发）。

② 参见宋亚辉：《食品消费公益诉讼的功能定位与功效评估》，载《浙江学刊》2017 年第 3 期。

座谈会，提出“探索建立食品安全民事公益诉讼惩罚性赔偿制度，对于维护市场秩序，保障消费者合法权益，维护社会公共利益，推动食品安全国家治理体系和治理能力现代化具有重大意义”。[①] 本文通过对食品安全民事公益诉讼惩罚性赔偿进行制度与实践检视，分析和归纳惩罚性赔偿规则的适用挑战，拟就今后如何破解惩罚性赔偿适用困境提出制度建议。

一、食品安全民事公益诉讼中惩罚性赔偿规则适用的制度审视

（一）惩罚性赔偿规则缺乏立法上的明确规定

惩罚性赔偿，一般是指在补偿性赔偿之外，要求经营者向受害者承担超出实际损失以外的超额责任的赔偿制度，[②]具有补偿被害人遭受的损失、惩罚和遏制不法行为等多重功能。[③] 在国内立法上，1993 年《消费者权益保护法》（2009 年、2013 年进行修正）首创双倍惩罚性赔偿规则，2009 年《食品安全法》（2015 年进行修订，2018 年、2021 年进行修正）确立了 10 倍惩罚性赔偿规则，为消费者在食品安全民事案件中主张惩罚性赔偿提供了直接法律依据。

随着《民事诉讼法》第 55 条和《消费者权益保护法》第 47 条引入民事公益诉讼制度，法律规定的机关和有关组织可据此就食品生产经营者违反《食品安全法》等相关法律法规且侵害众多食品消费者合法权益的行为提起食品安全民事公益诉讼。但上述两部法律仅原则性规定公益诉讼的含义和原告范围，并未涉及具体的制度构建，关于惩罚性赔偿在公益诉讼中如何具体运用的问题，法律上存在空白。[④] 尽管现有立法的相关规定可以为食品安全民事公益诉讼提供制度依据，但作为食品安全专门立法的《食品安全法》本身并未就食品安全民事公益诉讼问题及其惩罚性赔偿的适用规则作出直接、明确的制度安排。

（二）相关司法解释就惩罚性赔偿适用存在“解释”不一致

根据我国《立法法》第 104 条的规定，最高人民法院、最高人民检察院在审判、检察工作中，在符合立法的目的、原则和原意的前提下，可以通过发布司法解释就具体法律

---

① 参见最高人民检察院、最高人民法院、农业农村部、海关总署、国家市场监督管理总局、国家粮食和物资储备局、中国消费者协会 2021 年 3 月 30 日印发的《探索建立食品安全民事公益诉讼惩罚性赔偿制度座谈会会议纪要》。

② 参见张保红：《论惩罚性赔偿制度与我国侵权法的融合》，载《法律科学》2015 年第 2 期。

③ 参见王利明：《惩罚性赔偿研究》，载《中国社会科学》2000 年第 4 期。

④ 参见邓江凌、余治涛：《消费公益诉讼中运用惩罚性赔偿制度存在的问题及解决对策》，载《长江论坛》2019 年第 5 期。

条文的应用进行解释。在实践中,由于司法解释的范围、程序、界限等问题在法律上不明确,使司法解释在制定过程中具有较大的空间和随意性。[①] 尽管我国的司法解释在法律体系中的效力问题尚未明确,[②]但由于其在法律制度运行过程中具有难以替代的"补白"功能,实质上已经成为中国法律体系的重要组成部分。

检索食品安全民事公益诉讼相关的司法解释及相关背景资料可知,最高人民法院目前在消费民事公益诉讼惩罚性赔偿的可适用性问题上态度较含糊。最高人民法院《关于审理消费民事公益诉讼案件适用法律若干问题的解释》(以下简称《消费公益诉讼司法解释》)明确省级以上消费者协会、法律规定或者全国人大及其常委会授权的机关和社会组织可提起消费民事公益诉讼,并规定上述原告在公益诉讼中可请求被告承担停止侵害、排除妨碍、消除危险、赔礼道歉等民事责任。对于是否应当承担补偿性赔偿责任或者惩罚性赔偿责任的问题,该司法解释并没有予以明确,而是以一个"等"字予以保留。按照最高人民法院相关法官的观点,关于公益诉讼中是否应当包含赔偿损失这一民事责任,由于操作难度大,且欠缺法律依据和配套制度,在司法实践中暂时不能适用。[③] 这里的"等"字实际是为将来法律修订及司法实务进一步发展后消费民事公益诉讼的请求权类型扩张预留空间,[④]表明最高人民法院对消费民事公益诉讼案件(包含食品安全民事公益诉讼)中惩罚性赔偿规则的适用持保留态度。但是,最高人民法院《关于审理食品药品纠纷案件适用法律若干问题的规定》(以下简称《审理食品药品案件规定》)第15条明确规定食品消费者可以按照《食品安全法》的规定向食品生产者或者经营者主张惩罚性赔偿,第17条第2款规定,"法律规定的机关和有关组织依法提起公益诉讼的,参照适用本规定",又倾向在食品安全民事公益诉讼案件中支持惩罚性赔偿规则,这一规则也成为当前食品安全民事公益诉讼惩罚性赔偿适用的主要依据。可以发现,《消费公益诉讼司法解释》与《审理食品药品案件规定》关于惩罚性赔偿的态度并不一致。

---

① 参见刘风景:《司法解释权限的界定与行使》,载《中国法学》2016年第3期。

② 参见王成:《最高法院司法解释效力研究》,载《中外法学》2016年第1期。

③ 参见杜万华主编:《最高人民法院消费民事公益诉讼司法解释理解与适用》,人民法院出版社2016年版,第235页。

④ 参见程新文、冯小光、关丽、李琪:《我国消费民事公益诉讼制度的新发展——〈最高人民法院关于审理消费民事公益诉讼案件适用法律若干问题的解释〉的理解与适用》,载《法律适用》2016年第7期。

二、食品安全民事公益诉讼适用惩罚性赔偿的主要问题

(一)惩罚性赔偿的可适用性存在争议

鉴于立法层面和司法解释层面尚未就食品安全民事公益诉讼中的惩罚性赔偿适用问题作出非常明确的规定,因而目前司法实践对于这一问题的态度也呈现较大分歧。一方面,由于惩罚性赔偿的可适用性并不明确,为了降低诉讼结果的不确定性,食品安全民事公益诉讼起诉人或原告就是否提起惩罚性赔偿的态度存在差异,尽管有相当多的食品安全民事公益诉讼案件中他们提出了惩罚性赔偿请求,但也有一定数量的食品安全民事公益诉讼案件并未提起惩罚性赔偿,如 2018 年至 2020 年 5 月,仅安徽省淮北市辖区法院就至少有 10 起食品安全刑事附带民事公益诉讼未提起惩罚性赔偿。① 另一方面,不同法院对于惩罚性赔偿的可适用性存在意见分歧。尽管在检察机关提起的食品安全民事公益诉讼惩罚性赔偿案件中,绝大部分得到了人民法院的支持,据统计,2017~2019 年,全国检察机关共提起食品安全领域惩罚性赔偿公益诉讼案件 816 件,一审法院裁判支持率 97.4%,②但在消费者组织提起的食品安全民事公益诉讼案件中,则存在观点截然相反的判决。例如,在"广东省消费者委员会诉彭开胜等生产、销售假盐公益诉讼案"中,广州市中级人民法院认为消费民事公益诉讼具有替代性和补充性,从保护众多不特定消费者合法权益和避免消费侵权者的民事侵权责任落空的角度出发,支持广东省消费者委员会提出的 10 倍惩罚性赔偿请求,③然而,在"广东省消费者委员会诉李某等人生产、销售病死猪肉公益诉讼案"中,深圳市中级人民法院认为,尽管《消费公益诉讼司法解释》并未在消费民事公益诉讼案件中排除惩罚性赔偿这一责任形式,但该条也并未明确规定可适用惩罚性赔偿,且广东省消费者委员会并非本案的消费者,也不能适用《食品安全法》第 148 条规定的惩罚性赔偿规则,最终并未支持广东省消费者委员会提出的惩罚性赔偿请求。④ 此外,在"山西省消费者协会诉闫浩销售假冒伪劣食盐产品公益诉讼案"中,山西省朔州市中级人民法院认为,《食品安全法》及《审理食品药品案件规定》规定的惩罚性赔偿仅适用于私益诉讼,也并未支持

---

① 参见周瑜、丁峰、王彪:《食品药品安全领域检察公益诉讼惩罚性赔偿适用规则研究——以淮北市基层法院近三年审理的案件为视角》,载《淮北日报》2020 年 10 月 26 日,第 6 版。

② 参见李万祥:《检察机关探索建立食安公益诉讼惩罚性赔偿制度》,载《经济日报》2020 年 9 月 5 日,第 7 版。

③ 参见广东省广州市中级人民法院民事判决书,(2017)粤 01 民初 384 号。

④ 参见广东省深圳市中级人民法院民事判决书,(2017)粤 03 民初 547 号。

山西省消费者协会的惩罚性赔偿请求。[①]

因而,在食品安全民事公益诉讼中是否能提出惩罚性赔偿请求、惩罚性赔偿请求能否得到支持,存在争议和不确定性,特别是在消费者组织提出食品安全民事公益诉讼时,提出的惩罚性赔偿请求往往获得广泛关注,判决结果也能产生广泛影响。上述截然相反的判决结果引起理论界和实务界关于惩罚性赔偿可适用性问题的争论,这种不确定性既可能影响司法公正,也会影响食品安全的有效治理。

(二)惩罚性赔偿金的计算与调整缺乏依据

1. 关于惩罚性赔偿的计算基数

《食品安全法》第148条规定的惩罚性赔偿金是以食品消费者向食品生产经营者支付价款的10倍或者损失的3倍为计算基准。实践中,由于受害者的范围及所遭受的损失往往难以确定,检察机关或省级消费者协会通常将食品生产经营者的销售货款总额作为计算基数提出惩罚性赔偿请求,销售货款总额无法确定时,则往往以现有证据推定计算销售款作为惩罚性赔偿基数。例如,在"龙游县人民检察院与被告卓雄飞侵害消费者权益公益诉讼案"中,衢州市中级人民法院认定被告卓雄飞销售不合格油条并销售给不特定消费者的销售额为18,000元,销售期间为2019年5月至11月5日。[②]该案中被告销售不合格油条的销售时间并非精确期间,其总销售额18,000元也应为推定销售额,并非实际销售款。

然而,虽然销售收入能在一定程度上反映食品消费者所支付的总价款,但由于销售环节中间商的存在,导致食品生产经营者的"销售价款"并不等同于食品消费者的"支付价款",因而,以食品生产经营者的销售收入额或者推定的销售收入额作为惩罚性赔偿的计算基数,存在形式与实质上的合法性挑战。

2. 关于惩罚性赔偿金的惩罚系数

目前,食品安全民事公益诉讼司法实践中基本参照《食品安全法》第148条关于食品消费者私益诉讼的惩罚系数计算惩罚性赔偿金总额。由于《食品安全法》第148条规定的10倍赔偿是确定性系数,并未明确是否可以提出低于价款10倍主张惩罚性赔偿,导致司法实践中食品安全民事公益诉讼原告一般都适用10倍顶格惩罚性系数。然而,惩罚性赔偿金的提起也应适度考虑食品生产经营者的责任承担能力,当法律所影响的人本身的经济能力有限时,即使是最有效的强制和惩罚手段也会变得束手无

---

① 参见山西省朔州市中级人民法院民事判决书,(2018)晋06民初36号。

② 参见浙江省衢州市中级人民法院民事判决书,(2020)浙08民初107号。

策。[①] 也就是说,如果惩罚性赔偿责任大到完全超出食品经营者的客观承担能力时,这种惩罚性赔偿责任将会形同虚设,无法产生食品治理实效,因而需要对不同案情一律适用10倍惩罚性赔偿金的情形进行制度反思。

3. 关于惩罚性赔偿金的司法调整

在支持惩罚性赔偿请求的案件中,大部分判决都支持了食品销售收入10倍的惩罚性赔偿金,但也有部分判决在综合考虑案情的基础上对惩罚性赔偿金总额进行了酌情调整。例如,在"福建省莆田市人民检察院与刘某星侵害消费者权益公益诉讼纠纷案"中,莆田市中级人民法院考虑到被告刘某星勇于向公众公开赔礼道歉的态度及其自身家庭困难的特殊情况,将惩罚性赔偿金从39.24万元酌情下调到10万元。[②] 在"山东省淄博市人民检察院与张某娟、高某奎产品责任纠纷案"中,淄博市中级人民法院综合考量被告的行为对不特定消费者造成的损失及影响,将原39,750元的惩罚性赔偿金酌情下调到5000元。[③]

部分案件虽然并未直接对应判处的食品安全民事公益诉讼惩罚性赔偿金总额予以调整,但通过民事赔偿金与刑事罚金之间的相互抵扣,实质下调了被告所应承担的惩罚性赔偿金数额。在广州市中级人民法院审理的3个生产、销售假盐案件中,广州市中级人民法院考虑到惩罚性赔偿金与行政罚款、刑事罚金同属惩罚性债权(前者为私法债权,后两者为公法债权),参照行政罚款与刑事罚金竞合时的处理原则将被告应被判处的罚金在其民事惩罚性赔偿金中予以抵扣,[④]或将民事惩罚性赔偿金在其被判处的罚金中予以抵扣。[⑤] 这种做法是否可行也已引起了学者的关注与讨论。[⑥]

由于惩罚性赔偿的基数是可以确定的,其系数是法定的(尽管是可选择的),所以惩罚性赔偿金的总额也是可以且应当确定的。人民法院是否可以综合案件的实际情况和食品生产经营者的责任承受能力酌情调整惩罚性赔偿的数额,需要进一步商榷。

(三)惩罚性赔偿金的后续管理尚无定论

《食品安全法》等法律尚未就公益诉讼惩罚性赔偿金的管理和使用作出明确规定。

---

① 参见[德]马克斯·韦伯:《论经济与社会中的法律》,张乃根译,中国大百科全书出版社1998年版,第34页。

② 参见福建省莆田市中级人民法院民事判决书,(2019)闽03民初983号。

③ 参见山东省淄博市中级人民法院民事判决书,(2020)鲁03民初178号。

④ 参见广东省广州市中级人民法院民事判决书,(2017)粤01民初384号;广东省广州市中级人民法院民事判决书,(2017)粤01民初387号。

⑤ 参见广东省广州市中级人民法院民事判决书,(2017)粤01民初386号。

⑥ 参见杨会新:《公益诉讼惩罚性赔偿问题研究》,载《比较法研究》2021年第4期。

当前实践中关于惩罚性赔偿金的处置方式主要有二:一是判决将惩罚性赔偿金直接上缴国库作为财政资金,如在"四川省阿坝州人民检察院与俄某、张某侵害消费者权益民事公益诉讼案"中就采用了这种做法;①二是判决将惩罚性赔偿金暂交法院、检察院、市场监督管理部门等机关暂时保管或管理。② 第一种做法从法理上而言并不妥当,但食品安全民事公益诉讼的法理依据在于食品经营者侵害了众多不特定消费者的合法权益,因而惩罚性赔偿金也自然应当归属于受损害的消费者群体。将惩罚性赔偿金纳入财政的做法在现实效果上无异于以民事诉讼之名对食品违法生产经营者施以数倍刑事罚金或行政罚款,将变相加重食品生产经营者的刑事责任或行政责任,既可能弱化当前食品刑事责任或者行政责任的处罚效果,也可能为实际受损消费者的后续求偿设置了潜在的法律障碍。第二种做法的合理性也需要进一步评估,法院、检察院或者相关管理部门作为司法或者执法机关,并不具有管理、运营、分配惩罚性赔偿金的职责,实际上也不具有使惩罚性赔偿金得以保值增值并进行最大化使用的能力,既会影响惩罚性赔偿金的正常分配和使用,也会加重法院、检察院等惩罚性赔偿金管理部门的工作负担。《食品安全法》《消费者权益保护法》等对于公益诉讼惩罚性赔偿金的归属、管理与分配尚未作出明确规定,司法机关由于其职能限制无法在实践中对此形成最优管理与分配方案,需要通过顶层制度设计建构惩罚性赔偿金管理制度。

三、食品安全民事公益诉讼适用惩罚性赔偿的制度优化

(一)明确惩罚性赔偿适用的法律依据

前已述及,《食品安全法》本身并未就食品安全民事公益诉讼及惩罚性赔偿的可适用性作出明确规定,加之相关司法解释存在的"隐性"冲突导致惩罚性赔偿制度出现适用困境,诱发检察机关和消费者组织在争议中进行制度探索,并迫使人民法院在徘徊中作出艰难抉择,使得食品安全民事公益诉讼惩罚性赔偿规则适用存在极大不确定性。

如何回应这种不确定性挑战?当前主要有两种思路:

第一种思路是通过法解释学的方法进行解决,操作层面上,可以在《食品安全法》《消费者权益保护法》等现有立法基础上,通过发布司法解释对惩罚性赔偿在食品安全民事公益诉讼中的可适用性问题予以明确。这种做法的规则制定成本相对较低,且目

---

① 参见四川省阿坝藏族羌族自治州中级人民法院民事判决书,(2020)川32民初2号。

② 参见周瑜、丁峰、王彪:《食品药品安全领域检察公益诉讼惩罚性赔偿适用规则研究——以淮北市基层法院近三年审理的案件为视角》,载《淮北日报》2020年10月26日,第6版。

前各级司法部门正在积极推进食品安全民事公益诉讼惩罚性赔偿制度的实践探索，可以为今后司法解释的出台提供经验基础。但这种解决思路还需要考虑惩罚性赔偿规则适用的系数问题，因为惩罚性赔偿规则既可以适用消费民事公益诉讼规则体系，也可以适用食品药品民事公益诉讼特别规则体系。消费民事公益诉讼规则体系是基于《民事诉讼法》《消费者权益保护法》《消费公益诉讼司法解释》为主体形成的，若通过《消费公益诉讼司法解释》将惩罚性赔偿纳入消费民事公益诉讼的民事责任范围，则应按照《消费者权益保护法》规定的"消费者购买商品的价款或者接受服务的费用的三倍"或"所受损失二倍以下"为系数来主张惩罚性赔偿金，与当前司法实践中支持10倍惩罚性赔偿金的做法并不匹配。在司法实践中支持10倍惩罚性赔偿金主要是基于食品药品民事公益诉讼特别规则体系，《审理食品药品案件规定》第15条和第17条为法律规定的机关和有关组织提起食品安全民事公益诉讼提供了制度通道，但能否适用《食品安全法》第148条第2款规定的"支付价款十倍或者损失三倍的赔偿金"又不够明确，如果可以适用，则似乎又对《食品安全法》第148条第2款规定的"消费者"这一求偿主体作了过度解释。因而，通过法律解释较难解决当前惩罚性赔偿适用难题。

第二种思路是通过立法构建专门制度来解决这一问题，这一定程度上也是最高司法机关的态度，其认为特定领域的公益诉讼制度需留待单行法律去规定，[①]即食品安全民事公益诉讼的具体制度设计由食品安全法律制度予以具体规定为宜。按照这一思路明确惩罚性赔偿的可适用性问题，至少具有两个方面的优势：一方面，通过食品安全立法明确公益诉讼惩罚性赔偿制度，可以对食品侵权人及潜在违法者产生巨大的震慑与警示作用，增加其违法预期；另一方面，通过食品安全立法厘清含糊的公益诉讼惩罚性赔偿规则，可以有效缓解"立法"压力，破解基层司法机关的"司法"困惑。

因而，在食品安全民事公益诉讼中探索适用惩罚性赔偿已得到中央文件、司法实践及理论研究的普遍赞同的背景下，今后应遵循构建专门制度的思路，在《食品安全法》中就食品安全民事公益诉讼制度及惩罚性赔偿适用问题作出特别规定。具体而言，可以在《食品安全法》第148条第2款之后增加一款，或者在第148条之后增加1条，将食品安全民事公益诉讼纳入食品安全立法，明确食品安全民事公益诉讼的提起条件、主体等，确立食品安全惩罚性赔偿规则。

（二）完善惩罚性赔偿金计算规则的制度供给

《食品安全法》应考虑进一步加强惩罚性赔偿金计算的制度供给，具体可以从如下

---

① 参见最高人民法院民事诉讼修改研究小组编著：《〈中华人民共和国民事诉讼法〉修改条文理解与适用》，人民法院出版社2012年版，第89页。

三个方面加以完善:

第一,明确惩罚性赔偿的计算基数。在私益诉讼中,作为惩罚性赔偿原告的消费者所支付的价款或者所遭受的损失是相对确定且容易举证的,因而以"支付价款"或"所受损失"为计算基数是合理的、可操作的。但在公益诉讼中,侵权人往往侵犯了众多不特定消费者的利益,且食品销售往往具有零散性,受侵害的全体消费者所支付的价款或所遭受的损失本身难以确定、更难以举证。因而,《食品安全法》在创立食品安全民事公益诉讼惩罚性赔偿制度时,应基于司法实践操作需要,审视"支付价款"或"所受损失"标准的妥当性,确立更合理的惩罚性赔偿计算基准。考虑食品经营者往往会将食品销售收入以会计账簿的方式进行记录,可以将生产、销售不符合食品安全标准的食品的销售收入作为惩罚性赔偿金的计算基准。若食品经营者向消费者收取的价款无法查清的,可以以经营者流入零售市场且没有召回的商品数量以及商品单件的市场零售价格(而不是"出厂价"或"批发价")为基准,推算食品经营者销售不符合食品安全标准的食品所获得的总价款,并据此计算其应当支付的惩罚性赔偿金。①

第二,优化惩罚性赔偿惩罚系数规定。食品安全民事公益诉讼司法实践直接参照私益诉讼10倍惩罚性赔偿金的做法,既是法律解释的结果,也是司法实践探索的结果,但在具体的案件中,不少食品侵权人都提出难以承受基于销售额10倍的惩罚性赔偿金,而10倍惩罚性赔偿金能否得到现实兑付、能否实现最大的社会效果也需要进一步论证。由于《食品安全法》第148条第2款规定的10倍赔偿系数没有弹性适用空间,部分案件的公益起诉人放弃适用10倍系数规则,转而采用《消费者权益保护法》第55条规定的3倍系数规则,②这也在一定程度上反映了10倍惩罚系数可能存在过重且僵化的现实。因而,《食品安全法》在设置食品安全民事公益诉讼惩罚性赔偿系数时,在考虑到法律震慑效果的同时,可以适当增加惩罚性系数适用的灵活性。具体而言,可以规定有权提起食品安全民事公益诉讼的机关或者社会组织,可以向生产经营者要求支付不超过食品销售价款总额10倍的赔偿金,通过法律设定弹性惩罚系数,避免惩罚性赔偿诉讼请求与食品违法程度、损害后果之间形成强烈反差。

第三,建立惩罚性赔偿司法调整规则。目前食品安全民事公益诉讼并未赋予司法机关酌情调整惩罚性赔偿金的权力,但具体受理此类案件的人民法院综合考虑侵权人的主观因素、违法金额、侵害后果、社会影响等因素,往往对惩罚性赔偿金予以酌情调整或抵扣。这种做法虽然符合司法运行的现实需要,但在法律没有明确赋权的情况下

---

① 参见黄忠顺:《惩罚性赔偿消费公益诉讼研究》,载《中国法学》2020年第1期。

② 参见安徽省安庆市中级人民法院民事判决书,(2020)皖08民初440号。

对惩罚性赔偿金进行司法调整实际上既有损法律权威,也有损司法权威。考虑到食品安全民事公益诉讼案件中现实因素的复杂性,以及民商事法律中赋予人民法院在特定情况下"司法调整权"的先例,《食品安全法》在构建食品安全民事公益诉讼惩罚性赔偿制度时,可以通过赋予人民法院一定的自由裁量权来控制惩罚性赔偿金的数额。例如,规定人民法院可以综合食品生产经营者违法行为对公共利益的损害程度、违法所得、责任承担能力以及,是否被处刑事罚金或行政罚款等因素,酌情确定惩罚性赔偿金的具体数额,①避免惩罚性赔偿责任的绝对扩张而致使其形同虚设,最终损害司法权威。

(三)形塑惩罚性赔偿金管理的顶层架构

关于惩罚性赔偿金的归属,尽管实务界也有观点认为,其目的并不在于补偿消费者损失而是在于对违法行为的威慑与预防,并认为这类赔偿款应上缴国家财政,②但目前理论界普遍认为,在司法实践中将惩罚性赔偿金上缴国库的做法,可能与惩罚性赔偿金的民事责任性质不符,③且赔偿金进入国库以后是否能够直接服务于广大消费者,显然没有充分保障。④ 虽然部分司法机关正逐步探索更为合理的方式,如由法院、检察机关等设立专门账户来保管或管理惩罚性赔偿金,但惩罚性赔偿金能否用于后续食品消费者的维权支出、食品安全宣传支出、食品安全研究支出、补偿受损消费者支出等用途尚未明确,相应的分配规则也尚未建立。

鉴于惩罚性赔偿金的取得、分配、使用管理较复杂,且惩罚性赔偿金也存在通过有序投资实现保值、增值的可能,因而可在修改《食品安全法》构建食品安全民事公益诉讼惩罚性赔偿制度时单独增加一款,或者在《食品安全法》总则中增加1条,明确规定国家设立食品安全惩罚性赔偿专项基金,并就该专项基金的基本用途作出原则规定。在惩罚性赔偿专项基金的具体管理、使用、分配等方面,《食品安全法》可通过立法授权的方式,授权国务院制定该专项基金的管理细则,由国务院以行政法规的形式就基金的管理机构、职能、用途及使用条件、投资运营规则等问题作出具体规定,确保惩罚性赔偿金专款专用、促进基金使用效益最大化。

---

① 参见刘水林:《消费者公益诉讼中的惩罚性赔偿问题》,载《法学》2019年第8期。

② 参见刘京蒙:《消费领域民事公益诉讼损害赔偿请求研究》,载《中国检察官》2019年第19期。

③ 参见廖中洪、颜卉:《消费公益诉讼中的惩罚赔偿问题研究》,载《学术探索》2019年第1期。

④ 参见李友根:《论消费者协会公益诉讼的损害赔偿请求权——对最高人民法院司法解释主场的商榷》,载《政治与法律》2017年第9期。

四、结语

食品安全领域中具体的个体权益与不特定社会群体的利益交织，通过公益诉讼可以有效减少“公地悲剧”，推进社会公众的集体福祉与合法权益保障。[①] 为了更好地通过食品安全民事公益诉讼实现食品安全社会共治的效果，应当及时通过修订《食品安全法》，将食品安全民事公益诉讼纳入《食品安全法》，规定食品安全民事公益诉讼的提起主体与基本条件，明确食品安全民事公益诉讼惩罚性赔偿金的适用规则(包括惩罚性赔偿金的适用情形、计算基数、惩罚系数以及司法调整规则等)，并就食品安全民事公益诉讼惩罚性赔偿金的管理作出原则性或授权性规定，由国务院进一步细化惩罚性赔偿金的管理细则。

(责任编辑：潘璐璐)

① 参见吴丹盈：《让食品药品公益诉讼守护公民健康权》，载《人民法院报》2020年10月25日，第2版。

宪法视阈下国资委监管权之辨*

胡国梁**

摘　要：在国有资本授权经营体制改革中，无论是将国资委定位为“干净的出资人”还是“干净的监管人”都不足以回应国有资产管理体制复杂的实践。在界定国资委的法律性质时，已有研究并未注意以揭示国资委监管权产生的宪法逻辑作为起点，因而难以触及论辨的核心。国有企业入宪是观察国资委监管权宪法逻辑的第一个维度，确保国有企业在具体运行中实现公有制和修正市场机制是国资委监管权的宪法使命。公地悲剧和反公地悲剧在国有企业中的交织也需要国资委监管权出场，这是观察其宪法逻辑的第二个维度。国资委及其监管权的具体生成是依据具有宪法性质的执政党文件，这是观察其宪法逻辑的第三个维度。将国资委监管权定位为一种用以矫正市场失灵的国家调节权更加契合其产生的宪法逻辑，也更加贴近国有资产管理体制改革的内在理念。作为国家调节权的国资委监管权，包含私法意义上的监管权和公法意义上的监管权，未来应该考虑将国资委正式植入宪法之中。

关键词：国资委；国有资本；宪法逻辑；国家调节权

一、国资委的职能定位之争：干净的出资人抑或干净的监管人

（一）作为“干净的出资人”的国资委

国有企业从“计划工具”转变为独立的现代企业后面临的一个直接问题是“所有者缺位”。严格而言，国有企业与民营企业的根本区别不在于其缺乏所有者，而在于国有

* 本文系国家社科基金青年项目“数字经济时代资本无序扩张的竞争法规制研究”（编号：21CFX039）和江西省社会科学规划项目“国有企业出资人监管边界法律问题研究”（编号：18FX09）的研究成果，中国博士后科学基金面上资助项目（编号：2022M711422）。

** 法学博士，江西财经大学法学院讲师。

企业的所有者是非人格化的。[①] 非人格化的所有者意味着无法将国有企业经营的风险和收益量化到具体个人,这将不可避免地会带来国有企业治理中的集体行动困难。因此,解决国有企业所有者非人格化问题成为建立现代企业制度的关键步骤,而国资委的设立就为国有企业寻找到了一个人格化"所有者"。

将国资委作为国有企业人格化的"所有者"予以制度化的任务是由2008年通过的《企业国有资产法》完成的。《企业国有资产法》第11条规定,国务院国有资产监督管理机构和地方人民政府按照国务院的规定设立的国有资产监督管理机构,根据本级人民政府的授权,代表本级人民政府对国家出资企业履行出资人职责。就此而言,国资委的法律定位应是一个"法定特设出资人机构",是"特殊商业目的法人"。[②] 有学者据此认为,应当将国资委定位为"干净的出资人",代表政府履行出资人职责、享有出资人权益,甚至有观点主张,改革后的履行出资人职责的机构应称为"国有资产出资人委员会"。[③] 将国资委定位为"干净的出资人"除强调其出资人职责外,还旨在"干净"剥离附着在国资委身上面向国有企业的行政管理权。

根据《企业国有资产法》第12条的规定,国资委对国家出资企业依法享有资产收益、参与重大决策和选择管理者等出资人权利,并有权参与制定公司章程。立法上对国资委的这一职权规定是参照公司法中股东权设计的,因此,从立法思路上看,国资委在国有企业中的角色与其他股东无异,此乃"干净的出资人"之本质。这种制度装置在构造国有企业人格化"所有者"的同时,也在形式上割除了政府对国有企业的过度干预,国有企业由此被塑造成了与民营企业同质的市场主体,进而获得了同民营企业开展市场竞争的正当性,通过将国有企业推向市场来倒逼其优化公司治理并实现保值增值目标的蓝图徐徐展开。

然而实践给出的回应是,立法者一厢情愿赋权的履行出资人职责的机构,并没有按照立法者的设计转变为"干净的出资人"。[④] 一方面,国资委并非依《企业国有资产法》而设,在此之前围绕国资委所构建的一系列纷繁复杂的制度并未因《企业国有资产法》对国资委出资人职责的设定而废除,《企业国有资产法》第14条对国资委"依照法律、行政法规……履行出资人职责"的限定也暗含国资委仍应遵守旧制度的要求,旧制度与新身份之间难以耦合的现实让国资委进退两难。另一方面,国资委作为国务院直

---

① 参见佟健、宋小宁:《混合所有制改革与国有企业治理》,载《广东财经大学学报》2016年第1期。

② 李曙光:《论〈企业国有资产法〉中的"五人"定位》,载《政治与法律》2009年第4期。

③ 杨秀朝:《论国有资产出资人制度的完善》,载《湖南社会科学》2010年第5期。

④ 参见荣振华、张拓:《从身份到契约:企业国有资产出资人制度剖析与重构》,载《河南司法警官职业学院学报》2011年第4期。

属特设机构，在当前体制下仍属行政主体，行政性工作人员和行政化运作逻辑不可避免地会限制国资委作为出资人对市场的及时洞察，其履行出资人职责的能力难以与国有企业所处的激烈市场竞争相适应。从国资委的履职实践来看，其所承载的职能也的确超出了出资人的职能范围，国有企业经营中的很多具体事项仍须经国资委审批，国有企业并未真正享有如民营企业那样独立的经营自主权。随着国有资本授权经营体制改革的推进，国有资本投资运营公司逐渐取代国资委承担着国有企业的出资人职责，《企业国有资产法》为国资委所设定的“干净的出资人”角色已趋式微。

（二）作为“干净的监管人”的国资委

将国资委定位于“干净的出资人”所导向的国有企业运行问题引发了学界对国资委职能转变的反思。有学者认为，从企业国有资产之中的国家所有权性质和行使要求，以及企业国有资产运营和监管的内在机制来考察，《企业国有资产法》下国资委“干净的出资人”定位具有过渡性。① 这种解决国有企业所有者缺位问题的权宜之计在国有资本授权经营体制下已经过时，国有资本投资运营公司完全能够以更加市场化的方式扮演好“出资人”的角色。当然，国资委在履职中对国有企业在绩效提升方面的正面意义不容忽视，不能因其存在的角色错位与负面影响而轻言废除。更普遍的意见是将国有企业出资人职责转移至国有资本投资运营公司，由国资委专门履行国有资本监管职责，并逐步将其打造为“干净的监管人”。

作为“干净的监管人”的国资委应该监管哪些事项，现有规定却并不清晰，既有观点大致可以概括为宏观、中观、微观 3 种监管逻辑。宏观监管逻辑主张国资委应着力于推动国有经济改革、制定国有资产运营管理规则并监督国有资产的运营行为、参与编制国有资本经营预算、委派国有企业监事。② 中观监管逻辑主张国资委应成为履行所有者监管职能的专门监管机构，对企业国有资产进行动态化和常态化监管。③ 微观监管逻辑主张国资委的监督与管理职能要分离：监督权属于公权，应按照法定权限与程序行使；管理权或者运营权属于私权，应交给公司的董事会自主行使。④ 不同监管逻辑所呈现的监管事项不一的背后，隐含对“监管”的认知分歧。有学者认为，对于国有企业的监管可从 3 个维度来理解：一是所有者监管，是出资人对所属公司的监管；二是政府监管，是政府基于保障公平竞争对所有公司进行的监管；三是国有资本监督管理，

---

① 参见漆思剑：《否定之否定：国资委监管职能之未来回归》，载《江西社会科学》2019 年第 1 期。

② 参见晋入勤：《应重新定位国资委并更新其职权》，载《法学》2008 年第 6 期。

③ 参见漆思剑：《否定之否定：国资委监管职能之未来回归》，载《江西社会科学》2019 年第 1 期。

④ 参见张瀚文、岳卫峰：《社会分权过程中国有资产监督管理委员会的职能冲突与转换》，载《金融经济学研究》2013 年第 6 期。

是依托国家所有者身份对国有资本的战略规划布局、国资预算统计、人事委派等全局性问题进行统一的系统内管理。① 这3种不同属性的监管所要实现的功能各异,应当由不同的主体来分担。当前对国资委监管职能的讨论中并未对所有者监管与国有资本监督管理清楚划分,甚至还夹杂一些政府监管的元素,导致"干净的监管人"承担着并非"干净的监管"。

监管事项的模糊不清不仅让企业国有资产监管中的行政监督法治化指标设计流于空洞,②更让国资委与所监管国有企业之间的关系难以得到制度化处理。在国有资本授权经营体制改革浪潮中,国有资本投资运营公司的介入成为转移国资委出资人职责的契机被津津乐道,但在转移出资人职责后该如何理性对待国资委却未引起深刻反思。仅仅把国有资本授权经济体制改革尤其是国有资本投资运营公司的设立当作剥离国资委部分职责以实现所谓政企分离的手段,恐怕还是低估了这一改革应有的制度意义,只有更系统地从底层反思"出资人"和"监管人"的制度源头、具体所指及内在勾连,才能更理性地处理好政府、国资委、国有资本投资运营公司及国有企业的相互关系。

二、国资委监管权的宪法逻辑:对"为什么会有国资委"的提问

蒋大兴教授为驳斥"废除国资委"这种"理想主义者的'空想'",再度提出了"为什么会有国资委"这一论题,其核心观点在于,国资委的组设旨在追求国有企业及国资管理的"效率"。③ 这代表了国资委何以设立的普遍观点,但仅从"效率"视角解释国资委的存在性仍显薄弱,因为这只是回答了为什么国资委是一种更好的选择,还未真正回答"为什么会有国资委"。

(一)国有企业何以入宪:基于市场失灵维度的考察

如果市场是完全自足和自洽的,理论上国有企业就无存在必要。随着我国社会主义市场经济体制逐步建立,市场经济所裹挟的市场失灵现象再度出现,以修补市场失灵为使命的国有企业逐渐浮现。④ 从根本上看,我国国有企业在演进脉络上先后生长出了两个枝杈:一是作为实现公有制的主要载体;二是作为修正市场机制的重要工具。

---

① 参见刘纪鹏、刘彪、胡历芳:《中国国资改革:困惑、误区与创新模式》,载《管理世界》2020年第1期。

② 参见钱弘道、张洁:《企业国有资产监管中行政监督法治化指标研究》,载《浙江大学学报(人文社会科学版)》2019年第5期。

③ 参见蒋大兴:《废除国资委?——一种理想主义者的"空想"》,载《清华法学》2016年第6期。

④ 例如,有学者研究认为,国有企业在基础研究方面的作用,与政府弥补市场失灵的预期目标一致,对宏观经济增长的影响是独特和不可替代的。参见叶静怡等:《中国国有企业的独特作用:基于知识溢出的视角》,载《经济研究》2019年第6期。

前者构成商业类国有企业的存在依据,后者构成公益类国有企业的存在依据。企业"国有"的背后都有明显的政治意味,并被反映在了我国《宪法》之中。《宪法》第7条规定,"国有经济,即社会主义全民所有制经济,是国民经济中的主导力量。国家保障国有经济的巩固和发展"。第16条规定,"国有企业在法律规定的范围内有权自主经营。国有企业依照法律规定,通过职工代表大会和其他形式,实行民主管理"。该条中的"国有企业"是在1993年宪法修正案中由"国营企业"修改而来,对于这一宪法表达的转换,有学者认为其意义在于"对经营权与所有权分离改革成果的确认"和作为"确立企业法人财产权制度的一个重要步骤",并构成一项在"公有制基础上实行市场经济的法治技术"。①

(二)国资委及其监管权具体生成的规范支撑

国有企业承担实现公有制和修正市场失灵两大使命,如何确保这两大使命能够真正保证国有企业的实际运行,是需要认真对待的首要宪法问题。在国有企业的具体运行中,同样需要给出一个宪法方案。国资委及其监管权的产生则是对上述两个问题的回应。

2002年党的十六大报告指出,"国家要制定法律法规,建立中央政府和地方政府分别代表国家履行出资人职责,享有所有者权益,权利、义务和责任相统一,管资产和管人、管事相结合的国有资产管理体制"。2003年党的十六届二中全会通过了《关于深化行政管理体制和机构改革的意见》,国务院据此形成的《国务院机构改革方案》规定的重要内容之一为"深化国有资产管理体制改革,设立国务院国有资产监督管理委员会"。从当今我国"宪法+党章"的复合宪制来看,党的领导权在一定范围内应被视为一种宪法权力,②而执政党的文件也可被解释为宪法渊源,③在党的领导下所设立的国资委由此获得了一定的宪法地位,这是观察其宪法逻辑的第三个维度。

国资委的设立,一方面旨在确保国有企业贯彻党和国家的意志,另一方面也要在防止企业国有资产流失的同时提高其利用效率。因此,从产生依据来看,国资委具有宪法性文件的支撑;从权力指向来看,国资委旨在解决国有企业中存在的上述两个宪法问题。此即国资委及其监管权产生的宪法逻辑,也是本文对"为什么会有国资委"的回答。既有研究中无论是将国资委定位为"干净的出资人"还是"干净的监管人"都未正面回应这一问题,因而对国资委定位及相关制度设计的争论也就难以触及辩论的核心。

---

① 参见谢海定:《中国法治经济建设的逻辑》,载《法学研究》2017年第6期。

② 参见陈云良、蒋清华:《中国共产党领导权法理分析论纲》,载《法制与社会发展》2015年第3期。

③ 参见郑贤君:《试论执政党文件在宪法解释中的作用》,载《武汉科技大学学报(社会科学版)》2019年第4期。

三、国资委监管权的法律属性与内容构造

(一)国资委监管权的法律属性:国家调节权

或许正是基于国资委及其监管权在产生目的和产生依据上独特的宪法意义,在对国资委进行法律定位的时候也对其予以了特殊处理——将其定位为国务院直属特设机构。这一机构序列当中只有国资委这一个单位,足见其地位之特殊。国务院直属特设机构只是国资委的外壳,并未表达国资委权力之法律属性,更非基于权力属性对国资委法律定位的描述。剖开国资委的外壳探析其所行使权力的真正属性,不仅是准确理解国资委法律性质的知识论要求,更是科学构建国资委监管体制的实践论要求。既有分析更多地关注国资委监管权"枝"的走向,而缺乏对国资委监管权"根"的探索,从长远来看可能会给国资监管体制改革造成误导。

从前文关于国资委宪法逻辑的分析来看,市场失灵是国有企业产生的经济根源,国资委是确保国有企业的运行不偏离矫正市场失灵目标——实现公有制和修正市场机制——的重要依托。因此,国资委监管权从根本上说就是用以矫正市场失灵的,这种权力形态在经济法学界通常被称为国家调节权。国家调节权的产生最初是为了限制垄断,在中国则是市场经济迅速发展而内生的反行政统制的一种制度进化。[①] 国资委监管权的产生,一方面,是为了适应政企分开之后国有企业"公共利益目标"[②]的实现,防止国有企业脱轨运行;另一方面,也是为了重塑政府和国有企业的关系,让国有企业摆脱行政统制而取得市场主体地位。因此,不能沿袭计划经济时代政企关系的处理方式来看待国资委的监管权,而应当将国资委监管权当作一种新的权力形态——国家调节权——来对待。就国有资产监管而言,国家调节包括进入和退出两种基本方式,国资委监管权因而包括对国有资本进入和退出两个向度的监管。国资委监管权所涉及的不只是国有资产的保值增值问题,还关涉社会主义市场经济能否稳定、持续发展的问题。国资委监管权最终所保障的并非某个国有企业的顺畅运行,而是社会整体经济利益。漆多俊教授基于社会整体经济利益的考量将国家调节权分为市场规制权、国家投资经营权和宏观调控权。在以公有制为经济基础的社会主义国家,国家投资经营权的地位更显重要,而国资委监管权则是国家投资经营权的核心要素。

将国资委监管权定位为国家调节权,最现实的意义在于由此可以把国资委监管权

---

① 参见陈云良、张德峰:《国家调节权的产生及其根源》,载《政法论坛》2008年第3期。

② 从国家所有权到国家股权的变革没有改变国有企业设置的公共利益目标。徐晓松:《国家股权及其制度价值——兼论国有资产管理体制改革的走向》,载《政法论坛》2018年第1期。

和政府公共管理职权区分开来,更加科学地实现政企分开。在我国的国家机构序列中还有一些承担国家调节权并且法律定位也很特殊的类似机构,如中国人民银行、银保监会等。① 这些国家机构在实践中通常仅仅被当作普通的行政主体,其在社会主义市场经济中的特殊地位仅仅表现在外壳上面,内在的特殊权力形态并未得到足够挖掘,以致影响到现代经济体制的构建。② 国资委相比其他类似机构而言地位更加特殊,因为国务院直属特设机构独此一家,既有的关于国资委及其监管权的探讨却大都忽略了这一问题,正因如此,在对国资委监管权具体内容进行剖析的时候存在各种观点,并且难以从中理出一条主线。这种缺乏探本溯源式作业的"监管"理论不仅难以同国资委国务院直属特设机构的法律定位相匹配,也难以让以国资委为核心的国有资产监管体制在正确的理论铺陈下持续优化。

(二)国有资产管理体制改革及其对国家调节权的塑造

2015 年 8 月中共中央、国务院印发《关于深化国有企业改革的指导意见》,对国有企业和国有资产管理体制改革提出了明确指引。此后,围绕国有资产管理体制的改革逐步推进,中央层面比较有代表性的改革文件是 2015 年的国务院《关于改革和完善国有资产管理体制的若干意见》(以下简称《若干意见》)和 2019 年的国务院国资委《关于以管资本为主加快国有资产监管职能转变的实施意见》(以下简称《实施意见》),地方层面也有一系列针对国有资产管理体制的改革协同推进。

《若干意见》是当前国有资产管理体制改革领域最核心的纲领性文件,重点从推进国有资产监管机构职能转变、改革国有资本授权经营体制、提高国有资本配置和运营效率 3 个维度指明了国有资产管理体制的改革方向,而这 3 个维度本质上都与国资委监管权紧密相关。在推进国有资产监管机构职能转变方面,《若干意见》特别强调要"发挥国有资产监管机构专业化监管优势","以管资本为主,重点管好国有资本布局、规范资本运作、提高资本回报、维护资本安全","将国有资产监管机构配合承担的公共管理职能,归位于相关政府部门和单位",即通过剥离不属于国资委的公共管理职能逐步建立专业化监管模式,从而管好国有资本。本质而言,这一改革思路也意在塑造国资委的专业地位,而支撑国资委专业地位的就是一项专业性权力——国家调节权。在改革国有资本授权经营体制方面,《若干意见》特别强调"政府授权国有资产监管机构

① 相关讨论参见陈云良:《中国人民银行入宪路径分析》,载《政法论坛》2016 年第 4 期;陈云良、陈婷:《银监会法律性质研究》,载《法律科学(西北政法大学学报)》2012 年第 1 期。

② 有学者认为,现代经济体制的确立应在法律制度上合理划分政府与市场的边界,在政府主体、市场主体及其他相关主体之间有效"分权"。参见张守文:《现代经济体制的构建及其法治保障》,载《政法论丛》2019 年第 1 期。

依法对国有资本投资、运营公司履行出资人职责”。出资人是商法中的概念,展现的是平等的契约式法律关系。国资委对国有资本投资运营公司履行出资人职责,所表达的是国资委通过契约式法律关系的建构来履行职能,这种“公权契约化”①现象完全能够与国家调节权兼容。在提高国有资本配置和运营效率方面,《若干意见》要求“国有资产监管机构根据政府宏观政策和有关管理要求,建立健全国有资本进退机制,制定国有资本投资负面清单,推动国有资本更多投向关系国家安全、国民经济命脉和国计民生的重要行业和关键领域”。国有资本进退机制、投资负面清单等都是为了实现宏观经济政策,以及国家调节权所要实现的社会整体经济利益。国有资本向关系国家安全、国民经济命脉和国计民生的重要行业和关键领域集中则是对实现公有制和修正市场机制的时代表达。

《实施意见》则重在构建以管资本为主的国有资产监管体制:在监管理念上,从对企业的直接管理转向更加强调基于出资关系的监管;在监管重点上,从关注企业个体发展转向更加注重国有资本整体功能;在监管方式,从习惯于行政化管理转向更多运用市场化法治化手段;在监管导向上,从关注规模速度转向更加注重提升质量效益。可见,以管资本为主的国有资产监管体制主要解决两个问题:一是让国有资产监管聚焦国有资本整体功能,国有资本整体功能从根本上说是实现公有制和修正市场机制;二是让国有资产监管紧贴市场机制,强调运用市场化法治化的方式以出资关系为基础展开监管。国有资产监管体制从“管资产”到“管资本”的转变,在客观上也促成了国资委监管权从传统行政管理权到现代国家调节权的进化。

在实践层面,国资委的监管权也在根据国家调节需要不断精简。《国务院国资委授权放权清单(2019年版)》分别针对各中央企业、综合改革试点企业和国有资本投资、运营公司试点企业,以及特定企业相应明确了授权放权事项,不宜由国资委监管的事项正逐步回归至国有企业。国资委授权放权改革在地方层面也取得了明显成效。2017年广投集团被列为广西首家国有资本投资公司改革试点企业,广西国资委在对各企业放权授权的基础上增加广投集团6项授权事项。2020年《财富》世界500强榜单上,广投集团成功入围,实现了广西地方本土企业进入世界500强零的突破。② 准确定位并科学划定国资委监管权乃国有资产管理体制改革之急所,以国家调节权理论重塑国资委监管权是解决这一问题的可行之道,对于将国资委监管权从行政管理权的阴影

---

① 殷继国:《论公权契约化——兼论国家干预契约化》,载《行政法学研究》2013年第1期。

② 参见《广西国资委深化改革加强管理 推动广西实现世界500强企业“0突破”》,载国务院国有资产监督管理委员会官网2020年8月19日,http://www.sasac.gov.cn/n2588025/n2588129/c15380625/content.html。

中摆脱出来并尽可能实现政企分开具有重要的指导意义。

(三)国有资本授权经营体制下国资委监管权的内容构造

2019年《改革国有资本授权经营体制方案》从宏观上勾勒了国有资本授权经营体制改革的基本框架,其核心在于解决国资委等出资人代表机构与国有资本投资运营公司之间的关系。从该方案对国资委的制度安排来看,国资委既是出资人代表机构,又要依法履行一定的监管职责,与学界对于国资委"干净的出资人"或"干净的监管人"的定位设想均有差异。然而,这恰恰体现了国资委监管权作为国家调节权的独特性所在。

从国家调节权的视角分析,国有资本授权经营体制下国资委监管权包括两层含义:一是私法意义上的监管;二是公法意义上的监管。私法意义上的国有资产监管(界定为国有资本监管更合适)是蕴含在出资人职责中的,其监管规则在法律层面上主要是企业组织法的规定。[①] 国资委是以出资人的身份、为实现公有制和修正市场机制的目的、依据企业组织法和公司章程对国有资本进行监管。尽管在国有资本授权经营体制下国有企业的出资人职责可以委托给国有资本投资运营公司行使,但从根本上来讲,国资委才是履行出资人职责的机构,原因在于:第一,在多数情况下国有资本投资运营公司对国有企业的出资人职责乃受托自国资委;第二,在多数情况下履行国有资本投资运营公司出资人职责的机构是国资委。私法意义上的监管,本质上属于公司治理的组成部分,需要与公司治理的完善同步推进。

对于公法意义上的监管,学界则存有一定误读。有学者认为,公法意义上的监管,属于公共管理,应由公权力机构或法律法规授权的机构行使。[②] 这种解读泛化了国资委在公法意义上的监管权。公法意义上的监管仍应被锁定在国家调节范畴内,即以实现公有制和修正市场机制为核心目的,而非一般意义上的市场监管或行政管理。这种意义上的监管只针对国有企业,并不会在实质上造成国有企业和非国有企业在市场竞争中的不平等。由于在事先就已受到实现公有制和修正市场机制目的的约束,国有企业中不同股东之间也并不会因此产生明显的不平等。将国有企业塑造为独立的市场主体,并不意味着要让其摆脱公法意义上的监管,私法意义上的监管虽然是将公共利益输入公司运行机制中的重要管道,但这并不足以防止国有企业在市场经济中被异化,毕竟,将市场机制引入政府职能的实施过程也容易导致社会公共利益、社会正义等

---

① 参见王新红:《论企业国有资产管理体制的完善——兼论国资委的定位调整》,载《政治与法律》2015年第10期。

② 参见王新红:《论企业国有资产管理体制的完善——兼论国资委的定位调整》,载《政治与法律》2015年第10期。

抽象、模糊的价值诉求工具化、作为公共利益主体的社会公众被边缘化。① 因此,从实现国家经济调节目标的角度来看,国资委监管权必然包含私法意义上的监管和公法意义上的监管这两个相辅相成的侧面。以《北京市国资委出资人监管权力和责任清单(2019年版)》为例,该份清单从规划与投资监管、资本运营与收益管理、改革改组、董事会建设、产权管理、业绩考核与薪酬管理、法治建设监管、财务监管、监督检查九个方面列举了国资委出资人的监管权,其中,既有私法意义上的监管如董事会建设,又有公法意义上的监管如规划与投资监管。当然,严格而言还有一些不属于国家调节意义上的监管权如法治建设监管,这是需要在国有资产管理体制改革中逐步予以剥离的监管内容。

综上而论,从宪法层面看,国资委监管权的本质是一种旨在实现公有制和修正市场机制的国家调节权,在内容上包括私法意义上的监管和公法意义上的监管两个方面。有学者在分析企业国有资产监管问题时指出,公法规范与私法规范无法实现有效的对接和协调是问题产生的一个主要症结,②而明确国资委监管权私法和公法两个层面的意义无疑有利于实现私法规范和公法规范的有效对接和协调。国资委的监管是一种专业化的监管,需要同时面对公地悲剧和反公地悲剧的难题,与一般意义上的公共管理确有二致。由于国资委和国有资本投资运营公司之间出资关系和控制关系的存在,国有资本授权经营体制改革中将国有企业出资人职责交由国有资本投资运营公司承担并不能从实质上解决出资人专业性不足的问题。将国资委监管权塑造为一种独立的国家调节权,则可以此为基础对监管权进行持续的专业化构造,使国资委在实践中不断积聚专业能力,这才是在既有体制下解决出资人专业性问题的根本之道。国有资本授权经营体制改革更为深远的制度意义正在于为重新定位国资委及其监管权提供了一个难得的契机。总而言之,无论是"干净的出资人"还是"干净的监管人",都不足以描述国资委监管权的全貌,更难以有效应对国有资本的监管需求,从国家调节权视角对国资委监管权的诠释事实上更能契合当前国资委作为国务院直属特设机构的法律定位,国家股权的制度设计也将因国资委监管权对国家调节权的归依而获得更坚实的理论支撑。从国资委监管权的重要宪法意义来看,将其作为国务院直属特设机构恐怕也仅是权宜之计,正如有些学者设想将中国人民银行规定在宪法之中那样,未来也应该考虑将国资委作为一个重要的国家机构写入宪法之中。

---

① 参见陈治:《经济法上的非强制性干预研究》,载《现代法学》2010年第4期。

② 参见郭金良:《契约视角下企业国有资产法律监管研究》,载《法学论坛》2018年第2期。

四、余论:政府直接授权模式下的国资委监管权

国有资本授权经营体制有两种模式:一是由国资委授权国有资本投资运营公司履行出资人职责;二是由政府直接授权国有资本投资运营公司履行出资人职责。第一种模式是当前最主要的国有资本授权经营模式,因而以上对国资委监管权的讨论主要是在第一种模式下展开的。根据《若干意见》的精神,中央层面将开展由国务院直接授权国有资本投资、运营公司试点等工作;地方政府也可根据实际情况,选择开展直接授权国有资本投资、运营公司试点工作。如果是政府直接授权国有资本投资、运营公司对国有企业履行出资人职责,那国有企业的出资人职责便与国资委无涉,国资委自然无法依托出资人身份享有私法意义上的监管权,而只享有公法意义上的监管权。在此模式下,国资委才可以被看作"干净的监管人"。然而,将私法意义上的监管权从国资委剥离,虽然有助于实现政企分开,但却有可能降低国有资本的运行效率。因此,从长远的改革方略来看,减少政府直接授权模式而尽可能采取国资委授权模式是一种更贴近我国国有企业发展实际的选择。

就当下的改革实际而言,两种模式并举作为一种过渡性策略亦有其合理性。将国资委监管权塑造为融私法意义上的监管与公法意义上的监管于一体的专业化程度极高的国家调节权并非一日之功,相关配套改革如未整体性跟进,极有可能导致国资委监管目的落空。2020 年 8 月 18 日,媒体报道的蛋壳公寓 CEO 被调查事件牵涉到了昆山国资委,①这在一定程度上也反映了国资委在监管国有资本方面依然存在制度性疏漏。政府直接授权模式将私法意义上的监管权从国资委剥离,有助于弱化在制度尚不完善的情况下两种性质的监管权集于一身所带来的国有资产管理风险。另外,两种模式同时推进也可以形成制度竞争或监管竞争,竞争性监管能够防止监管懈怠、监管腐败,并有利于突破执法资源约束的限制,促进法律、法规得到有效实施。② 因此,政府直接授权模式在当前国有资本授权经营体制改革中具有权宜性的积极意义,但随着国资委监管机制在技术层面的持续优化,国资委的集中统一监管模式应该是未来的改革方向。

(责任编辑:郑俊典)

---

① 参见冯叶:《蛋壳公寓 CEO 被调查,事涉六亿国资》,载和讯网,http://house.hexun.com/2020-08-18/201894432.html。

② 参见徐彪:《监管竞争能促进合作吗?——来自经典公共品实验的证据》,载《公共行政评论》2019 年第 4 期。

【财税金融法】

抵扣权构成要件的学说检讨与体系构建*

褚睿刚**

摘　要：构成要件植入抵扣权研究的本有目的在于准确描绘抵扣权运行的应然图景和实然边界，以更好实现纳税人抵扣权保护。而“抵扣权构成要件二元说”遵循注释法学思维，是对欧盟增值税抵扣权条款的刻板解读，缺少对抵扣权限制规则的反思，会减损权利保护功效。相比之下，“抵扣权构成要件一元说”更具理论深度和实践适用性：一方面，不仅专注于解决抵扣权的成立问题，在满足“增值税法律构成要件＋法定被给付人要素＋被给付人营业要素”时抵扣之债即告成立，这使为纳税人赋权更明确、体系化；另一方面，借鉴权利限制理论，探究抵扣权限制的合理边界，有助于抵扣权限制规则优化。

关键词：抵扣权；构成要件；权利限制

抵扣是增值税税制设计的主体架构，抵扣权构成增值税法的核心范畴，纳税人通过行使抵扣权，能够在销项税中抵消扣减进项税，借此将本环节税负转嫁到后手环节，完成从名义纳税人到实际预扣缴人的身份转换，维护增值税税制中性。“在增值税法中，按照以税抵税的模式，抵扣是最自然的行为”，①但在实践中，立法者基于征管便利、政策优惠、反逃避税等不同考量因素，设立了诸多抵扣前置条件，纳税人只有在满足特定条件时方能进行抵扣，由此产生一系列问题，如抵扣权何时成立、权利成立的条件为何、纳税人如何行使权利等。上述问题既关联税制设计的科学性，同时影响税务机关的征管效率，更关乎纳税人财产利益保障，而将构成要件理论应用于抵扣权之中，意在

---

* 本文系首都经济贸易大学北京市属高校基本科研业务费专项资金基金项目“新中国成立70年增值税法制度演变和趋势”（编号：XRZ2021020）的研究成果。

** 法学博士，首都经济贸易大学法学院讲师。

① 汗青父：《从增值税到税收法典》，中国税务出版社2009年版，第5页。

回应上述问题。在法律注释思维的影响之下,学界目前倾向于“抵扣权构成要件二元说”,即认为抵扣权的构成包括成立要件和行使要件。其逻辑思路为,纳税人若要行使抵扣权,在满足主体、客体、内容等成立条件后,还须满足发票和纳税申报等行使条件。此种基于既有增值税法条文的正向解读视角看似圆满,却极易忽视对行使要件的正当性反思,既不能为税收立法完善提供指引方向,又不利于公众认知、运用抵扣权和培养纳税人权利意识。基于此,笔者尝试对抵扣权构成要件理论进行检讨,提出“抵扣权构成要件一元说”,将抵扣权的“行使要件”反向解读为“限制方式”,明晰抵扣权的成立时点与条件,反思并提出发票等限制方式的应有界限,以提升构成要件理论“连接规范与现实”的理论构造和现实价值,①发挥其独特的工具秉性和方法论性能,提升抵扣权保障功效,助力增值税立法推进。

一、构成要件理论:内涵、法律模型与抵扣权应用

构成要件的特殊结构使其在法学应用中逐渐形成“行为—构成要件—法律结果”的逻辑模型,税法运用此模型的同时也带来了公法之债理论的勃兴。抵扣权的核心权能是进项税款返还请求权,此种抵扣债权与税收之债构成一对“逆向”公法之债。与税收构成要件理论相类似,抵扣权构成要件不仅能够厘清抵扣权的成立时点与条件,更延伸出法益保障、税收法定和政策区隔功能。

(一)构成要件语义内涵与法律模型

从语言构成来说,构成要件一词由“构成”和“要件”组成动宾短语结构。“构成”为形成、组成之意,“要件”含义为必要的组件、条件,连接成短语,可被解释为“形成 × ×的必要条件”。构成要件理论作为立体构成方法,②是将本用于展示外在实物三度空间的立体构成观移植、应用到内在思想后形成的立体化思维方法,其优势在于将本来虚无缥缈、不易理解的思想意识拆分、具化成为展示不同思想维度的各个组件。“任何形态的存在都有其内在的联系和规律,只有深入其核心才能把握其本质。立体构成不是对自然的模仿,而是从纷繁复杂的立体形态世界里寻找内在的联系和规律。”③借助构成要件,某一学术理论不再是简单、平面的思维点、思维轴线或思维面,而是能够向人们真实、形象地展露其内部思维构造的思维立体,各组件之间的层次划分和逻辑关系清晰可见,不仅更易为他人理解,理论本身也更具单维延伸性和多维纵深性。

---

① 参见叶金育:《税收构成要件理论的反思与再造》,载《法学研究》2018 年第 6 期。

② 参见刘明来编著:《立体构成》,安徽美术出版社 2008 年版,第 1 页。

③ 刘明来编著:《立体构成》,安徽美术出版社 2008 年版,第 3 页。

如此说来,构成要件理论赋予思想意识以立体感,同时,构成要件自身的语义内涵决定了其具有开放的适用性,可以基于所欲实现的功能附加不同的修饰词,形成"某某构成要件"的理论模型。[①] 众多学科中,法学是较早且广泛、系统运用构成要件理论的学科。通常认为,"构成要件"源于德文"Tatbestand",而它又源于拉丁语中"corpusdelicti",前者也通常被译为"犯罪类型",后者可理解为"犯罪的根本事实",也称"罪体"。[②] 法学认为"构成要件源自刑法规定,是对实证法的理论提炼,并不是自在之物"。[③] 其中,犯罪构成要件是刑法构成要件理论的基础和集大成者,形成"行为—构成要件—法律结果"的逻辑模式,当某一行为与某一犯罪罪名的构成要件相一致时,该行为即属于该犯罪行为,对应承担相应的法律结果。此种模型运用了演绎分析方法,在法学领域具有普适性,即当某一行为满足法律所规定的某一方面的全部构成要件时,该行为就应当受到法律调整。详言之,将此理论模型应用到其他部门法可分两步走:第一步是模型建构,即概括、提炼出思想理论内部的各个组件以及相互之间的层次和逻辑关系,搭建出特有的法律模型框架;第二步是模型适用,即将某一行为与该法律模型比对,如果能够同时满足该模型的全部构成组件,此行为即符合该构成要件理论,应承担相应的法律后果,反之则不符合。民法的法律行为构成要件与行政法的行政行为构成要件即为其延伸产物。

构成要件理论源于刑法,并在刑法的沃土中成长为参天大树,构成要件之种随着跨学科之风也播种到了其他部门法域的土壤中,即便其他部门法领域的构成要件理论并不见得如同刑法构成要件理论那般成熟深邃,但它也很好地适应和满足了不同学科的学科特质,实实在在地助力各个学科发展。刑法、民法、行政法等部门法之间虽然划定了泾渭分明的法律关系界线,但这种分界并非完全阻断、毫无勾连,而是在导致法律关系发生、变更、消灭等法律事实上具有共通性。[④] 税法亦受相邻部门法影响,产生并发展出具有税法特色的构成要件理论。

(二)抵扣权应用:税收构成要件的承继与延伸

公法之债理论堪为现代税法建制之基础,所搭载的税收构成要件理论成为"税收立法、教义研究与税法实施的连通器,最终为税法的理论构建与实务展开提供了关键

---

① 参见蔡桂生:《构成要件论》,中国人民大学出版社2015年版,第7页。

② 参见王充:《构成要件的历史考察——从诉讼概念到实体概念的嬗变》,载《当代法学》2004年第5期。

③ [德]恩施特·贝林:《构成要件理论》,王安异译,中国人民公安大学出版社2006年版,第29页。

④ 参见罗亚苍:《税收构成要件论》,湖南大学2016年博士学位论文,第3页。

基准、分析方法和重要手段”。[①] 1919年《帝国租税通则》在第81条首次将构成要件理论应用于税法,明确“税收债务在法律规定的课税要件充分时成立”,开启了税收构成要件理论的勃兴。该理论使税收法律关系逐渐摆脱“权力关系说”走向“债务关系说”,不仅具有使税法摆脱传统行政法的桎梏成为一门独立学科的形式作用,更将国家(税务机关)与纳税人双方置于平等的法律地位,[②]确认税收之债在满足法定构成要件时,税收之债自然发生,无须经过公权力核定税收的行政行为。[③] “课税要件是纳税义务成立的要件,即通过满足课税要件产生纳税义务成立这一法律效果的法律要件。因此,课税要件是用来代替私法上债务关系成立所必要的意思要素。”[④]税收乃公法之债,在法定构成要件满足之时,国家与纳税人之间的债权债务关系即告成立。[⑤] 抵扣权内生于增值税法律关系之中,基于特殊的税制设计,抵扣之债同样是一种公法之债,只是与税收之债具有互逆性,国家与纳税人分别扮演债务人与债权人角色。此时,基于公法之债所搭载的构成要件理论可同时适用于抵扣权。

详言之,增值税法中,国家与企业[⑥]分别扮演税收债权人与税收债务人角色,但是由于抵扣机制的存在,企业实际上是名义债务人,可通过进项税抵扣的方式将债务转嫁到后手,最后流向消费者(实际债务人)。进项税实际上是企业在本环节预先代替消费者向国家缴纳的那部分税收债务,企业可要求国家返还该税款,此乃进项税抵扣的机理所在。概言之,抵扣权是增值税纳税人享有的向国家请求返还进项税款的权利。债的内涵在于“为一定给付”,债权的本质应属请求权,与所有权之支配权相区别,[⑦]抵扣权的核心权能是进项税返还请求权,它亦是一种债,只不过是公法上的。既然抵扣之债与税收之债在“债因”上表现出了同一性,那么税收构成要件理论就可延伸出抵扣之债(权)构成要件理论。抵扣之债构成要件理论是指,在满足法定构成要件时,抵扣之债自然发生,无须行政行为介入。此理论具有税收法定、法益保障和政策区隔3项功能。

---

① 叶金育:《税收构成要件理论的反思与再造》,载《法学研究》2018年第6期。

② 参见刘剑文主编:《税法学》(第5版),北京大学出版社2017年版,第85页。

③ 北野弘久『税法学の基本問題』(成文堂,1972年)37-38頁。

④ 金子宏『租税法(第22版)』(弘文堂,2017年)148頁。

⑤ 参见施正文:《税收债法论》,中国政法大学出版社2008年版,第7页。

⑥ 本处用“企业”一词概括增值税纳税人,但各国实践中亦存在个人、政府成为纳税人的可能,由于绝大多数纳税人依然是以企业形式存在,因此采用“企业”的非周延式表述。也有部分学者以“营业人”进行表述。

⑦ 参见王泽鉴:《债法原理》,中国政法大学出版社2003年版,第10~11页。

税收法定是税法的帝王原则,大致包括税收要件法定原则和税务合法原则,前者要求有关纳税主体、课税对象、课税标准等税收构成要件,应由法律明确、详尽地规定,后者则要求税务机关严格依照法定要件课征税负,不允许少征与多征。抵扣之债与税收之债为一对"逆向"公法之债,其构成要件同样应当由税法明确、详尽规定。此种论断具有两种含义:其一,法益保障功能。该理论明确告知纳税人在何种情况下享受何种程度的抵扣权,在满足法定构成要件时,即在增值税实体法中引起进项税等额税负的减少;同时,这种公示力同样作用于税务机关,税务机关在实体法中不得违法减损纳税人抵扣权,在程序法中亦应协助纳税人行使抵扣权,非因法定情由不得限制。其二,税收法定功能。抵扣权构成要件不仅影响抵扣之债的成立,同时影响税收之债的计量,抵扣权成立与否、多大程度地享有抵扣权都切实影响应纳税额的确定,因此应属于税收法定原则的约束范畴。此外,抵扣权构成要件还具有政策区隔功能,即"帮助税法学厘清与税收政策学的关系,为税法研究提供理想的分析工具,使债权债务成为税收实体法的核心范畴"。① 借助构成要件,抵扣作为一种债务摆脱单纯的政策或制度,抵扣之债演化出繁多值得深究的法学问题,如抵扣之债何以发生、变更与消灭,是否仅存在主债务还是会产生利息附随债务,抵扣之债是连带债务吗?策动税法的结构方式逐渐从税制性研究范式转换成传统的法学思维方式。②

二、抵扣权构成要件的学说检视与纠偏

近年来,税法研究呈现"法味"不足的研究趋向,③对待权利等严肃的法律概念不甚严谨,人们常常将抵扣与抵扣权混同,既有研究亦不甚区分抵扣权构成要件与抵扣要件,且集中和深入研究不多。有趣的是,有限的文献不约而同地采用相似思维逻辑,形成了抵扣要件二元分立的"学界通说"。此种"集约型"怪象与法学界学术观点百花齐放的常态相悖,折射并照应了税制性思维的谬误和法律注释方法的误用。

(一)作为"税法注释"的二元说叙明

"抵扣要件二元说"不甚区分抵扣制度与抵扣权的表述差异,以实体法和程序法为拆分界线,将其分为抵扣(权)的成立和行使条件。此种界分源自欧盟增值税法的立法先例,看似是基于法律规范基础的教义学产物,实则是对立法例文本的简单解读与移植后的"税法注释"。欧盟增值税法被视为是最先确认"抵扣权"法定地位的税法,作为

---

① 刘剑文、熊伟:《财政税收法》(第6版),法律出版社2014年版,第179页。

② 参见刘剑文、熊伟:《财政税收法》(第6版),法律出版社2014年版,第179页。

③ 参见刘剑文主编:《税法学》(第5版),北京大学出版社2017年版,"前言"第1页。

欧盟增值税基本法的《欧盟2006年指令》清晰、系统地规定了抵扣权的行使要件。其中,第5章第1节"抵扣权的发生和范围"第167条规定:"进项税额抵扣权于可抵扣的税收债务发生的同时即行发生。"第4节"抵扣权的行使规则"第178条明确,纳税人行使抵扣权必须满足特定的程序条件,如合格的发票、各成员国国内法规定的手续等。上述条款被视为"抵扣要件二元说"的起源,以抵扣权的成立时点为分界点,分别在实体法中解决抵扣权的成立问题和在程序法中明确抵扣权的行使条件。应当注意,《欧盟2006年指令》虽然使用了"抵扣权"(right of deduction)概念,但在不同的条款表述中存在抵扣制度与抵扣权混用的现象。这是因为欧盟法受英美法系影响深远,判例法占据重要地位,更为关注对象事实本身而非以权利类型为中心,主张针对具体的对象事实适用不同的裁判规则,形成判例法的法律载体。①

我国学者翁武耀明确提出,"抵扣权在可以抵扣的(进项)税变成可以征收的那一刻产生",②但"纳税人这一就可抵扣进项税所享有的对税务机关的求偿权利在此时仍然是抽象的,而要最终实现这一求偿权利,需要通过抵扣权的行使规则将其具体化"。③需要指出的是,翁武耀主要基于比较研究法,在《欧盟2006年指令》及西班牙、意大利等成员国增值税法的法律文本基础上对抵扣权构成要件进行解读、概括和提炼,但受制于欧盟法对权利概念的不重视,未能深入抵扣权的权利本身,对成立要件与行使要件各自的功能、两者之间的关系等深层的法理问题进行更进一步回应。无独有偶,我国台湾地区的黄源浩同样坚持"抵扣要件二元说",虽然也是基于欧盟增值税范本进行的提炼,但他所建构的抵扣权构成要件更具法律思维。④ 他认为,抵扣权成立要件可以进一步拆分为主观要件和客观要件,抵扣权的行使要件包括发票的开立和申报义务的履行。同时,他更为深入地反思了发票作为抵扣权行使的必要条件的合理性。发票背后蕴含了增值税法的形式主义与实质课税原则之争,过度依赖发票进行严格的形式课税,将会侵害纳税人抵扣权,背离量能课税原则与税收中性原则。

任宛立是"抵扣要件二元说"的继承者和发扬者,对抵扣权保障之探讨深受两位前辈学者的影响。⑤ 任宛立虽然在形式上将抵扣权行使要件分为主体条件(已承担进项税的增值税纳税人)、实质要件(进项符合经营目的)、形式条件(以增值税发票为抵扣凭证)三个要件,但前两个要件实质上还是在实体法上解决成立问题,第三个要件解决

---

① 参见冉昊:《两大法系法律实施系统比较——财产法律的视角》,载《中国社会科学》2006年第1期。

② 翁武耀:《论增值税抵扣权的产生》,载《税务研究》2014年第12期。

③ 翁武耀:《论增值税抵扣权的行使——基于中欧增值税法的比较研究》,载《国际商务》2015年第5期。

④ 参见黄源浩:《论进项税额抵扣权之成立及行使》,载《月旦法学杂志》2007年第140期。

⑤ 参见任宛立:《增值税纳税人抵扣权之保障》,载《暨南大学学报(哲学社会科学版)》2019年第5期。

程序法上的行使问题,与“抵扣要件二元说”并无二致。她相较前人进步的地方在于,更为深入聚焦抵扣权的权利本身,尝试进行抵扣权的证成和探讨抵扣权的性质。时至今日,“抵扣要件二元说”的学界影响已扩散开来,并被加以运用。例如,汤洁茵认为,增值税法规范中过于偏重抵扣要件中的形式要件,这种高度形式化趋势可确保税负可层层转移而不至于造成税务机关征管成本的过载。①

(二)抵扣要件二元说的检讨

“抵扣要件二元说”看似合法合理、层次简洁分明,但这种基于法律注释的概括提炼,并未对作为概括提炼基础的法律文本提出质疑。法律注释法以“法律的字句作为一切诠释性推理的主要出发点”,②过度确信法律文本的权威性,缺少对文本的反思。如果我们超越欧盟增值税法的英美法系思维,而回归到大陆法系思维,将权利视为极其严肃的法律核心概念,对成立要件和行使要件就会产生截然不同的界定。

“抵扣要件二元说”的运行逻辑是:抵扣权成立要件首先适用,为纳税人赋权;行使要件随后出现,确定权利行使的条件。权利可被解读为权利主体意志的自由行使,③如此一来,抵扣权成立后纳税人即在税法中拥有了抵扣的自由,抵扣与否理应由纳税人自由选择,额外添加行使要件即将抵扣“自由”变成了“不自由”。基于增值税税理,企业本不是税负最终承担者,只是为了税务机关征管便利等公共因素被法律“强制”为纳税人,不得已承担了纳税主义务和纳税申报等附随义务。企业因履行纳税义务暂时放弃预先缴纳的、应予抵扣税款所对应的财产权,本身构成对其的财产权限制。国家为了弥补作为“征收辅助人”的企业④因为征管便利所承担的“协助义务”,理应允许纳税人行使抵扣权而不加任何限制,从而不致产生额外的纳税遵从成本,此乃增值税中性原则的要求。

如此说来,行使要件意在划定抵扣权的运行界限,从此角度观之,这种界限实际上构成了对纳税人抵扣权的限制措施。“在法治社会里,对于一项合法权利的限制应当被视为一件极其严肃的事情,其中发生任何问题都可能带来严重后果,因而应高度谨慎。”⑤将发票的开立和纳税申报正向注释为抵扣权的行使要件和反向解读为抵扣权的限制,乃两种迥异的思维方式,会产生截然对立的分析效果:前者是采用税法注释方式,告知纳税人应当谨守相应法律规定,在满足一定条件下才能请求税务机关返还进

① 参见汤洁茵:《形式与实质之争:税法视域的检讨》,载《中国法学》2018 年第 2 期。

② 舒国滢:《评注法学派的兴盛与危机:一种基于知识论和方法论的考察》,载《中外法学》2013 年第 5 期。

③ 参见丁南:《权利意志论之于民法学的意义》,载《当代法学》2013 年第 4 期。

④ 参见班天可:《增值税中性原则与民事制度》,载《法学研究》2020 年第 4 期。

⑤ 周占生:《权利的限制与抗辩》,科学技术文献出版社 2015 年版,第 20 页。

项税,抵扣"自由"掌控在税务机关一侧而非纳税人;后者采用权利限制的解读法,既在警醒纳税人自己的(应有)权利受到了限制,若放任公权力扩张,权利限制可能质变为权利侵害,亦在告诫公权机关,在实施权利限制时须向纳税人详尽阐明,在何种条件下才能进行限制、如何限制,重视限制措施的正当性。若非依法定原则限制抵扣权,纳税人可积极寻求法律救济;若权利限制所依据之税法规范欠缺正当性,则税法规范本身应待修法完善。

申言之,"抵扣权的行使要件"是对税法条文的正向注释,通知"纳税人只有在满足特定条件时方被允许抵扣"之意涵,"抵扣权限制"暗含税法的反向省思,告诫"税务机关只有在满足特定条件时方能限制抵扣权"。唯后者,抵扣权才真正掌握在纳税人手中,切实发挥权力限制功效,在抵扣权限制规则正当性反思之中,方能在技术性极强的增值税法中增加法律要素,催动管理思维走向服务思维,贯彻纳税人权利保护理念。①

(三)"税法注释"纠偏:抵扣权构成要件的构建

抵扣要件的学理见解应摆脱对既定税法条文的注释方法,将权利限制从"抵扣要件二元说"中剥离,分别独立形成各自的理论体系。此种处理方式在增值税法律品格式微和国家课税权扩张的实境下十分必要。

抵扣要件在抵扣权限制被剥离出后,组成结构中仅余下成立要件,形成"抵扣要件一元说",下文也称为"抵扣权构成要件"。抵扣权既是为纳税人所赋之权利,理应尽可能明确、详尽地告知纳税人在满足何种条件下享有抵扣权,构成要件理论恰得其用。抵扣权构成要件理论的运行思路是:首先概括、提炼抵扣权成立的各个组件以及内部的逻辑层次,而后将纳税人的经济行为与之比照,当同时满足上述全部组件时抵扣权即告成立。虽然"抵扣要件二元说"已较粗糙地运用了构成要件理论,但其仅仅拆分到成立和行使两个要件层面,并未继续深挖要件层面下更为微小的子要素,且过于关注权利的行使要件,却忽视了具有赋权功能的成立要件。抵扣权构成要件聚焦权利的成立问题,遵循"权利成立(顶层)→构成要件(中层)→构成要素(底层)"的层级结构,系统展示各层之间及各层内部的逻辑组成。其内部的具体构建,下文详述之。

"抵扣要件一元说"的提出,不仅使赋权更明确、体系化,也正式将权利限制理论引入抵扣权的运行中。权利限制理论不仅用于防止权利超越本身界限而被滥用,还包括"权利限制的限制",以防止公权力滥用。如果对权利限制本身不附加任何的限制,势必导致公民权利成为公权力任意掌控的玩物,公民权利会被过度限制、排除甚至掏

---

①　参见翁武耀:《论增值税抵扣权的产生》,载《税务研究》2014年第12期。

空。[①] 如此,抵扣权限制与抵扣权限制的限制在某种程度上是同一个问题的一体两面。立法者在增值税法中设置各种限制,意味着对抵扣权滥用风险的担忧,担忧抵扣权滥用侵害国家课税权;反之,纳税人同样也有充分理由担忧抵扣权限制存在滥用风险,侵害纳税人税权。因此,抵扣权限制理论的创立极为必要,须通过系统研究构筑抵扣权限制的规则或原则体系,[②]以维持税收征纳天平的平衡。此外,虽然"抵扣要件二元说"将抵扣权行使要件与税收程序法相对应,[③]但增值税法对抵扣权的限制并不局限于程序法,实体法中亦存在。权利限制理论中,以权利之内外,分为内部限制和外部限制,[④]此种划分可将抵扣权限制研究从程序法维度拓展到实体法维度,兼顾纳税人实体法保护与程序法保护。

三、体系构建:税收构成要件→抵扣权构成要件

抵扣权以税收之债的发生为前提,税收构成要件是抵扣权构成要件的理论前提和基础;抵扣权影响增值税应纳税额的计算,是税收定量要件的必要组成。鉴于此,从较为成熟的税收构成要件转化、推导出全新的抵扣权构成要件,是体系重构的基本思路。

(一)转化的桥梁:法律构成要件

1. 法律构成要件的系统提炼[⑤]

税收构成要件内含释明交易实质的定性要件和展现交易税价的定量要件双阶构造,[⑥]遵循"定性→定量"的运作机制:课税事实发生之后,定性工作首先开始,纳税义务人、课税对象、课税对象的归属等定性要件要素同时出现,准确定位到应当承担纳税义务的主体,展示该主体因何种缘由负担何种税收的思维逻辑;定性工作完成之后,定量要件随即出现,回答何时缴纳何量税款的问题,主要包括课税标准、税率、发生时间、纳税期限、特别措施等要素。经过定性要件各要素的逐一筛选,绝大部分课税事实已经明晰,定量要件只需在此基础上完成相对简单的计量工作。[⑦] 换言之,定性要件是税收

---

① 参见赵宏:《限制的限制:德国基本权利限制模式的内在机理》,载《法学家》2011 年第 2 期。

② 参见张翔:《基本权利的体系思维》,载《清华法学》2012 年第 4 期。

③ 参见翁武耀:《论增值税抵扣权的行使——基于中欧增值税法的比较研究》,载《国际商务》2015 年第 5 期。

④ 参见杨春福:《权利法哲学研究导论》,南京大学出版社 2000 年版,第 187 页。

⑤ 国内最早提出法律构成要件的学者是中山大学的杨小强,他多次在会议和其他公开场合倡导该理论。本文受此观点启发,并在其基础之上进行更系统、深入地研究、拓展和运用。

⑥ 参见滕祥志:《税法的交易定性理论》,载《法学家》2012 年第 1 期。

⑦ 参见叶金育:《税收构成要件理论的反思与再造》,载《法学研究》2018 年第 6 期。

构成要件的核心构造,在功能分工上解决税收之债的成立问题,回应纳税人因何种可归属于自己的应税行为承担何种税负,定量要件实际解决的是税收之债的内容问题,即纳税人需要缴纳多少税款。定性工作向来是税法的重难点所在,特别是在增值税这类技术性较强的税种中,定性难度极为艰巨。传统的税收构成要件理论中,定性基本要素仅包括纳税人、课税物件,对主客体法律属性的描述过于粗糙、笼统,难以满足征管需要,为此,有必要将纳税人、课税物件拆分为更小的子要素,以详尽展示增值税定性要件中各要素的法律属性。例如,我国《增值税暂行条例》第1条即是关于增值税纳税人的规定,可提炼出纳税人和课税对象要素,这种提炼忽略了一个重要前提,即"在中华人民共和国境内"的空间要素。又如,《欧盟2006年指令》中的课税对象表述为"销售商品和提供服务",其中存在的隐藏要素即"销售"所表征的对价要素和营业要素。这些新增子要素重组形成法律构成要件,它们虽不是传统税收构成要素,却是法定纳税义务发生的必要条件。

2. 增值税法律构成要件的建构

法律构成要件承担传统税收要件理论的定性工作,但定性的方式更加系统、准确。增值税的课税对象是一种应税行为(supply),①可统一概括为销售商品和提供服务,其又可概括描述为4个重要的法律构成要素,即空间、给付、营业和对价。空间要素,是指应税行为需要发生在一定的空间范围之内,通常限定在课征增值税的国家或地区的境内,这是因为增值税作为境内税奉行消费地课税原则。给付要素,是指应税行为应完成某种具体物或抽象物(如服务、权利等)由给付方向被给付方的让渡。营业要素,是指增值税一般仅对营业人的业务行为进行课税。所谓业务是指营业人反复、持续进行的经营活动,相比于企业所得税中的业务范围要更加宽泛。营业要素意味着消费者的偶然销售行为无须缴纳增值税,这是多数国家的普遍做法。② 对价要素,是指应税行为是为了获取对价(代价)进行的,且应与对价之间存在明显的关联。对价要素实际上涵盖了归属要素,要求特定的对价是为了完成特定的给付而提供的,如欧盟采用的关键表述是直接连接(direct link)。评价对价要素是否可归属于给付要素,必须考虑交易

---

① "supply"既可以被翻译为"给付",也可以被翻译为"应税行为",两者完全等同,但有时会有学者将其翻译为"销售"。实际上,"给付"的范围要大于"销售"。例如,在一件英国案件中,知情纳税人在拍卖会上出售被盗汽车,尽管最后从法律上看,这项销售可能被归于无效,但英国皇家法庭判定存在给付应当缴纳增值税,尽管无辜的买家要归还汽车。参见[美]艾伦·申克、[美]维克多·瑟仁伊、[美]崔威:《增值税比较研究》,熊伟、任宛立译,商务印书馆2018年版,第109页。

② 参见[美]艾伦·申克、[美]维克多·瑟仁伊、[美]崔威:《增值税比较研究》,熊伟、任宛立译,商务印书馆2018年版,第208~209页。

的真实性,不仅要考虑当事人对安排的描述,还应该考察交易的全部事实以及交易的背景。[①] 这一点在增值税反避税中极为重要。

明晰课税对象中的法律要素后,对增值税纳税主体的拆解就相对简单,因为增值税法通常以"应税行为+主体"的结构模型打造纳税人要素。除了实施应税行为之外,各国通常会给应税行为实施主体设定一定门槛,只有达到门槛条件的主体方能成为增值税纳税人,即法定纳税人要素。大多数国家要求经济活动或营业的年应税销售额达到或预计达到法定标准的企业必须办理税务登记,成为注册纳税人,未达到法定标准的企业可以选择税务登记与否。税务登记是增值税自我核定机制中的一部分,只有已经办理税务登记的注册人或需要办理税务登记的待注册人才是需要缴纳增值税的应税主体。起征点也是法定性的体现,只有达到起征点的纳税人才需要缴纳增值税,这是考虑到税务机关征管效率和小型企业的行政成本负担能力。即便某些主体实施了满足4个要素的应税行为,但出于公益、效率等各方考量,多数国家会将政府机关、金融机关、保险机构等部分机构或组织排除在纳税义务人范围之外。

（二）抵扣权构成要件的法律推导

抵扣权构成要件同样遵循"定性→定量"的工作思路。抵扣权以税收之债的发生为前提,增值税法律构成要素同时也是抵扣权法律构成要件的组成要素。应当注意,增值税构成要件是站在商品或服务的提供方角度,解决给付方应承担何种程度的纳税义务的问题,抵扣权构成要件适用于被给付方(抵扣权享有者),解决其可扣减何种程度的进项税额的问题。体现在定性层面上,满足上述定性各要素意味着增值税定性工作即告完成,给付方增值税债权债务关系成立,但不意味着抵扣权定性要件的满足,被给付方并不当然享有抵扣权,仍需考量被给付人营业、法定被给付人等新增要素。被给付人营业要素要求被给付人(购买人)仅以营业为目的进行采购所支付的进项税额才能进行抵扣,而不是为了私人消费目的。法定被给付人要素,是指基于特定的政策考量,只有满足税法规定的纳税人才能够申请进项税额抵扣,如我国的小规模纳税人制度规定小规模纳税人不能抵扣进项税。

抵扣权法律构成要件遵循"增值税法律构成要件+法定被给付人要素+被给付人营业要素"模式(见图1),在同时满足上述要素时抵扣权构成要件的定性工作即告完成,转而进入定量工作,即纳税人可以抵扣多少进项税额。理想税制下,上一环节的销项税的定量要件同样可以概括转移为本环节抵扣权的定量要件,表现为定量结果的一

① 参见杨小强:《中国增值税法:改革与正义》,中国税务出版社2008年版,第33~40页。

致性,但抵扣权法律构成要件相比增值税法律构成要件多出了两个定性要素,也就意味着多出了两个限制条件,致使两者不一致,通常表现为上一环节销项税额大于或等于本环节可抵扣的进项税额。

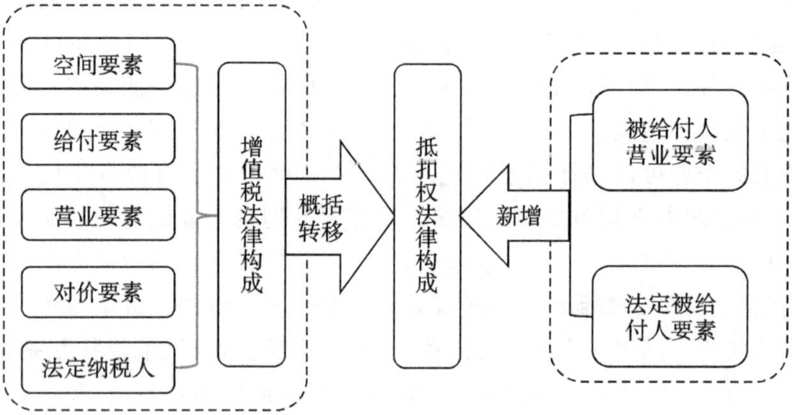

图1　抵扣权法律构成要件结构

申言之,定量工作的结果是,抵扣权人可以申请扣减或返还进项税的具体金额,遵循“进项额×税率”的计算公式。与前一环节“销项额×税率”的公式相比,税率要素通常不会发生改变,差异的发生源于可抵扣进项额的限缩。当税收之债已告成立,被给付人不符合法定被给付人要素时,进项税额即为零,被给付人享有的抵扣权对应的可以申请抵扣进项税的金额为零,即不享有抵扣权;当不满足被给付人营业要素时,并非完全排除抵扣权的适用可能,而是对不满足营业要素的那部分限制抵扣权。例如,如果营业人以一个购销合同购买数个标的物,其中一部分是以营业为目的而使用,另一部分则是出于私人消费目的,虽然进项税额统一记载,但在能否抵扣上应作区分,不能“一刀切”认定为可全抵或不可全抵,在此交易中,纳税人仅可就归属于营业目的而使用的标的物所缴纳的进项税额主张抵扣。

四、抵扣权构成要件的法律限制及其边界

增值税法基本根据抵扣权各构成要素设置限制方式,抵扣权限制又被称为抵扣权构成要件的法律限制。权力限制则是为“划定抵扣权边界”的公权力行为划定边界,即抵扣权限制的限制,用以检讨法律限制的正当性。

(一)抵扣权构成要件的限制

1. 实体法层面:构成要件的内部限制

“抵扣要件一元说”意在从实体法层面探究抵扣权的成立要件,通过限缩抵扣权各

构成要素实现权利限制，并未过渡到具体征管操作的程序法层面，此种限制方式也被称为抵扣权构成要件的内部限制。其具体包括两种限制方式，即使本应享有抵扣权的纳税人在税法上不享有抵扣权，以及使纳税人本应享有完整抵扣权但在税法之中仅享有部分抵扣权。前者是通过限制权利的主体范围实现的，如免税制度和小规模纳税人制度，后者是一种限制权利内容的方式，典型的有生产型增值税。抵扣权内容限制与主体限制最大的区别在于，前者的潜在语境是承认纳税人享有抵扣权，只是出于各种政策原因对能够抵扣的进项税的额度进行限制，后者则是排除纳税人的抵扣权。

2. 程序法限制：构成要件的外部限制

内部限制是一种力度较弱的限制方式，其核心考量在于降低纳税人遵从成本和税务机关行政征管成本，以内部限制预防逃避税充其量只是附随目标。遗憾的是，免税、纳税人的差别待遇等制度不仅导致了增值税抵扣链条的断裂，也为纳税人实施逃避税开启了"制度之门"，为此，有必要在程序法中设置更有力的限制手段，打击逃避税，发票即为典型手段。

发票制度是世界各国在程序法中普遍采用的监控增值税运行、限制抵扣权滥用的核心方式，主要涵盖下述四个方面：其一，发票具有严格的格式和内容要求，否则不得作为进项税抵扣的凭证。其二，要求实际交易的双方与发票中载明的交易双方一致，我国的"三流一致"是该原则的进一步升级。其三，发票开具的时间和认证时间具有严格的法定性，亦即销售者必须在法律规定的时间期限内向购买者开具发票，购买者须在法律规定的时间期限内进行认证。例如，《欧盟 2006 年指令》第 222 条规定，成员国可以自行在其增值税法中确定纳税义务人开立发票的时间期限。其四，建立了纳税人登记、打印发票机器领受和管理、账簿凭证等辅助制度，确保发票制度的有效运行。发票制度的目的在于从外部程序上限制抵扣权以实现"以票控税"，但过于严苛、形式化的发票机制容易将形式课税原则导向极端化，①进而导致抵扣权限制的矫枉过正，侵害纳税人合法权益。

（二）抵扣权构成要件"限制的限制"

1. 形式边界：法律保留原则

法律保留是一项集合基本权利规范、限制和保障的重要制度，旨在防止人民的权利遭受越界侵犯，也是法治国家依法行政原则得以恪守的重要前提。② 现代行政法中，法律保留原则已克服传统上"无法律则无行政"的一元化结构，走向法律相对保留，并

---

① 参见王宗涛：《增值税抵扣权与发票制度：形式课税原则之改进》，载《税务研究》2019 年第 7 期。

② 参见吴万得：《论德国法律保留原则的要义》，载《政法论坛》2000 年第 4 期。

逐渐进化成为一套有层级的原则体系,根据被保留事项的重要性程度确定法律保留的力度:其一,对待“最重要”事项实行绝对法律保留,即只能由议会制定的法律进行规定;其二,对待“重要”事项实行相对法律保留,允许议会将立法权下放给行政机关;其三,对待“非重要”的事项实行非法律保留,即将行政过程中的操作性事项、细节琐碎事项等视为行政机关职权范围内事项,无须法律授权,由行政机关依照职权制定相关规则。① 税法乃减损人民财产权之法,税收征管是典型的干预行政,故税收当属“最重要”事项。因此,“有关税捐的核课与征收,均必须有法律之根据”,“国家非根据法律不得核课征收税捐,亦不得要求国民缴纳税捐,而且仅于具体的经济生活事件及行为,可以涵摄于法律的抽象构成要件前提之下时,国家的税捐债权始可成立”。② 限制抵扣权意味着对增值税构成要件中课税标准的间接调整,无论是我国免税、小规模纳税人制度还是留抵税等抵扣权构成要件之内部限制,抑或发票制度的外部限制,理应受到法律保留原则的形式限制,经全国人大及常委会通过法律予以明确规定。当然,考虑到增值税税制的技术性和烦琐性导致技术性和细节性事项过多,仅仅依靠法律无法应对征管实践,故允许就上述事项且仅允许技术性、细节性事项以空白条款的形式,授权行政主管机关以行政法规、部门规章形式进行规定,③但决不允许突破上述界限增减纳税人税收负担。就我国当前增值税法实践而言,绝大多数抵扣权限制规则突破了上述界限,为此,有待制定增值税法时将限制规则系统归纳、优化并纳入,压缩税务机关行政解释权空间。

2. 实质判断:比例原则

抵扣权限制在满足法律保留的形式要件之后,随即进入以比例原则为标准的实质正当性的考察。比例原则与公民权利保护密不可分,被称为“限制的限制”,④包括适当性原则、必要性原则和狭义比例原则3个子原则。适当性原则要求限制抵扣权的目的与手段之间必须有可连接的关系存在。例如,我国增值税法存在繁多的免税规则,纳税人可能以放弃抵扣权为代价享受免税优惠,但增值税“免税陷阱”⑤的存在使免税正

---

① 参见陈海嵩:《〈民法总则〉“生态环境保护原则”的理解及适用——基于宪法的解释》,载《法学》2017年第10期。

② 参见陈清秀:《税法总论》,台北,元照出版有限公司2012年版,第44页。

③ 水野忠恒『大系租税法』(東京中央経済社,2015年)9頁。

④ 参见许玉镇:《比例原则的法理研究》,中国社会科学出版社2009年版,第52页。

⑤ 增值税以抵扣机制为核心架构,增值税免税与其他税种的免税具有根本区别,因为其免税会在特定情况下诱发抵扣链条断裂和重复征税,与纳税人税负从轻权背道而驰,甚至导致纳税人实际税负的增加,亦即增值税的“免税陷阱”现象。

当性难以通过适当性原则的审查，为此，我国应尽可能缩小免税规模，在消费环节对食品、医疗等纳税人生活必需品免税。必要性原则要求，存在两种及以上的限制手段可达到既定目的，应选择对纳税人利益侵害最小的一种。例如，在中间环节免税和终端环节免税同样可以达到税收激励效果，但终端免税不会打断抵扣链条，明显优于中间环节免税。行政机关即便满足了适当性原则和必要性原则，但若是该手段侵害纳税人私人利益与追求目的所保护的公共利益两者之间明显不相当，亦不合比例，此即狭义比例原则。我国增值税专用发票抵扣采用严格的形式课税立场，有违狭义比例原则之嫌，因为发票仅具有证权职能而非设权职能，若仅因发票瑕疵而完全阻断纳税人行使抵扣权的通道，有违增值税基本税理和纳税人权利保护精神。为此，我国应采用欧盟及多数成员国缓和的形式课税立场，允许纳税人在提供其他证据补正后行使抵扣权。①

比例原则的上述适用过程尚存在一个漏洞，即默认目的具有合宪性、合法性甚至正当性而不加以怀疑。这一点在当前审查抵扣权限制规则时尤为重要，因为具体规则暗藏税务机关的真正目的，真正目的常常隐匿在国库利益保障目的之下而不易辨识，其目的正当性自然易被忽视。公益性是判断目的正当性最为核心的标准，“比例原则只有在公益和私益相互较量的时候才能较好适用，如果不存在公益，任何比例原则的适用在理论上都是无法想象的”。② 接下来需要解决的问题是，在抵扣权限制中何为“公益”“私益”。

首先，公与私的判断具有相对性。诚然，政府行为天然具有公益性，但这种公益性是从政府运作的整体目的而言，而不意味着在具体行政法律关系中，行政行为的目的或代表的利益相比行政相对人的私益一定具有公益性，因为，行政相对人的私益性是为了自己个人利益的“私”，如果把某一行政机关看作一个公益法人个体，为了个体利益而使用公权力的情形同样构成私益性。如果国家为确保合法国库利益不致短少而对抵扣权适度限制，此目的具有公益性；若税务机关只是单纯为了其本身的行政方便考虑，或者为了征收超越原有税法规定范围的税收利益而限制抵扣权，前者是为了自身的行政方便，而后者是为了非法财政利益，无论采用何种方式，均不具有正当性。后者产生原因在于税法存在漏洞，无论基于何种理由原则上不应允许税务机关进行漏洞补充；对于前者，税务机关却可以辩白，对目的的判断具有主观性，此类行为具有“私益”和“公益”的双重属性，自己的行政方便是为了提高行政效率，同样是出于对保障合

① 参见王宗涛：《增值税抵扣权与发票制度：形式课税原则之改进》，载《税务研究》2019年第7期。

② ［日］田存悦一：《自由裁量及其界限》，李哲范译，王丹红校，中国政法大学出版社2016年版，第199页。

法财政利益足额、有效征收的考虑。

诚然,这种辩白有一定的说服力,只是从税务机关和纳税人不同角度来看,这种说法的说服力不同罢了。即便如此,我们可以从限制行为的客观方面推断税务机关的主观目的,如果税务机关客观上将本应是自己的行政职责转移至纳税人承担,此时税务机关显然具有了"方便自己,辛苦他人"的私益目的。同时,即便诸如小规模纳税人、个别免税事项等通过比例原则的审查,也应当赋予纳税人选择权,允许纳税人选择放弃这种限制并自行承担后果。纳税人选择权背后的逻辑是,纳税人默认了税务机关行政行为的公益性但谢绝该制度带来的好意,并自愿配合税务机关征管,这同样可以提高行政效率。

五、结语

构成要件理论之于部门法而言是个宏大命题,既可用于展示法律关系模型,承担起学科独立、法律建构和完善等理论机能,亦可作为实践中查明要件事实、确定法律结果的实践载体。① 构成要件理论之于抵扣权理论研究与实践应用皆有同等功效。"抵扣权构成要件一元说"将"行使要件"(限制条件)剥离后,搭建了法律构成要件和定量构成要件的双阶体系,分别承担定性和定量工作,在判定纳税人在多大范围内享有抵扣权时,遵循"定性→定量"的工作思路。此种逻辑结构内含的操作要义,不仅明确了抵扣权的成立条件、厘清了抵扣权的成立时点、明晰了可抵扣的范围,同时,为权利限制理论的导入创造了便利条件。当前严格的发票形式课税、巨额留抵税、"三流一致"、冗杂的免税等税制不足皆源于对抵扣权的过度限制,此种"行使条件"的反向解读方式有利于上述税制的优化。当然,增值税税制的体系优化是项系统工程,囿于篇幅此处难以一一提出具体优化方案,所幸的是,抵扣权构成要件与抵扣权限制理论恰好能作为解决上述难题的方法论,为不同抵扣规则的完善提供强有力的理论支撑和方向指引。

(责任编辑:郑俊典)

---

① 参见罗亚苍:《税收构成要件论》,法律出版社2019年版,第276页。

“财税一体化”视角下行为理论的观察与解释*

胡　翔**

摘　要:财政制度与税收制度的分体研究割裂了公共之财由收至用的整体纽带,不利于形成多元主体并重的财税制度。行为是制度规范的对象和核心,行为视域中的“财税一体化”观察能帮助制度协同找到切入点。作为尝试性的理论拓补,领域法范式、“财税一体化”思维与一般法理借鉴为探究财税行为理论提供了正当性语境支撑。提炼财税行为,有助于在同一制度框架下对财税行为的主体进行区分并界定明晰的行为责任,从而矫正财政制度与税收制度二者在理论和实践层面的失衡,对财税制度之善治与延展具有现实意义。辨析相邻法域的行为特征又能进一步凸显财税行为自身的独立性。在此基础上,推进财税行为的法治化研究,将为财税制度的均衡发展提供知识供给与理论支撑。

关键词:理论拓补;均衡发展;财税行为;财税一体化;法治化

一、问题的缘起

党的十九大报告指出,“我国社会主要矛盾已经转化为人民日益增长的美好生活需要和不平衡不充分的发展之间的矛盾”,①事实上,发展不平衡的肇因是区域、产业间初始资源要素配置不合理,后续经济权利和经济制度的供给错位和失衡又进一步放大

* 本文系国家社会科学基金重大项目“促进收入公平分配的财税法制创新研究”(编号:13&ZD028)和北京市属高校基本科研业务费专项资金“财产税法律规范的二元结构”(编号:XRZ2021026)的研究成果。

** 法学博士,首都经济贸易大学法学院讲师。

① 习近平:《决胜全面建成小康社会　夺取新时代中国特色社会主义伟大胜利——在中国共产党第十九次全国代表大会上的报告》,人民出版社2017年版,第11页。

了这一缺陷。[①] 由此,改善制度间不均衡的发展状态就显得尤为重要。其中,作为财富分割利器的财税制度,因其在消弭社会资源配置不均、均衡地方财政和调节阶层收入等方面的现实功能,可作为矫正制度发展不平衡的突破口。[②]

从法律视角考察财税制度,不难发现财税制度本质上是围绕财产权利的运动所进行的体系化构造。由于公共之财存在收、支、管三个部分,财税制度也相应被分为财税收入制度、财税支出制度和财税监管制度。现实是,受路径依赖等因素的影响,大量研究割裂了公共之财流转的整体性,将财税制度分化为财政制度与税收制度进行单独研究,诱致二者在理论研究的深度和广度上形成差异,进而使税收制度与财政制度的发展呈现不均衡。本质上看,前述问题的出现是由于理论与实务界的具体操作中还未能形成对"财税一体"的认知,在对策思维长期主导财税理论研究和制度实践的情况下,建立统一财税观有助于整合传统的割裂式研究。由于法律规范的最终目的是规范具体的行为,[③]同时法律本身所设定的各种要素也都是基于法律主体的行为而展开(以财税法为例,见图1):主体需要通过实施行为来展示法律设定的权利和义务,责任需要行为付诸实施才有确定可能,因此提炼以财税行为为核心的理论框架是财税法律规范、财税制度得以整合的最优选择。[④]

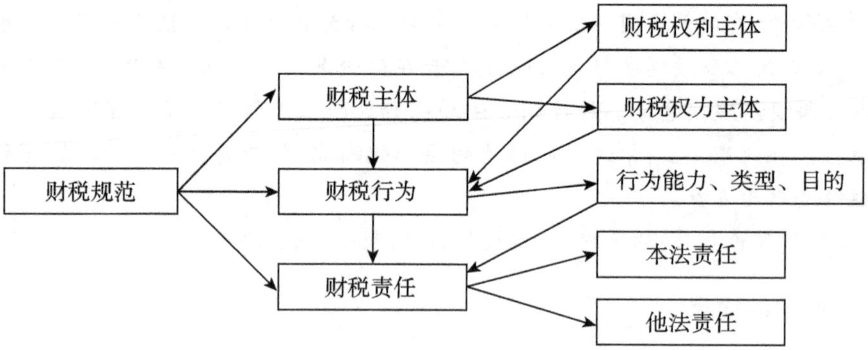

图1　以财税行为为核心的财税法理论体系[⑤]

---

① 参见许多奇、唐士亚:《财税法的衡平发展功能及其法治构造》,载《法学杂志》2018年第3期。

② 现代财政制度之所以能有效平衡不同的利益,是因为它并不从改革风口浪尖的着力点入手,尝试平衡相关的利益关系。参见刘剑文等:《财税法总论》,北京大学出版社2016年版,第397页。

③ 参见张文显:《法哲学范畴研究》(修订版),中国政法大学出版社2001年版,第63页。

④ 例如,对于财税立法的指导功能,绝大部分法规的目标都是塑造人类行为,鼓励对社会有益的行为,抑制对社会有害的行为。See Robert A. Prentice, *Chicago Man*, *K-T Man*, *and the Future of Behavioral Law and Economics*, Vanderbilt Law Review. Vol. 56, p. 1665 – 1780(2003).

⑤ 类型化区分的内容参见刘剑文等:《财税法总论》,北京大学出版社2016年版,第254页。

另外,单就国民的财税权利而言,因权利支配的形态取决于具体的行为,欲加强对国民财税权利的保障,需以明确财税行为的规范方式为前提。例如,纳税人向国家缴纳税款的行为如果不加规范,极易引发逃税漏税等现象,进而破坏国家的税收公平,本质上依旧损害了国民的财税权利。财税行为作为财税制度规范的对象,对财税权利的保障和财税法治化建设意味良多。本质上,行为视域中考察"财税一体化"意味着必须明确财税行为这一要素,构筑财税行为理论。

二、要义示明:行为理论的财税法反思

随着法学理论研究的逐步深入,重要法域对相关行为理论的塑造也日渐成型,从私法领域的民事行为理论到公法领域的行政行为理论,均是行为理论形塑的重要表征。遗憾的是,财税法作为调整财税领域的法律,研究中使用"财税行为"等概念的论著日渐繁多,但对于财税行为理论本身的研究则几乎处于空白状态。[①] 财税法研究在行为理论层面的缺席,已在很大程度上影响了我国财税法学科的发展,甚至是财税法治建设。例如,没有明确财税行为的内涵,难以解释纳税人的纳税行为与征税机关的征税行为之间的共生性与异质性,税种立法的逻辑也容易出现紊乱。

本质上,纳税人的纳税行为与税务机关的征税行为存在共同的客观目的,即为国家运行汲取财政收入,两者不同在于行为的主观目的,纳税行为在发生之时纳税人主张尽可能少缴税,而征税行为在发生时并不会以少征税为目的。如果不能有效分疏纳税行为与征税行为的共生性和异质性,征纳关系中的行为目的就会难以被整合起来,这便导致相应财税规范的设计目的不明确,进而在实施中出现问题。例如,《个人所得税法》缺失征税行为的目的考量,而纳税人的纳税行为又倾向少缴税,导致实务中征管机关青睐被动收集信息(法律未设定行为责任),纳税人针对部分隐形收入则怠于申报(纳税行为未能得到有效规范),个税法的调节分配功能相应减弱。

行为理论在财税法研究中的缺席除源于财政对政治体制、宪治环境和经济政策的高度敏感性外,还受其他两个因素的影响:一是财税法在我国的发展相对较晚,与民商法、行政法、刑法和诉讼法相比,缺乏理论积淀的时间;二是财税法所调整的国家财税权力关系具有复杂性、多元性和主体异质性的特征。[②] 但是,一部法律甚至是一个制度体系应当有一个统一的基调,即其规范的对象并非越多越好,而需要规范的对象间一

---

① 参见刘剑文、陈立诚:《财税法总论论纲》,载《当代法学》2015 年第 3 期。

② 参见余倩影:《财税行为理论综述——兼谈财税法学理论建构的本土意识》,载刘剑文主编:《财税法论丛》第 17 卷,法律出版社 2019 年版,第 68 ~85 页。

定存在某种共性,以便于有效发挥这部法律的主要功能。财税行为的提炼就是在整合财税法所规范的对象,使其能有一个可供比较研究的平台,并促进财政行为规范与税收行为规范的协同。进一步看,如若能对财税行为进行类型化提炼,也能帮助厘清财税法律调整的边界与范畴。①

如果说,传统法学侧重研究实体规范(规则)、规范体系以及结构关系,那么现代法学的关注点正从具体规范转移到具体行为上,并通过观察、解释法律行为来解释法律现实。如前所述,广义上的财税行为是财税法律关系的直接形成原因,是财税法的法律主体、权利义务及具有法律意义的事实的具体化,决定了财税法律关系的特征(图 1 也已印证了这种逻辑结构)。因此,财税行为是理解特定财税活动的具体方式,是把握财税法上各项制度设计的关键点。

将财税行为理论予以独立研究,在理解财税法自身特色和引鉴法律理论基础的同时,以平衡中国当下财政制度与税收制度的发展为基点,发现、建构符合中国理想图景要求和实践状况的财税行为概念框架和体系结构,提炼财税行为的概念要素、基本类型、范畴边界、分析范式与效力评价的方法与标准,澄清财税行为的独立价值与功能定位,这不仅有利于建立和完善财税法学的基础理论,而且可为解释和规范各类财税行为模式提供指引,确保财税法自身的价值彰显。

三、学理支撑:财税行为的语境铺陈与思维范式

尽管先行研究中已有论述涉及财税行为理论的研究意义,但仅是从宏观上作了表述,并未细细推敲。② 倘若研究视野过于宽泛,容易导致财税行为的提炼存在"自说自话"之嫌,③同时,一味强调财税行为具备重要研究意义也并不是需要提炼此概念的充要条件;相反,财税行为本身就是财税法调整的对象,只是长期以来,传统的部门法问题备受关注,新兴的领域法问题没有得到重视。直至近年,财税法、环境法等领域法的

---

① 例如,一般认为《预算法》能够调整预算行为,预算行为又包括对收入的预算,而税收是财政收入的主体,由此,预算法调整税收收入的情形如何界定,其究竟应当界定为财政行为还是税收行为,财政行为类型化提炼能帮助厘清。

② 例如,刘剑文等在著作中将财税行为的研究意义划分为"行为是法学研究中心议题""打通学科发展的经络""为法治实践提供指引"三个方面。参见刘剑文等:《财税法总论》,北京大学出版社 2016 年版,第 243 ~244 页。

③ 法学研究本身就是为了充实理论基础、引导法治实践。如果微观的法学研究都仅是"扣上"这种抽象意义的"帽子",那么,无论具体研究是否具备真实有效的意义都显得不那么重要了。

勃兴，才使人们开始关注领域法中的法学理论问题。[①] 实际上，无论是对法制运行之客观存在的描述，还是基于法理学的演绎移植，财税行为的研究都具备正当性。

（一）共性与个性的协调——领域法范式

由于财税法学是以财税为领域，法学为基本元素，融经济学、政治学和社会学于一体的应用性"领域法学学科"，[②]近些年财税领域的社会经济问题愈加呈现交叉性、复杂性特征，这些社会问题本身包含着隶属于不同部门法体系下的法律关系，故而以其为调整对象或调整方法的法律也就必然地会横跨多个部门法，且往往具有综合、多元的特征。也因此，在财税法乃至环境法、互联网法、教育法、科技法等一些其他新兴学科中，作为对社会问题现实回应的立法构想与学理架构，往往无法在传统部门法理论框架内获得合理的解释与适用，法学学科系统分工精细化与法律现象复杂化之间的矛盾愈加凸显。

从本质上看，财税行为实为"财政行为"与"税收行为"二者间共性的提炼。财政行为重视财政制度的宏观把控，而税收行为强调税收的法定与公平，单从字面理解，二者似乎分属特定领域，但深究二者背后涉及的财产归属与国民关系，二者却能被有效整合。例如，纳税人与国家预算之间的关系探讨、税收法定与财政体系之间的作用诠释，均需财税行为的概念进行协调。

（二）财税一体化——财税行为的逻辑起点

财税行为之于财税法有点类似"行政行为"之于行政法，"民事行为"之于民法。财税法的法律逻辑源于"财税一体化"的研究思想，财税法在广义上包含了财政法与税法。虽然税收是财政收入的一种组织形式，但由于税法的研究相对成熟，一般先于对财政法的研究，且税收对国家的建立与维持具备特殊意义，因此税法在法学研究领域往往被认为构成独立的内容。[③] 但是这种独立又不至于让税法与财政法完全分离，因为即便税法具备研究层面的独立性，也不能忽略税法中所蕴含的财政收入权对财政法的影响。这就使财政法与税法之间形成了无法分离又无法重合的交互关系。

在行为视域中作"财税一体化"的考察，是对财税法一体化研究的深入，如此延伸

---

① 关于领域法学的相关论述，参见刘剑文：《论领域法学：一种立足新兴交叉领域的法学研究范式》，载《政法论丛》2016 年第 5 期。

② 参见刘剑文：《论领域法学：一种立足新兴交叉领域的法学研究范式》，载《政法论丛》2016 年第 5 期。

③ 参见李大庆、王利军：《"财税一体化"的法律逻辑与制度决定——一种公共财产法的视角》，载刘剑文主编：《财税法论丛》第 16 卷，法律出版社 2015 年版，第 155～167 页。

能够避免“削足适履”的僵化思维,使行为理论更好地贴合财税法的实质内涵。[①] 行为本身是法律关系的组成部分,无论是公共之财的支配者还是被支配者,均是财税法律关系的参与者,公共之财的支配者和被支配者共同构成了财税法律关系的主体范畴。而这种围绕公共之财所做的界分本身就来自“财税一体化”的研究思维,根据传导关系,“财税一体化”进一步充当了财税行为的逻辑起点。

(三)财税行为的法理引鉴

回顾法律自身的发展史,从诸法合一到部门划分,再到领域法的勃兴,不同法域的相互影响往往是由最基本的形式借鉴开始,进而成为价值沟通的桥梁。有学者指出,关于财税行为的研究,可以从两方面推进:一是对“财税行为”范畴本身进行分析,即借鉴法理学以及其他法律学科关于行为的普遍研究成果,从主体、功能、目的等角度全面地界定财税行为,揭示财税行为的法律特征,进而剖析其要件与效力;二是对财税行为开展类型化梳理,为了探讨对不同行为的法律控制与规范,有必要将财税行为细分为若干类别,再分别讨论其规范原理、重点与具体路径。[②]

进一步看,近年来,学界有观点论证了财税法是“公共财产法”,划定着私人财产权与国家财政权之间的界限。[③] 从这个角度而言,财税行为一定是围绕公共财产的创造、取得、管理和分配进行对应。遵循这种思维方式,财税行为理论的制度价值可提炼为:在财税治理中树立行为主体意识,并制定出具体的财税行为规范,以此来引导各个环节的财税行为,维持公共财产的合理运转,进而有效发挥财税法的功能。哈特在论述法律的开放结构时指出,在任何大型团体中,社会控制的主要工具一定是一般化的行为规则、标准和原则,财税行为的提出是财税领域行为规则、标准、原则的基础,能够让从事财税工作的各类主体明白“他们应该做什么”。[④] 由此观之,财税行为具备自身的法律特征。

四、行为内涵:兼顾一般法理与财税领域特性

从领域法语境的铺陈,到基于“财税一体化”思维的制度描述,再到出于法理学上法律关系基本结构的演绎推导,笔者试图以此证成财税行为的正当性。但好比要明了

---

① 用财税行为的概念来统摄财政行为与税收行为两个方面,学界中还没有专述。长期以来,财税行为多被视为宏观调控行为的一种,受此局限,财税行为的研究并不发达。“财税一体化”的思维打破了这种局限性,为财税法的研究提供了开放空间。

② 参见刘剑文、陈立诚:《财税法总论论纲》,载《当代法学》2015年第3期。

③ 参见刘剑文、王桦宇:《公共财产权的概念及其法治逻辑》,载《中国社会科学》2014年第8期。

④ 参见[英]哈特:《法律的概念》(第2版),许家馨、李冠宜译,法律出版社2011年版,第124页。

"法律"一词的真义,"必须把法律体系描绘出来"那般,财税行为的内涵必须要明确,[①]又因领域法同时具备领域特性和法属性,而财税法身为典型领域法,所以财税行为的内涵又兼顾一般的法理特征和财税法的独立特性。

(一)事实行为的排除

明晰财税行为内涵的首要任务是厘清财税行为究竟是纯粹法律层面的行为模式,还是以意思表示为核心。[②] 这有助于我们确定财税行为的整体范畴,[③]也能够赋予财税行为理论独特性并使其独立价值被认可。

行为理论最早起源于民法领域。[④] 在民法领域中,按照主流观点,民法行为可以区分为民事法律行为和民事事实行为。[⑤] 基于这样的划分逻辑,部门法学在构造各自的行为理论时,容易不自觉地模仿民事行为的结构,重视事实行为与法律行为的二分。[⑥]那么,财税行为的研究是否能够按照路径依赖区分出财税法律行为和财税事实行为?有观点指出,从税法角度看,不能将法律行为作为税收要件法律关系的发生原因,并认为"当事人所表示的意思仅仅在于发生一定的民事后果,绝不会将发生纳税义务作为意思的内容"。[⑦] 该论述主要是想认定财税行为包括财税事实行为,明显的疑问在于,纳税人实施缴税行为为何会有期待发生民事后果的意思表示?另外,我国《宪法》第56条规定"中华人民共和国公民有依照法律纳税的义务",已经明确说明纳税人缴税实质上就是在履行宪法规定的义务。因此,前述判断尚存在逻辑上的矛盾。

如果以意思表示为判定标准,就应该看到,公民依法纳税,不仅是国家在法律制度上的强制规定,更是公民遵从法律规定的一种体现。虽然不能保证每一位纳税人都将"我很愿意纳税"作为其意思表示,但是无论是"我想纳税,所以我纳税",还是"我要守法,所以我纳税",在《宪法》的强制性规定下,纳税人在纳税行为中都没有民法上"私法

---

① 参见[美]博登海默:《博登海默法理学》,潘汉典译,法律出版社2015年版,第17页。

② 参见[德]维尔纳·弗卢梅:《法律行为论》,迟颖译,法律出版社2013年版,第29页。

③ 这里的厘清过程其实是确定财税行为是否包含事实行为的过程。

④ 一般认为,法律上的行为理论是18、19世纪法律科学在私法领域所形成的概念。参见[德]维尔纳·弗卢梅:《法律行为论》,迟颖译,法律出版社2013年版,第39页。

⑤ 事实行为,是指行为人不具有设立、变更或消灭民事法律关系的意图,但依照法律的规定能引起民事法律后果的行为。它的意思表示是本体目的,而非法律目的。参见宋炳庸:《法律行为基础理论研究》,法律出版社2008年版,第131页。

⑥ 例如,行政行为是否包括行政事实行为在行政法学界备受争议。"行政事实行为是一个在国内外行政法学理论和实践中颇有争议的问题。"参见王锡锌、邓淑珠:《行政事实行为再认识》,载《行政法学研究》2001年第3期。

⑦ 参见刘剑文、熊伟:《税法基础理论》,北京大学出版社2004年版,第56~57页。

自治”的自由，只要纳税行为得到实施了，反映的都应该是一种真实有效的意思表示，即“无论愿意还是不愿意，我应该履行纳税义务”。此外，由国家所实施的财政行为必须是国家为了达成某种财政目的而实施的行为，如果国家没有真实的意思表示，是绝对不可能发生财政行为甚至是财政法律关系的。因此，在财税行为理论中统一套用“意思表示”的标准似乎“水土不服”。

不可否认，在法律领域，有些法律现象是可以先于法律存在的，如合同之于合同法、垄断之于反垄断法，甚至犯罪之于刑法。合同、垄断和犯罪原本都是一种客观的经济和社会现象，它不依赖立法者的主观意志存在，这些立法目的在于将上述现象纳入法律控制的轨道。然而，不以国家意志为基础，租税不会出现，不以法律为基础，各类财政性治理手段缺乏实施依据，这便说明租税和财政首先应该是一个法律现象，具有法律属性，其次才具有经济和社会属性，①同时，这也是税收法定主义和财政法定主义两大原则的依据。如此看来，事实行为在财税行为的论证中存在逻辑上的困境。

（二）法律行为与财税行为的联系

法律行为的原初语义是合法的表意行为。体系化“法律行为”理论的集大成者萨维尼，“基本是将‘法律行为’视为‘意思表示’的同一概念”。② 无论是民法学界提出的意思表示成立的过程，③还是法理学界所主张的法律行为的构造，④无一例外是将法律行为置放在私法领域进行探讨。由于财税法具有促进社会公共利益的目的，以及其主要调整的国家与纳税人之间、税务机关与纳税人之间的关系均属于公法性质的法律关系，再加上其主要依靠的是强制性财税法律，这就决定了它作为公法的秉性。⑤ 由此观之，并不能简单地通过私法视角将传统法律行为的概念套用在财税法领域。

那么，是否又能直接从现有公法的视角去理解财税行为？下面以行政法为参照。法律行为理论因其本身的“价值中立”，被诸多部门法所借鉴，其中，行政法学界对行为

---

① 参见李大庆、王利军：《“财税一体化”的法律逻辑与制度决定——一种公共财产法的视角》，载刘剑文主编：《财税法论丛》第16卷，法律出版社2015年版，第155~167页。

② [德]汉斯·哈腾保尔：《法律行为的概念——产生以及发展》，孙宪忠译，载杨立新主编：《民商法前沿》第1、2辑，吉林人民出版社2002年版，第144~145页。

③ 梁慧星教授将意思表示的构造归纳为4点：其一，现有某种动机；其二，基于该动机产生意欲发生一定法律效果的意思；其三，有将该效果意思向外部公开的意识，即意思表示；其四，为向外部发表该效果意思的行为，即表示行为，这样，通过表示行为将效果意思表示于外部，而完成意思表示。参见梁慧星：《民法总论》（第2版），法律出版社2001年版，第169页。

④ 参见刘星：《法理学导论》，法律出版社2005年版，第169~173页。

⑤ 参见刘剑文等：《财税法总论》，北京大学出版社2016年版，第65页。

理论的引入,构造出了行政行为的概念。由于行政法对行政行为的定性大多数集中于管理行为和处罚行为,因此,严格意义的行政行为,是指行政机关发生行政法上效果的法律行为,[①]其重在强调行政机关之"公"属性,而行政相对人在行政行为理论中似乎并不能算作一类行为主体。这一点和财税法重视纳税人的定位是不同的,因此,也不能简单地通过公法视角将公法意义的法律行为套用在财税法领域。

私法与公法中的法律行为理论因其维护的利益面不同,对于相关法律行为的主体、标的、内容、性质等方面的定义也有差异。尽管有人试图提炼公事法律行为与民事法律行为的共性,指出"法律行为,是指能够按照当事人意思表示的内容设立、变更、终止相互间平等权利、义务关系的行为",[②]但还是将意思表示塑造成行为的核心,对于财政性治理这样的行为来说,此类观点依旧没有捕捉到财税法的特性。

(三)利益与博弈视角切入

无论基于狭义还是广义视角,由于财税行为的"涉税性"和"财政性",决定了其涵盖范围十分广泛,故很难在权利和义务以及责任的层面引申出一句话对其进行概括和界定。有观点曾论及税收行为的同一性,并提出"无论哪种税收行为,都至少有一个共同点,即均属博弈行为",还指出"无论是国家还是国民,无论是征税主体还是纳税主体,其行为的'博弈性'都概莫能外"。[③] 那么财政行为又是否具备博弈性的特征?根据利益主体假设,国家和市场以及社会都具备各自的利益,一般来讲:国家利益,是指民族国家追求的主要好处、权利或受益点,反映这个国家全体国民及各种利益集团的需求与兴趣;市场利益是指市场参与主体及其关联方的利益集合;社会利益是反映在个人利益之中的一般的、相对稳定的、不断重复的东西,是人的最强大的利益基础。[④]这些利益之间经常会产生冲突,国家的财政行为(如专项转移支付)也是为了调整这些利益之间可能产生的矛盾。从博弈角度看,国家与市场和社会的利益调和,也可视作国家与市场的博弈、国家与社会的博弈,[⑤]故从主体间关系的角度进行考量,将财税行为视为博弈行为具备一定的合理性。

这种在宏观上抽象的内涵厘清,显然没有法律性,而前述的那种公私法提炼的共性,又不具备经济性,通过对法律性和经济性的整合,笔者认为,财税行为是指财税主

---

① 参见靳文辉:《经济法行为理论研究》,中国政法大学出版社2013年版,第34页。

② 参见宋炳庸:《法律行为基础理论研究》,法律出版社2008年版,第253页。

③ 参见张守文:《税收行为范畴的提炼及其价值》,载《税务研究》2003年第7期。

④ 参见孙笑侠:《论法律与社会利益——对市场经济中公平问题的另一种思考》,载《中国法学》1995年第4期。

⑤ 参见冉富强:《当代中国财税汲取的法治逻辑》,载《当代法学》2017年第1期。

体之间为了谋求自身利益围绕财税法律实施的博弈性行为。[①] 值得一提的是,这里的"自身利益"是广义的自身利益。以纳税人个体的利益为例,财税行为的类型化处理中一定存在财税合法行为与财税违法行为的类型化,无论是合法的缴税还是违法的逃税,其实都是纳税人维护自身利益的体现:纳税人缴纳税款后,能获得国家公共服务的提供,这是宏观上确定的"利益";而纳税人如果实施逃税行为,目的是保障眼前的经济利益不被剥夺。因此,以利益为要素充实财税行为的内涵,有利于更好地观察整体财税制度。

五、相邻比照:公私领域行为关系之厘清

明确行为内涵的方式一般分为两种:一种是"规定功能的方法",即从概念的基础或者结构入手进行界定;另一种则是"最邻近的属加种差"的方法,即明确此概念与彼概念之间的典型差别。[②] 前文中,笔者已经通过"规定功能的方法"对财税行为进行了界定,并消解了事实行为理论和法律行为理论对财税行为理论可能产生的影响,结论是财税行为并不是民法思维下以意思表示为核心的法律行为,也不包括排除意思表示能单独引起法律效果的事实行为,领域法视阈下,财税行为自身就是一个上位概念,税收行为和财政行为都是财税行为的下位概念。本部分则主要通过厘清财税行为与相邻领域行为之间内涵上的"种差",进一步明确财税行为的内涵。如前文所述,财税法同时具备公法与私法的秉性,故此,此处论述的"种差"以私法领域和公法领域的行为为参照标准。

(一)财税行为与公法领域行为——以行政行为为例

选取公法领域行为的代表——行政行为进行比照。由于税款的征收和财政性措施的行为主体都是行政机关,这就很容易使财税行为与行政行为产生混同,有必要加以廓清。目前,我国行政法学界对行政行为的界定方式主要包括"严格方式"和"宽泛方式":严格方式的立场将行政行为局限于"行政处分""行政决定"上,使其与"行政合同""行政指导"等行为相并列,从而保持自身逻辑的严密;宽泛方式的立场只能下一种基于某类行政行为优势分布的带有概率性的宽泛定义。无论是哪种方式立场,由于不同学者的研究角度不同,所以得出的概念定义也不同,行政行为也因此成为一个"开放性、包容性"的概念,并没有形成较清晰的共识。

正如拉伦茨所言:"要选择何种要素以定义抽象概念,其主要取决于该学术形成概

① 这里之所以选用"围绕"二字,主要是考虑一些财税违法行为的存在,这样能让此概念更加周延。

② 参见窦海阳:《论法律行为的概念》,社会科学文献出版社2013年版,第77页。

念时所拟追求的目的。"[①]既然没有办法直接在概念的内容上进行辨析,至少可以尝试在提出相关行为的目的上进行辨析。行政行为概念的提出是为了实现梳理和规范行政权,达到依法行政管理、服务行政救济的目的。[②] 而财税行为概念的提出则是为了在相应的行为范畴中树立行为主体意识,并制定出具体的行为规范,以此来引导各个环节的财税行为,维持公共财产的合理运转,进而有效发挥财税法的功能。此外,中国法上,行政行为的范围其实已经被司法解释进行了扩充,至少认定了行政事实行为属于行政行为的一种。而如前文所述,财税行为中并不包括事实行为。可见财税行为与行政行为在提出目的和涵属范畴上都存在明显区别。

(二)财税行为与私法领域行为——以民事行为为例

选取私法领域行为的代表——民事行为进行比照。民事行为是私法范畴的概念,具体内容是:行为人结合意思表示所作出的引发权利义务产生、变更、消灭并达成一定的民事法律关系的行为。[③] 其重在调整平等主体间的私法关系,也是为了维护私法层面的利益。在民事行为中,由于当事人享有意思自治,故他们可以根据自身的意志进行民事活动,包括订立契约、达成婚姻等。而财税行为是兼具公法与私法性质的行为,规范财税行为有利于社会财富的公正分配、纳税人合法权益的保护。

另外,财税行为的主体是多元化的,包括平等主体与非平等主体。例如,财政部门向同级的机构进行款项拨付就是典型的平等主体间的财税行为;而纳税人向国家缴纳税款,以及国家对地方进行专项转移支付都属于非平等主体间的财税行为。财税行为与民事行为在主体的界定上存在明显差异。此外,民事事实行为的存在是学界广泛认同的,财税行为作为纯粹法律层面的行为模式,并不能在事实层面与民事行为进行比较,这也是二者的重要区别。

(三)财税行为与经济法行为——与经济行为的区分

选取同具经济性的经济法行为进行比照。近年来,一些学者提出了经济法行为的概念:有的学者认为,经济法行为就是经济法主体行为,包括宏观调控行为与市场规制

---

① [德]卡尔·拉伦茨:《法学方法论》,陈爱娥译,商务印书馆2003年版,第318页。

② 从法治理论上讲,行政主体及整个行政系统承担执行国家意志的职能,其行为方式是对已经设定的行政权按照法定程序行使。参见关保英:《行政主体法外设定行政权力研究》,载《当代法学》2016年第6期。

③ 参见王冠玺:《法律行为、民事行为、民事法律行为概念辨析——及对民法总则制定的启示》,载《求是学刊》2015年第5期;朱庆育:《法律行为概念疏证》,载《中外法学》2008年第3期。

行为;[①]有的学者则认为,经济法行为包括"微观角度"的"社会经济管理"行为和"宏观角度"的"社会经济管理"行为;[②]还有学者认为,经济法上的"行为"无疑也必须是经济法律所规定的行为,而且经济法上的"行为"是一种动态的行为,较凸显其"行动"特征,因而也可称为经济法上的"行为行动"。无论是哪种归纳方式,都强调了经济法行为的经济性。

毋庸置疑,经济法能够体现出公私融合的特点,有的学者指出,"经济法对具有经济性、社会性、管理性的经济关系进行调整,在调整过程中加入了规制、调控主体的意志,扩大了'意思表示'的内涵"。[③] 这的确与财税法中财政行为的特点有一定重合,毕竟财税法就是带有经济性的法律,但是却不能忽视财税行为所具备的其他特点。

进一步看,如果对财税行为作类型化梳理,可以发现,财税行为的若干类别中包含两类重要行为:一是国家预算行为;二是财政收支划分行为。考察财税法的功能,就可看出在规范理财行为的过程中,财税法实际上是在处理中央与地方、立法与行政等主体间的关系,预算审批、财政收支划分等理财问题其实都是关涉国家政治架构与运行的根本性问题。由此表明,财税行为的法律依据和影响范围可能比经济法行为更广阔,它甚至可以以国家的宪法以及宪法性法律作为制度渊源。

民法和行政法分别作为私法和公法领域的典型代表,均已内嵌了关于自身行为理论的研究,以民事行为和行政行为作对比,也恰好是财税行为与公领域、私领域行为的区分。与此同时,经济性虽是财税法与经济法的共性,但由于财税行为与经济法行为调整的主客体存在差异,作出清晰划分也是为了凸显财税行为的特性。

六、行为规范:财税制度均衡发展的法治指向

前文以行为领域的"财税一体化"切入,提炼、论述了财税行为的内涵。以小见大,应当指出,财税法作为新时代具有代表性的领域法,是国家治理与法治建设的重要手段。令人焦虑的是,由于理论深度不足和研究的局限性,我国财税法学科在变迁过程中时常呈现较强的政策依附性,财税法理论往往随财税政策而演变,甚至异化为对现

---

① 参见张守文:《略论经济法上的调制行为》,载《北京大学学报(哲学社会科学版)》2000年第5期。

② 参见徐孟洲、杨晖:《法律行为与经济法行为的关系——经济法行为的正当性》,载李昌麒主编:《经济法论坛》第5卷,群众出版社2008年版,第3~15页。

③ 参见徐孟洲、杨晖:《法律行为与经济法行为的关系——经济法行为的正当性》,载李昌麒主编:《经济法论坛》第5卷,群众出版社2008年版,第3~15页。

行财税政策的合法性注脚。[①] 长远来看,这并不利于我国财税法治的发展。

财税法中的任何一项制度都需在一个体系化的背景下加以理解,也只有学科体系均衡发展的财税法才可以完成学理建构、法律改进等学科目标。当前我国财税法学研究已进入寻求方法论突破和自主理论建构的重要阶段,应当清楚的是,基于不同的价值定位与知识背景,围绕财税法问题开展的整体研究较分散,财税法学在理论层面的体系化和系统化距离成熟学科尚有一定距离。与之同时,我国的财税法制度建设大体遵循试点先行与渐次改良的路径依赖,由此导致财税法学理论研究倾向对制度进行评价,这也使诸多传统的基础理论研究成果缺乏法学属性。进一步看,围绕主体、客体、行为、责任等法学要素所展开的理论研究,本质上是我国财税制度的法理逻辑与制度逻辑逐步同步的过程。随着法学理论在财税法研究中的进一步深入,亦可使这些理论成果转换为对财税现实的法解释、法适用与法评价的工具,最终达到财税法理论构造的均衡,实现规范体系的均衡,理论研究与制度实践的均衡。

回归本文,在行为视域中考察"财税一体化"是财税法律关系、财税主体、财税权利、财税权力、财税责任等财税法基本要素的研究前提。除理论效用外,财税行为的提炼对财税法制度实践的增益,体现在至少三个方面:其一,财税行为规范的提炼将协调财政收入与财政管理的制度,在一定程度上能够调和财政部门与税务部门长期以来就财政收入与财政管理之间所存在的重叠与交叉,更好地将两类部门的工作密切联系并协同起来,促进财政部门与税务部门间权力配置的均衡,如城市维护建设税的"专款专用"就要求统筹税务部门的征税行为和财政部门的用税行为;其二,"财税一体化"研究对财税行为的提炼将财政法与税法调整的对象从行政法中剥离出来,这也为财税司法体制谋求了创制空间,有利于明确行政司法行为与财税司法行为的二分,减轻行政权力对纳税人权利的侵犯,促进财税立法、执法与司法的均衡;其三,在我国当前的财税法治语境下,财税行为的部分行为类别作为国家行为的重要面向,可服务于财税法治化与税收法定的目的性创设,进一步提升财税法秩序的可理解性、可预测性与可接受性,达到国家和纳税人在权责分配上的均衡。

(责任编辑:郑俊典)

---

① 如财政制度和税收制度在实行层面互相独立,财税法的研究也分化为财政制度研究与税收制度研究,财税法未来发展的方向一定包含打通财政制度与税收制度之间的既有隔阂。

《税收征收管理法》中税务信息安全的规范表达*

张成松**

摘　要:税务征管中,不仅要重视税务信息的共享与利用,更要注重税务信息的安全保障。从单行税法、社保费立法等的规定来看,纵使大部分法规都设有税务“信息共享条款”,但仅《契税法》设置“信息保密条款”,且均未设定“税务信息安全条款”。《税收征收管理法》虽设有“税收信息保密条款”,但在立法技术上却以“情况保密”予以表述。税务机关全责征管社保费后,也未明晰其信息安全保障是否可以援引《税收征收管理法》。皆因于此,既有必要反思《税收征收管理法》第8条“税收信息保密条款”,专设“税务信息安全条款”,也需要明确征管统摄部门的征管权责,明示税务机关的信息安全保障义务,明晰税务信息使用主体的目的和保密义务,补强税务信息安全的法律责任,从而实质性地保障纳税人、缴费人等主体的税务信息安全与信息权益。

关键词:税务信息安全;信息保密;纳税人;缴费人;《税收征收管理法》

一、问题的提出

在“互联网+税务”的驱动下,“税务部门以往以税务机关为中心的治理模式逐步向以纳税人为中心的模式转变,税务机关的治理手段从传统经验管理向现代数据管理转变”。[①] 这既凸显了以纳税人为中心的新型税务征管理念,也展示了财政收入征管中税务信息的独特价值。在新时代信息化背景下,税务征管的重心不仅在于税务信息的

---

* 本文系中国博士后科学基金面上资助项目“共享税的法律定位与制度调整研究”(编号:2019M653326)、重庆市社会科学规划一般项目“数字时代零工经济发展的税收保障问题研究”(编号:2021NDYB025)的研究成果。

** 法学博士,西南政法大学经济法学院讲师、中国财税法治研究院研究员。

① 马敏:《“互联网+税务”背景下税收征管现代化问题研究》,载《税务研究》2019年第2期。

采集、归纳整理,更在于税务信息的共享与利用,强化信息共建共享,因应税务管理模式碎片化和信息资源孤岛化问题。[①] 同时,大数据颠覆了传统信息安全管理范式,[②]在税务信息开放与共享的同时也增加了税务信息泄露与滥用的风险,包括税务机关的管理风险、技术漏洞导致的技术风险和法律规定不完善而致的法律风险等。因此,一方面,要提升信息共享能力,注重税务信息共享,避免“信息孤岛”和“数据烟囱”问题,实现税务信息资源的开放共享;另一方面,要强化信息保护能力,重视税务信息安全,从信息管税的角度控制税收立法风险、税收征管风险和纳税遵从风险,[③]从而实现税务信息的共享与安全。

皆因如此,2015 年《“互联网 + 税务”行动计划》要求“做好数据分级保护,落实数据传输安全、存储安全”,中共中央《法治社会建设实施纲要(2020—2025 年)》明确“依法防范网络安全风险”,《中共中央关于制定国民经济和社会发展第十四个五年规划和二〇三五年远景目标的建议》亦要求“深化税收征管制度改革”“全面加强网络安全保障体系和能力建设”,凡此皆指向以数据为中心的个人信息安全议题。观测《税收征收管理法》,既设有“税收协助条款”(第 5 条),也专设“涉税信息共享条款”(第 6 条),还特设“税收信息保密条款”(第 8 条),之于税务信息安全保障无疑具有重大的规范价值。但是,从立法技术来看,其第 8 条第 2 款却表达为“情况保密”,第 13 条和第 87 条要求为纳税人、扣缴义务人、检举人“保密”,体现为纳税人、扣缴义务人、检举人的保密权和税务机关的保密义务,之中未有“信息安全”等立法表述。如此规定是否足以保障税务信息安全?“信息保密”是否等同于“信息安全”?“税收信息保密条款”有无必要升格为“税收信息安全条款”?另外,2018 年《国税地税征管体制改革方案》明确 2019 年 1 月起各项社会保险费(以下简称社保费)交由税务部门统一征收,其他非税收入也逐步交由税务部门征收,如 2021 年 1 月起水土保持补偿费等四项非税收入划转税务部门征收。[④] 那么,税务机关统征统管社保费等非税收入后,社保费信息安全及其他征管问题是否可以援引《税收征收管理法》?凡此问题,皆有必要予以考察和反思。亦如此,文章以《税收征收管理法》第 8 条第 2 款为切入点,以纳税人/缴费人为中心,以税务信息安全保障为主旨,实证考察和反思“税收信息保密条款”及其问题,提出创设“税务信息安全条款”,强化纳税人和缴费人的信息安全能力。

---

① 参见张勇进、章美林:《政务信息系统整合共享:历程、经验与方向》,载《中国行政管理》2018 年第 3 期。

② 参见王世伟:《大数据时代信息安全的新挑战》,载《社会科学报》2013 年 9 月 4 日,第 1 版。

③ 参见袁显朋、赵联果等:《“互联网 + 税务”的机遇与挑战》,载《会计之友》2017 年第 6 期。

④ 参见财政部《关于水土保持补偿费等四项非税收入划转税务部门征收的通知》(财税〔2020〕58 号)。

二、"税务信息安全条款"的实证考察

"法律之所以不能赋予某个主体对信息的专有权,是因为信息(数据)承载着人类文化传承和社会运行发展的公共元素。"①个人信息及其保护的公共性和社会性,决定了这些可识别个人数据的非个人控制性,但也增加了个人信息潜在的安全隐患,预示个人信息保护的重心应从收集转向使用。亦如此,税务信息保护应当兼顾信息的"权利保护"与"自由流通",最终确立以安全为首要目标的税务信息保护模式。② 考察现行财政立法实践,无论是涉税信息还是社保费信息,均有一定的安全保障规范,但更多表述为信息"保密",鲜有专门的税务信息安全保障条款,以致保障方式和力度均有所不足。③

(一)"税收信息安全条款"的梳理与分析:从单行税法到《税收征收管理法》

在现有18部单行税"法"中,既规定了各税种的实体内容,也规定了相关征管内容,甚至有专章规定"征收管理"。但就税收信息保护条款而言,个中规定不尽一致,具体如下:

其一,单行税法中既设有"税收信息共享条款",也专款明示"税收信息保密"。目前仅《契税法》专设"税收信息共享条款"与"信息保密条款":前者体现为《契税法》第13条第1款,要求"税务机关应当与相关部门建立契税涉税信息共享和工作配合机制";后者表现为《契税法》第13条第2款,要求"税务机关及其工作人员对税收征收管理过程中知悉的纳税人的个人信息,应当依法予以保密"。

其二,单行税法中专设"税收信息共享条款",要求"税务机关应当与相关部门"建立"信息共享与工作配合机制",但并未设置"税收信息安全条款"。这种立法模式共涉及8部税种法。例如,《耕地占用税法》第13条明示"建立耕地占用税涉税信息共享机制和工作配合机制"。又如,《环境保护税法》专章规定"征收管理",之中既要求"建立税务机关、生态环境主管部门和其他相关单位分工协作工作机制"(第14条),也要求"建立涉税信息共享平台和工作配合机制"(第15条)。此外,《资源税法》第9条虽不能称为"税收信息共享条款",但要求"税务机关与自然资源等相关部门应当建立工作配合机制";《个人所得税法》《车船税法》《土地增值税暂行条例》虽未专设"税收信息共享条款",但却设有税收协助条款,其核心要点在于"金融账户信息""车船有关信

---

① 高富平:《个人信息保护:从个人控制到社会控制》,载《法学研究》2018年第3期。

② 参见程关松:《个人信息保护的中国权利话语》,载《法学家》2019年第5期。

③ 参见于春敏:《"互联网+税务"模式下纳税人涉税信息保护问题初探》,载《税务研究》2018年第11期。

息”“有关资料”的协助与共享。[①] 即便有的单行立法并未明示信息和信息共享问题，但也有信息共享的具化规定，如《城镇土地使用税暂行条例》第10条明确“土地管理机关应当向土地所在地的税务机关提供土地使用权属资料”。另外，《增值税法(征求意见稿)》《消费税法(征求意见稿)》《土地增值税法(征求意见稿)》也专设信息共享和工作配合机制条款，如《增值税法(征求意见稿)》第44条要求“建立增值税信息共享和工作配合机制”，《消费税法(征求意见稿)》第21条要求“建立消费税信息共享和工作配合机制”。无论是税收协助条款还是涉税信息共享条款，之中信息都居于重要位置，但均未设置信息共享安全保障条款。

其三，单行税法中既无信息共享规定，也未设置信息保密、信息安全保障条款。这在单行税法中数量最多，共计9部税种法和暂行条例。典型如《企业所得税法》，其虽专章规定“征收管理”，但未见相关的信息保密、信息安全条款，《城市维护建设税法》《船舶吨税法》《烟叶税法》《印花税法》《增值税暂行条例》《消费税暂行条例》《房产税暂行条例》《进出口关税条例》亦是如此。

由上可知，纵使有8部单行税法专设“税收信息共享条款”，但却未设置“税收信息安全条款”，有9部单行税法既无“税收信息共享条款”也无“税收信息安全条款”，唯一同时设有“税收信息共享条款”和“税收信息保密条款”的仅《契税法》1部，但立法技术上却表述为“税收信息保密”。与此同时，观测现行18部单行税法、授权行政法规，几乎都在强调依照本法和依照《税收征收管理法》的规定执行，[②]若纳税人、扣缴义务人、税务机关及其工作人员等违反本法规定的，明示依照《税收征收管理法》和有关法律法规的规定追究法律责任。[③] 这可视为一种税务信息保护方式，但保护方式、补足力度等都有待加强。

在征管场域，纵使《税收征收管理法》设有“税收信息保密条款”(第8条第2款)，但也是以“情况保密”予以表述。考察2015年《税收征收管理法修订草案》，其秉承“总则→税务登记→凭证管理→信息披露→申报纳税→税额确认→税款追征→税务检查→法律责任→争议处理→附则”的征管流程体系，其中“信息”一词共计出现29次，“保密”一词出现4次，凸显了税务信息的征管价值。相较于《税收征收管理法》第8条“税收信息保密条款”，《税收征收管理法修订草案》第5条设有“税收协助条款”，且明示各

---

① 参见《个人所得税法》第15条、《车船税法》第10条、《土地增值税暂行条例》第11条。

② 参见《个人所得税法》第20条、《企业所得税法》第49条、《车船税法》第11条、《耕地占用税法》第14条、《契税法》第14条、《资源税法》第9条、《烟叶税法》第6条、《增值税暂行条例》第26条等。

③ 参见《个人所得税法》第19条、《车辆购置税法》第18条、《城市维护建设税法》第10条、《耕地占用税法》第15条、《环境保护税法》第23条、《契税法》第15条等。

有关部门和单位"及时向税务机关提供涉税信息",第 7 条要求"建立、健全税务机关与政府其他管理机关的信息共享制度",第 11 条也设有"税收信息保密条款",与《税收征收管理法》第 8 条第 2 款几乎作了相同的规定,仅增加"法律另有规定的除外"。另外,其专章设置"凭证管理",其中第 29 条明示"从事生产、经营的纳税人、扣缴义务人""保管账簿、会计凭证、完税凭证及其他有关资料"的义务;增设"信息披露"一章,对税务机关获取涉税信息予以细致规定。但是,《税收征收管理法修订草案》更多的是明示纳税人一方的义务,"申报纳税"章第 36 条、"税额确认"章第 47 条、"税务检查"章第 91 条、"法律责任"章第 111 条等皆为例证。

(二)非税收入信息安全规定的实证反思:以社保费征管为中心

自 2019 年 1 月以来,除开社保费由税务部门全责征管外,水土保持补偿费、排污权出让收入、土地闲置费和城镇垃圾处理费、国有土地使用权出让收入等非税收入亦先后划归税务部门征收。在非税收入征管体系中,税务机关是主导性部门,但其征管也离不开财政部等部门的协助。以社保费为例,其征管法规设有信息安全条款,如《社会保险法》第 81 条专设"信息保密条款",2011 年《社会保险个人权益记录管理办法》第 4 条要求"社会保险个人权益记录遵循及时、完整、准确、安全、保密原则",2015 年《机关事业单位工作人员基本养老保险经办规程》第 98 条更是明示"通过互联网经办业务的,应当采取安全措施,确保数据安全"。在征管场域,除 2019 年《社会保险费征缴暂行条例》第 18 条设置"社保信息保密条款"外,2020 年《江苏省社会保险费征缴条例》第 19 条等省级社保费征管规定均有明确社保经办机构负责"保存缴费记录,并保证其完整、安全"。由此论断,围绕着社保费个人信息形成了一定的信息保护机制,但其在静态上仍存在如下安全风险:

其一,虽设有信息传输、信息共享等条款,但并未明示社保费信息内容与类型划分。有的省级征管规定明示社保信息管理,如 2012 年《云南省社会保险费征缴条例》第 23 条规定"建立征缴信息互联网络和信息共享制度",但是,从既有社保费征管规定来看,既未明示税务信息内涵,更别论明晰社保费信息之内涵,以及社保费信息的类型化、层次化,从而使社保费信息保护缺乏具体指引。其二,过于强调社保费收入的取得,而忽视了缴费人权益,《社会保险费征缴暂行条例》第 1 条社保费征缴目的阐明即为例证。在省级社保费征管场域,通过梳理立法目的条款可以得知,社保费征管的目的也在于强化社会保险基金,且几乎都采用"加强社保费征管"的表述,如"为了加强和规范社会保险费的征缴"。① 在实践中,社会保险基金的可持续安全运行受到重视,但

① 《浙江省社会保险费征缴办法》(2005 年省政府令第 188 号)第 1 条。

从缴费视角注重信息安全的较少。其三,“代扣代缴”风险。实定法中,不少法规明示了用人单位“代扣代缴”的法定义务,如《社会保险法》第60条和《社会保险费征缴暂行条例》第12条等均有社保费“代扣代缴”规定。而采取“代扣代缴”方式,虽可确保社保费及时足额征收,但因“部门利益”问题,兼具缴费义务人和代扣代缴人二元角色的单位未必会足额缴纳社保费,从而也隐藏着缴费义务人的法律风险。

三、税务信息保密与安全的语义辨析:以《税收征收管理法》为中心

税务信息共享的前提在于信息安全,基于纳税人、缴费人信息的重要性,以及互联网场域的信息风险挑战,必须重视税务信息安全保障。但从立法技术上看,无论是单行税法中的税收信息保密权规定、《税收征收管理法》第8条第2款“税收信息保密条款”,还是《社会保险费征缴暂行条例》第18条“社保费信息保密条款”,均以信息“保密”表述之。2018年《纳税人涉税保密信息管理暂行办法》也以涉税保密信息为中心,意在“规范对纳税人涉税保密信息管理工作”。此外,《网络安全法》专章规定“网络信息安全”,其第40条要求“网络运营者应当对其收集的用户信息严格保密”。凡此规定,皆指向纳税人、缴费人等主体的信息安全保障问题,需要阐释信息、保密、安全等语词的内涵与外延。

(一)税务信息保护应覆盖整个生命周期

“立法释义学的特征是以维护法律稳定性为基调,以法律实现为目标,以立法技术为主要内容。”①对于个人信息,一般可以从静态和动态两个维度来识别和判定。从静态向度论断,个人信息的核心在于识别性,“凡是能够识别特定个人的信息,无论是直接识别到还是间接识别到特定个人的信息,均为个人信息”。② 但是,静态维度的“界定看似囊括了所有可能受到保护的个人信息,实则是将个人信息置于动态化和场景化的危险之中”。③ 在大数据纷繁复杂的环境下,个人信息的界定是动态的,“随着拥有数据的主体、使用的场景、数据保存的期限、技术的发展而变化,这就决定了个人信息界定的场景性和动态性”。④ 在此场景中,应以个人为中心,引入合理标准,在具体场景中评估信息处理行为的合理性,并以“尊重场景”与“收集与利用限制”规范之。故而从动态意义上看,个人信息概念的内核在于其“关联性”,任何能够关联到个人身份或者个性特

① 刘风景:《立法释义学的旨趣与构建》,载《法学》2016年第2期。

② 高富平:《个人信息保护:从个人控制到社会控制》,载《法学研究》2018年第3期。

③ 齐爱民、张哲:《识别与再识别:个人信息的概念界定与立法选择》,载《重庆大学学报(社会科学版)》2018年第2期。

④ 王利明:《数据共享与个人信息保护》,载《现代法学》2019年第1期。

征的数据都可归入个人信息范畴。税务信息作为个人信息的具体化,定然要强调其识别性和关联性,既要注重税务信息的收集、存储、使用、加工、传输、提供、公开(共享)与使用,也要遵循充分保护原则,关注税务信息整个生命周期的安全,而不是仅限于信息的静态保护。亦如此,在税务征管中充斥海量税务信息的背景下,以"秘密""保密"表述的"税收信息保密条款"能否达到税务信息安全保障的目标?《税收征收管理法》中究竟是设置"税收信息保密条款"还是"税务信息安全条款"?皆要深入反思与考证。

(二)税务信息保密与安全的语义澄清

"从语体意义上而言,立法语言是专业性与通俗性、准确性与模糊性两对矛盾的统一体。"[①]这揭示了税收立法的明确性诉求,要求立法语言的选择应始终秉持简约、确定和标准的风貌与格调。[②]《数据安全法》和《个人信息保护法》作为个人信息或数据安全保障的基本法,"税务信息保密条款"的反思与升格必然需要对比予以考察和借鉴。具体而言,《数据安全法》专注"数据安全",《个人信息保护法》聚焦"个人信息处理规则",侧重点有所不同:前者更加强调总体国家安全观,注重国家、集体、个人等利益的全面保护,且无论是第1条对立法目的的阐明,还是"数据安全与发展""数据安全制度""数据安全保护义务""政务数据安全与开放"章节,均说明其不仅是为了保护数据安全,更重要的是为了保护数据安全与平衡发展;后者作为个人信息保护领域的"基本法",侧重于对个人信息、隐私等涉及公民自身安全的保护,旨在实现个人信息保护与利用的动态平衡,第1条立法目的的阐释即为例规,对于个人信息保护,信息处理时要求遵循知情同意原则,但"有法律、行政法规规定应当保密"是为例外,第18条、第19条和第35条堪称典范。为此,有必要考虑信息保密与信息公开的关系,在信息安全的前提下注重税务信息的共享与公开。

在本质上,公共"安全"不仅具有"价值的实现不受威胁"的价值属性,也具有"免于事故和损失"的科学属性。但是,安全本身并不是问题,"多安全才算安全"才是问题。[③] 一般来说,保密是"一种不让秘密泄露,保守事物的秘密的行为","安全","通常是指人没有受到威胁、危险、危害、损失","是免除了不可接受的损害风险的状态"。在保护范围上,网络安全注重信息的保密性、完整性、可用性和可控性,信息安全也在于保障信息的保密性、真实性、完整性、可用性、合法使用性等,故而2000年国际标准化组织(ISO)将"信息安全"定义为"对信息的保密性、完整性和可用性的保护",主要指对

---

① 褚宸舸:《论立法语言的语体特点》,载《云南大学学报(法学版)》2009年第2期。

② 参见杨颖:《立法语言:从模糊走向明确》,载《政法论丛》2010年第6期。

③ 参见丁翔、张海波:《大数据与公共安全:概念、维度与关系》,载《中国行政管理》2017年第8期。

政府内部计算机系统安全的被动保护。[①] 由此可知，税务信息安全涵摄信息的完整性、可用性、保密性和可靠性等特质，信息"保密"只是信息安全的一部分，"保密"的范围要小于"安全"。比如，《税收征收管理法实施细则》第5条"为纳税人、扣缴义务人保密的情况"仅指"商业秘密及个人隐私"，而《网络安全法》第45条却将"保密"的范围扩展至"个人信息、隐私和商业秘密"。是故，税务信息保密一般指向的是国家秘密、商业秘密和个人隐私，呈现的是一种静态保护模式，属于消极的保护方式，展示的仅是税务机关的信息保密义务及其特殊情形下的信息披露义务。

而"安全"则不限于静态维度的信息保护，它是一种积极的信息保护方式，体现为一种动态的安全保障，覆盖信息的整个生命周期，包括信息的共享与使用的安全保障。税务信息安全具体有两方面的含义：一是信息本身的安全，主要是指采用现代密码算法主动保护信息；二是信息防护的安全，主要是指采用现代信息存储手段主动防护信息，如通过数据备份等手段保证信息安全。[②] 而信息保密属于狭义上的信息安全，即通过控制关键信息的获取和传播，保障信息的完整性、保密性，使其免受侵害。从立法实践来看，2018年《纳税人涉税保密信息管理暂行办法》虽只有第11条强调"安全"，明示"税务机关对纳税人涉税保密资料的存放场所要确保安全，配备必要的防盗设施"，但也注意到信息安全的使用场域。虽然第8条规定"税务机关内部各业务部门、各岗位人员必须在职责范围内接收、使用和传递纳税人涉税保密信息"，但没有明示税务信息安全。皆因于此，为了深入践行总体国家安全观，整体性地保障税务信息安全，有必要修改《税收征收管理法》"税收信息保密条款"，增设"税务信息安全条款"。

四、"税务信息安全条款"的税法表达

大数据的本质是基于互联网基础上的开放共享、互融互通，但同时要注重数据安全，以数据安全保障开放共享，以开放共享促进数据安全，保障信息主体的基本权利。专注税务信息安全，是为了维护个人对其信息的支配，维护私法自治，维护个人的人格尊严。而除了强化涉税信息安全性技术保障，如建立涉税信息安全监控机制外，更应以纳税人、缴费人为中心，强化税法对权利保护的基本理念，补强《税收征收管理法》第8条"税收保密条款"，构造体系化的税务信息安全保障条款，系统地提升税务信息使用与共享的安全性。

---

① 参见相丽玲、陈梦婕：《试析中外信息安全保障体系的演化路径》，载《中国图书馆学报》2018年第2期。

② 参见郝自飞：《跨平台获取数据与信息孤岛、数据信息安全、资源共享问题的探讨》，载《信息与电脑》2018年第1期。

(一)增设"税务信息安全条款"

税收法治当以"法定"为先,"税法不单纯是税务机关行使征税权的根据,即征税之法,更重要的是,税法是保障纳税者基本权利的、旨在对抗征税权滥用的权利之法",①亦如此,党的十八届三中全会提出"落实税收法定原则",党的十八届四中全会要求"全面推进依法治国"。为充分体现税收法定原则的具体要求和发展趋向,同时立足税务信息保护原则的普适性、差异性和中介性特质,②有必要对纳税人、缴费人等主体信息安全保障予以法律确认,而不仅仅是限于税务信息保密。对于税务信息安全条款的设计,有两种方案可供选择:一是在短期内修订现行《税收征收管理法》第8条"税收保密条款",将其升格为"税务信息安全条款";二是从长远来看,承接《税收征收管理法》第5条"税收协助条款"和第6条"涉税信息共享条款",创设"税务信息安全条款",拓展"税收保密条款"的内涵与外延,使纳税人、缴费人之税务信息安全得到充分保障。

综合各种因素考虑,以《税收征收管理法》第8条第2款和《税收征收管理法修订草案》第11条第5款为中心,修订现行"税收保密条款"或许是一种较务实的立法选择。具体条款可以考虑表述为:"纳税人、扣缴义务人有权要求税务机关为纳税人、扣缴义务人的税务信息提供安全保障。税务机关应当依法为纳税人、扣缴义务人的税务信息采取必要的安全保障措施,法律另有规定的除外。"当然,除适时修改《社会保险法》《税收征收管理法》中的社保费等非税收入征管条款外,新设《税收征收管理法》"税务信息安全条款"后,《税收征收管理法》既要明定税务机关统一征收社保费的征收权限,也应明晰税务信息安全条款同样适用于非税收入征管。③ 此外,《数据安全法》和《个人信息保护法》已通过并付诸实施,纳税人、缴费人税务信息安全保障是否适用这些规定,亦需要予以明确。

(二)明示税务信息安全保障主体的权力(利)与义务

"互联网+税务"蓝图是治理全局在税务管理局部领域的缩影,是国家治理现代化抽象概念在税务部门的具体实现。④ 秉承"信息保密→信息安全→信息安全保障"的路径,税务信息的安全保障不仅需要明确纳税人、缴费人等向税务机关提供税务信息的义务,也要专设税务信息安全条款,同时《税收征收管理法》还应明定关联主体的信息安全保障权力(利)、义务和责任:

---

① [日]北野弘久:《税法学原论》(第4版),陈刚、杨建广等译,中国检察出版社2001年版,第18页。

② 参见张怡等:《税务信息管理法制创新研究》,法律出版社2017年版,第148~149页。

③ 参见张成松:《税务主导背景下社会保险费征管协助机制构造研究》,载《江西财经大学学报》2021年第1期。

④ 参见谢波峰:《"互联网+税务"的内在逻辑及蓝图构建浅析》,载《财贸经济》2017年第2期。

其一，明示纳税人、缴费人等税务信息共享主体的权利与义务。对于个人来说，除开个人主动申报信息外，应明确个人应当履行税务信息申报与协力义务，以及明确在此过程中的信息安全保障义务。于第三方主体而言，要明示第三方信息报告的协助义务、安全保障责任，以及赋予税务机关进行信息共享的权力，使信息保密与信息公开达到最佳平衡点。[①] 其二，明确税务机关对于税务信息的保护职责，对税务机关掌握的信息应当区分密级分别管理。有必要细化税务信息类型，并将其分为一般信息和保密信息，采取不同的规制方式和保护力度：对于一般信息，税务机关仅需依照法律的规定进行共享即可，以排除保密义务的方式规定税务机关获得税务信息的途径；对于个人隐私利益、单位商业秘密等保密信息，未经纳税人明确的同意，不得基于协助（协力）以外的目的予以公开。也即，对于税务机关来说，要明确规定税务信息的共享范围与保密规则，对可能损害纳税人合理利益甚至人身财产安全的信息给予保密，从而保障纳税人的信息安全。

（三）补强税务信息安全的法律责任

大数据技术能够通过特定的算法从信息中不断挖掘出新的信息，这就可能侵害个人信息权利和隐私权。亦如此，基于税务信息安全保障诉求，有必要补强税务信息法律责任条款，建立严格的责任追究机制，如建立涉税信息共享备案审查机制、申报信息不实的惩处机制。但从《税收征收管理法修订草案》的规定来看，有关税务信息安全的责任规定过多地强调纳税人的责任，如第50条规定“纳税人未履行本法规定的信息记录、保管、报告以及配合税务检查等义务的”责任，而对税务机关不履行安全保障义务或履行不当的法律责任，则规定不多。《个人信息保护法》和《数据安全法》都专章规定了“法律责任”，如《数据安全法》第45条“国家机关不履行数据安全保护义务”之规定，修订税务信息责任条款时可予以参照和借鉴。在法律责任条款设计上，可以从国家机关不履行个人信息保护义务的法律责任、个人信息侵权行为的民事责任、个人信息公益诉讼制度、个人信息侵权行为的治安管理处罚和刑事责任等方面展开，从而形成集民事责任、刑事责任和行政责任于一体的税务信息安全法律责任体系。

（责任编辑：陈娇娇）

① 参见徐伟学：《大数据语境下的涉税信息共享与信用规制》，载《学术界》2019年第12期。

论我国破产重整所得税优惠：介绍美国税法实践*

封延会** 贾晓燕***

摘 要：税收之债作为公法债务在破产重整中地位特殊。重整中税收债权能够获得较好的清偿，继续对重整涉及的交易征收所得税会造成与债权人之间权利义务的进一步失衡。当前重整所得税安排与重整拯救存在价值与手段上的冲突，处于破产状态下的企业应当有不同于正常经营时企业的税收政策。破产状态下的债务重组收入并非真正意义上的收入，应当允许债务人不确认债务重组所得。另外，介绍美国破产重组的所得税实践，允许一定条件下亏损的结转弥补，能够激励更多的企业参与重整，也将有利于长期税收利益。

关键词：重整；所得税；并购重组；亏损结转

一、当前破产重整税收政策是否有助于企业拯救？

重整是破产法确立的企业拯救制度，是对陷入困境但又具有营业价值的企业进行再生的程序。税收债权被置于重整程序中同其他类别债权一并解决。一方面，破产法在实体方面给予了税收债权较优先顺位；另一方面，受制于税收法定原则和减免程序的复杂，税务部门很难在重整计划中对税收之债进行减免。因此，在我国重整实践中（破产程序开始之前产生的）税收债权往往都能得到较好的清偿。

但进入破产程序之后，除上述存量税收债权外，由于重整交易安排，在重整程序中还会有新的税收产生，如何解决潜在的新生所得税直接关系重整的成败。为鼓励企业

---

* 本文系山东省社会科学规划研究项目一般项目“新旧动能转换视域下破产审判中的税收之债研究”（项目批准号：18CSPJ15）的研究成果。

** 法学博士，山东理工大学法学院副教授。

*** 法学硕士，山东理工大学法学院副教授。

重组,2009 年财政部、国家税务总局发布了《关于企业重组业务企业所得税处理若干问题的通知》(财税〔2009〕59 号,以下简称 59 号文),这是当前涉及重组所得税安排的最重要的文件,[①]但文件设置的情形未能很好地与破产法相匹配。概括而言,当前重整中的所得税面临两方面的困境:

1. 缺乏对破产重整中"债务重组所得"的优惠安排

对于 59 号文规定的企业重组形式,破产重整最常用的是债务重组,[②]且"债务人应当按照支付的债务清偿额低于债务计税基础的差额,确认债务重组所得"。根据《企业所得税法实施条例》第 22 条的规定,债务重组收入应当构成企业收入。可见债务重组所得来自其他债权人的让步,对破产中的重组所得征收所得税面临对债权人公平性的质疑,也与破产法拯救困境企业的目标相冲突。

2. 缺乏重整税收激励机制

从国外相关的情况看,美国、日本和德国都注重利用税收手段支持引导企业重组的开展,企业重组税收政策较科学完备,呈现服务经济发展的鲜明导向性。[③] 59 号文为鼓励重组,对企业重组所涉及的企业所得税区分不同条件分别适用一般性税务处理和特殊性税务处理(也称免税重组)。特殊性税务处理的交易方式、适用条件等难以与破产重整相适应,给予破产重整必要的税收优惠已经广泛讨论但始终未有实质性行动。[④]

一方面,如何对重整计划中的经济活动征税关系交易各方对成本的测算和对交易可行性的判断;另一方面,相关税收政策的缺乏也给破产管理人资产处置、税务部门的税收管理造成了巨大风险。本文介绍了美国重组所得税立法和破产重整的实践,分析我国当前破产重整中的所得税问题。总体上说,所得税优惠主要体现在对债务重组所得免税,激励机制则主要体现在(债务人)亏损的结转弥补方面。以下将分别在第二和第三部分讨论。

---

① 2014 年 12 月 25 日财政部、国家税务总局发布了《关于促进企业重组有关企业所得税处理问题的通知》(财税〔2014〕109 号)对 59 号文的部分条款进行修改,放宽了特殊性税务处理的适用条件,但并未改变重组所得税处理的框架。因此本文的研究仍基于 59 号文展开。

② 59 号文第 1 条规定,债务重组,是指在债务人发生财务困难的情况下,债权人按照其与债务人达成的书面协议或者法院裁定书,就其债务人的债务作出让步的事项。

③ 参见尹磊、徐红根、周光炜:《企业重组税收政策的国际比较与启示——以美国、日本和德国为例》,载《国际税收》2020 年第 10 期。

④ 2017 年 8 月 3 日,最高人民法院提出将推动建立破产税收优惠机制,研究制定针对破产企业豁免债务和财产处置所得的税收优惠制度;2017 年 12 月 22 日,国家税务总局《对十二届全国人大五次会议第 7352 号建议的答复》、2018 年 7 月 17 日《对十三届全国人大一次会议第 2368 号建议的答复》、2018 年 7 月 16 日《对十三届全国人大一次会议第 2304 号建议的答复》。

二、债务重组所得的所得税处理

破产法下的企业重整,意在通过重整计划达成一系列交易安排使企业走出债务困境获得重生。重整计划几乎不可避免地都包含了债务重组条款,由此债务人账面形成重组所得。

(一)我国税法中的债务重组所得

根据59号文的规定,债务重组,是指在债务人发生财务困难的情况下,债权人按照其与债务人达成的书面协议或者法院裁定书,就其债务人的债务作出让步的事项。债务减免旨在降低债务人的负担,从债务人角度,债务的减少构成了企业收入。[①] 按照《企业所得税法实施条例》,债务重组收入构成企业总收入的一部分。59号文对债务重组所得视不同情况分别适用一般性税务处理和特殊性税务处理。

1. 债务重组的一般性税务处理

按照59号文第4条第2项的规定,企业债务重组,债务人应当按照支付的债务清偿额低于债务计税基础的差额,确认债务重组所得。适用一般性债务处理主要针对两种重组方式:非货币资产清偿和"债转股"。无论采用何种交易方式,双方均需要确认相关资产的所得或损失。债务人确认所得意味着应当根据当前企业所得税法的规定缴纳企业所得税。一般性税务处理时债务人未获得现金流入,但仍需缴纳所得税,这将对债务人产生财务压力。

2. 债务重组的特殊性税务处理

按照59号文第5条的规定,适用特殊性税务处理应当符合以下条件:(1)具有合理的商业目的。(2)被收购、合并或分立部分的资产或股权比例符合规定的比例。(3)经营连续性要求,即企业重组后的连续12个月内不改变重组资产原来的实质性经营活动。(4)股权支付,即重组交易对价中涉及股权支付金额符合规定比例。(5)权益连续性要求,即企业重组中取得股权支付的原主要股东,在重组后连续12个月内,不得转让所取得的股权。

债务重组的特殊性税务处理:(1)企业债务重组确认的应纳税所得额占该企业当年应纳税所得额50%以上,可以在5个纳税年度的期间内,均匀计入各年度的应纳税所得额。(2)对于债转股,对债务清偿和股权投资两项业务暂不确认有关债务清偿所得或损失。即从债务人角度,暂不确认清偿所得。

---

① 负债减少构成企业收入,如财政部《企业会计准则——基本准则》第31条规定,收入只有在经济利益很可能流入从而导致企业资产增加或者负债减少且经济利益的流入额能够可靠计量时才能予以确认。

从以上可知,在企业债务重组所得占企业当年应纳税所得额过高的情况下,为缓解现金流出压力,可以获得递延纳税的特别处理,即5年内均匀计入各年应纳随所得额。

(二)美国债务豁免收入的处理

根据通常的所得税规则,免除的债务构成收入。[①] 债务免除时,债务人虽没有收到现金,但债务人的净财富在免除的范围内增加。美国税法中对符合条件的债务人某些资产的收购交易可以享受免税待遇,即免税重组。其适用条件也与我国适用特殊性税务处理的规定类似,如投资的连续性、业务的连续性等。[②] 理由在于,尽管投资形式发生了变化,但其经济实质仍是一样的:在符合条件重组交易中,在新公司中延续了原来的财产利益。

所得税制度本身可能导致没有经济意义上的收入而被征收所得税。美国联邦最高法院很早就发现了这个问题,指出这种交易不产生收入,相反会导致损失。[③] 通常税收制度要对实现(realization)的收入征税,如资产处置。这种区别突显了税法定义收入与经济收入之间的区别,即在确定什么构成收入时,应从实质而非形式方面予以分析。[④] 尽管债务免除导致财富的增加,但破产的债务人却没有从资本和劳动力中获得收益,或者通过出售、转换资产获得利润,即收入并未实现。因此美国税法开始突破,规定如果纳税人在清偿债务时处于无力清偿状态(insolvent),纳税人可以将免除的债务从总收入中减除。[⑤] 后续的立法进一步扩展了原有的范围,即依据破产案件而产生的债务免除都不视为收入,[⑥]而无论免除时债务人的偿付能力如何。这一例外回归了一个基本认识,即破产中的债务人没有收入。

(三)我国债务重组所得

首先,59号文的规定未能关注到因破产而发生的重组交易,进而为重整设定特别规则,导致其适应性严重不足。与企业正常状态的重组相比,破产重整是企业在特定情境下采取的重组措施,旨在通过资产、股权、债权一系列交易寻求最优的架构以摆脱困境,二者在交易安排上具有相当的一致性。59号文并未对破产法下的重组做出特别安排,导致它所确立的所得税政策,不仅不利于推动企业拯救,甚至极大阻碍了重整的

---

① I. R. C. §61(a)(12).

② I. R. C. §368;Treasury Regulations §1.368 -1(2011), §1.368 -2 (2010)。

③ Bowers v. Kerbaugh-Empire, 271 U. S. 170,175(1926).

④ Hirsch v. Comm'r of Internal Revenue, 115 F. 2d 656, 657 (7th Cir., 1940).

⑤ I. R. C. §108(a)(1)(B).

⑥ I. R. C. §108(a)(1)(A)(2012).

进行,造成了重整中债权人之间撕裂乃至新的不公平。

如"债转股"的方式进行的债务重组,债权人获得的是债务人的股权。而重整实践中债权人换取的股权既有原债务人的股权,也包括第三方的股权(如通用公司重整案债权人获得新通用的股权)。(文件)制定者一方面希望以递延的方式为债务人减轻当期税款支付的压力,另一方面又希望债权人通过股权支付方式来锁定资产的纳税属性。①

其次,破产领域一个基本共识是破产中的债务人没有收入。对债务重组所得征税(尽管可以递延)将进一步加剧资金流出,与企业拯救的理念存在冲突。另外,从量能课税原则的角度看,破产企业濒临生死存续边缘,负税能力基本为零,征收所得税与企业自身的经济状态和纳税能力不匹配。

最后,对债务重组所得征税将造成债权人之间新的不公平。税收债权在破产法中的顺位较高,加上税款债权减免程序上的困难,因此在重整计划中往往会得到较好的保障。而其他类别的债权,包括有财产担保的债权,都被迫需要进行债务减免。我国债权"回收率"较低,②意味着债权人损失较大。再对债务重组所得征收所得税将导致税务部门与其他类别债权人之间不平衡的加剧。

退一步讲,根据59号文,即便获得特别纳税处理,也仅仅是递延纳税。从实践中看,高额的税款支出形成的交易成本足以阻却重整交易的发生,这也与税收中性的原则相违背。如"温州中城建设集团有限公司重整案",税务部门对于申报债务豁免收入以及重整完成后作债务重整收入申报收入,并以此主张应征企业所得税。经人民法院与税务部门多次协商,才最终同意将该问题暂时搁置。③ 这造成了税务部门履职风险,也造成了管理人纳税风险。

2018年国家税务总局曾在《对十三届全国人大一次会议第2304号建议的答复》中阐述对债务重组所得税问题的观点。④ 概括来说:(1)根据所得税原理,缴税之前可以先弥补企业已有的亏损,从而减少应纳税所得额。(2)根据59号文的规定,5年递延纳

---

① 王池:《法际交集中的重整企业所得税:理论协调与制度重构》,载《法学评论》2020年第6期。

② 张旭东、韩长印:《中国大陆营商环境破产"回收率"指标的提升路径问题》,载《月旦财经法杂志》2020年第45期。

③ 潘光林:《论破产涉税若干问题的解决路径——基于温州法院的实践展开》,载《法律适用》2018年第15期。

④ 国家税务总局办公厅:《对十三届全国人大一次会议第2304号建议的答复》,载国家税务总局官网2018年12月5日,http://www.chinatax.gov.cn/n810214/n2015391/c3935071/content.html?from=groupmessage。

税已经是优惠。

对此笔者不能认同。关于亏损弥补,各个国家一般都不允许永续结转,如我国规定的最高弥补期限为5年。而破产重整企业一般都是多年亏损,账面上的亏损一旦超过法定弥补时限,就无法在税前予以扣除。因此,亏损税前扣除减轻重整企业的税负,最多惠及因资不抵债而陷入财务困境的企业,而无法帮助因现金流不足以向债权人偿还当前债务的企业。[①]

另外值得注意的是,2021年2月13日部门发布了《关于推动和保障管理人在破产程序中依法履职进一步优化营商环境的意见》(发改财金规〔2021〕274号)。该文提出要"落实重整与和解中的所得税税前扣除政策"。该意见提出,对于破产企业根据资产处置结果,人民法院裁定批准或认可的重整计划、和解协议确定或形成的资产损失,依照税法规定进行资产损失扣除。该政策如果能够落实,经税务部门认定的资产损失能够冲抵债务重组所得,从而降低应纳税所得额。在实践中,企业发生资产损失之后,需要根据税法的规定进行申报才允许税前扣除。清单申报和专项申报所要求的文件、证据众多,程序烦琐。人民法院批准或认可重整计划的裁定增加了企业申报资产损失的依据,能够便利债务人申报。资产损失扣减收入的政策一直存在,该意见增加了税务部门认定的依据,但并非新政策。

免除破产重整情境下对债务重组所得的征收,才能从根本上解决债务重组所得不真实、不公平的情况。

三、亏损结转弥补:破产重整的税收特例

企业在其经营过程中形成的某些事项构成计算企业所得税的因素,包括尚未确认的资产损失、分期确认收入的处理以及尚未享受期满的税收优惠政策、未弥补的亏损等,称为计税属性或税收属性,我国企业重组税法中统称为"所得税事项"。在企业重组交易中,税收属性承继规则——即企业重组中税收属性能否以及如何在不同企业之间转移——是重组所得税制度的重要内容。其中最重要的是,亏损的结转弥补问题。

亏损结转弥补,是指收购公司在收购亏损的目标企业时,税法允许收购公司使用目标公司累计未弥补亏损来减少自己的应税所得,从而使收购公司减少企业所得税缴纳的制度。一些学者认为,"税制是对公司并购交易产生激励的首要因素。如果税收政策允许被并购方可抵扣的暂时性差异随同资产或法人财产权益的转移而转移,则又

① 叶熙昊:《破产重整企业债务豁免所得税规则的检视及其优化》,载《湖南税务高等专科学校学报》2020年第1期。

会产生税收递延利益激励”。[①] 在企业免税重组中，如何防范所谓“公司间亏损交易”是所得税反避税制度的重要内容。即在鼓励企业并购重组保持税收中性的同时，又防止盈利公司仅仅是为了获得税收上的好处而收购一个非营利公司。

企业正常经营状态下的并购重组，多数国家都对亏损结转弥补实行严格限制，国内学者对此已经有了广泛的比较研究。[②] 美国税法中对破产重整中的并购所得税作了特殊的安排，其税收属性(主要是净营业亏损)可以保留并用于结转弥补后期的收入。由于亏损是被收购企业重要的税收属性，与企业共存，如果债务人破产清算，税收属性也将随之耗散。而破产重整能够保持债务人公司的完整，同时能够保留其税收属性。税法中的特殊安排或税收激励，极大地促进了破产重整，为发现公司存续价值和公司拯救发挥极其重要的作用。

（一）我国重组所得税中的亏损结转

59号文对企业采取合并或分立的方式重组涉及的亏损结转作了如下安排：(1)一般性税务处理，被合并企业的亏损以及不得在合并企业结转弥补；企业分立相关企业的亏损不得相互结转弥补。(2)特殊性税务处理，要求被合并企业股东在该企业合并发生时取得的股权支付金额不低于其交易支付总额的85%，此时对于原被合并企业的亏损可以采取限额结转，即合并企业弥补的被合并企业亏损的限额=被合并企业净资产公允价值×截至合并业务发生当年年末国家发行的最长期限的国债利率。

结转限额的原理在于，限额等于假定企业没有被并购而自行继续营业时其净资产所能够产生的收益(该收益率设定为最长期国债收益率，因为国债利息收入在企业所得税法中被定为免税收入)。假定合并未发生，该收益可以用于弥补公司以前年度的亏损。发生合并之后，可以结转弥补的亏损也被限定为该数额。

对于并购引发的亏损结转，59号文限制非常严格，杜绝公司重组而发生的亏损转让交易，这与大多数国家的做法是一致的。

（二）美国破产重整的所得税实践

1. 破产重整与税法的交叉

破产重整为濒临困境的债务人提供了重生的机会：通过自动终止规定寻求破产保护，停止所有债权人的强制执行或对债务人财产的权利主张，案件转入债务人与债权人的谈判。破产案件将创建一个破产财团，所有债务人的资产(有形的和无形的)都被

---

① 计金标、王春成：《公司并购税制的理论与实践》，载《税务研究》2011年第5期。

② 吴申军：《对德国和美国税法中防止公司间亏损交易规则的比较分析》，载《财经理论与实践》2004年第2期。

视为破产财产。

重整的债务人制订重整计划经司法确认而获得新生。该计划通常对债权人进行分类,债权人可以获得债务人或新成立的公司的股权。[①] 或者是根据“清算计划”,债务人出售其资产,将收益分配给债权人以清偿其债权,然后解散。[②] 按照“清算计划”能够获得与第7章(“破产清算”)实质相同的结果,区别在于债务人能够根据第11章管理其资产的出售。第11章的规定给了重整公司更多的市场选择,越来越多的债务人根据破产法第11章进行清算,而非第7章,即在现任管理团队主导下制定“综合11章计划”,实现重组和清算双重效果。

重整计划实质上是一个分配行为,需要详细说明各类别权益如何以及在多大程度上承担经济利益和负担。债务人除起草该计划外,债务人还必须进行充分的财务和非财务方面的信息披露,尤其是债务人持续经营的估值。毕竟第11章的主要功能还是要保持所有资产潜在的经济价值,满足债务人的求偿要求。而税法规则不仅促进企业利用联邦破产程序来解决财务困境,而且还为破产财产创造额外价值。

2. 税收属性:通用会计准则下的资产

美国破产法的很多案例都展示了第11章下的税收属性的重要性,如净营运亏损(net operating losses, NOL)。[③] 根据联邦税法,破产债务人的某些税收属性被视为归入破产财团中。[④] 财产权是破产财团的组成部分,依据历史成本、持有期限和性质确定其价值。NOL是债务重组公司的一笔巨大资产,数据显示,NOL占公司破产前资产价值的平均值为62.8%,中值为37.4%。[⑤]

在破产重整中,债务人应该根据重整计划公平、平等地确认并分配经济价值。税收属性带来了一些观念上的挑战。虽然初看上去,税收属性仅仅是会计簿记事项,但是很多这样的属性都是由利益相关者主观评价的,同时其评价方法也非常复杂。下面从会计和法律的角度分析税收属性作为资产的功能。

(1)会计视域下的税收属性的资产性质

进入破产阶段债务人需要提交资产负债清单,但问题是:税收属性的价值是否属

---

① Parker v. Motors Liquidation Co. (In re Motors Liquidation Co.), 430 B. R. 65, 72 (S. D. N. Y. 2010).

② 11 U. S. C. § 1123(b)(4).

③ 公司在纳税年度扣除额超过总收入时,会产生净营运损失。根据美国《国内收入法典》第172条的规定,净经营亏损结转年限和结转金额。在一般情况下,在一个纳税年度产生的净经营亏损,可以在之后的20个纳税年度结转扣除。

④ I. R. C. § 1398.

⑤ 王佐发:《预重整制度的法律经济分析》,载《政法论坛》2009年第2期。

于破产资产。根据会计准则,一般认为资产是由于过去的交易或事项而获得或控制的、可预期的未来经济利益。从这个定义出发,某些税收属性,如结转亏损、税收抵免结转,在公司的资产负债表上都记录为“递延税项资产”。例如,营运亏损通常能够向前两年转结从而产生税收返还,向后 20 年结转从而减少相应期间的应税收入。① 这些税收属性能够抵减后续所得税的支出,因此可以进行估价。税收属性对于困境中的公司来说是一笔重大资产,其面值甚至超过公司市值。正是由于这个原因,无论是破产程序之内还是之外,公司都全力保护其税收属性的价值。② 虽然税收属性在会计原则下都一贯地视为资产,但通常并不会在债务人初始的资产披露中告知破产法院。按照惯例,债务人任何的资产类别的披露都不会包括税收属性的价值。从形式角度看,最初重整信息披露表格没有明确包括税收属性。美国法院认识到税收属性(特别是 NOLs)在重整程序中的重要价值,2015 年修订后的财产披露表格中增加了 NOL 的披露要求。③ 更有甚者将其明确地纳入“除外资产”。④ 这可能有两种原因,首先是资产与其估值之间的界限模糊;更深层次的问题在于这些资产是否算作破产财产的确具有不确定性。

(2)美国通用会计准则下税收属性的资产价值衡量

美国通用会计准则下,递延税项资产受估值规则的约束。它要求公司在确定资产价值的时候,考虑所有的正面的和负面的因素,需要根据公司将来实现情况进行减值处理。对于递延税务资产,公司必须考虑到“估值备抵”,即将来税收返还没有那么多或者部分税收资产不能实现等情形。

根据这些要求,困境公司通常会基于公司的亏损历史和未来产生应税收入的不确定性对递延所得税资产采取全额估值备抵。这种保守立场基于这样一种假设:即公司过去的惨淡的经营预示着将来一段时期难以产生利润。当公司进行全额估值备抵时,其递延税收资产在财务报表上的价值为零。以“Solyndra 公司破产重整案”为例,⑤在破产申请之前的财务申报表中,其递延税务资产的价值为零。其声明称:由于历史经

---

① I. R. C. § 172(b)(1)(A)(2012).

② 张婷、胡丽玲编著:《预重整制度理论与实践》,法律出版社 2020 年版,第三章“预重整经典案例”,第 70 页。

③ See B 206 A/B, Schedule A/B: Property(non-individuals), US Court(Dec. 1,2015),https://www.uscourt.gov/sites/default/files/from_b20bab_0.pdf.

④ Schedule of Assets and Liabilities for Eastman Kodak Co. at 5, Eastman Kodak Co. v. Apple Inc. (In re Eastman Kodak Co.),No. 12 – 10202(ALG)(Bankr. S. D. N. Y. Apr. 18,2012).

⑤ In re Solyndra LLC, No. 11 – 21799 (Bankr. D. Del. Sept. 6,2011).

营的亏损,公司对递延税项资产进行了全额估值备抵。[①] 该公司向破产法院披露的初始资产(不包含任何税收属性)在表面上与财务报表保持一致,该财务报表记录了递延税务资产记为零。

由此,会计规则与联邦破产程序的交叉产生了一个特殊结果:债务人最重要的资产却在破产案件开始时并未进行披露。但在破产法的视域下,虽然税收属性在会计准则中归入资产,但并不被视为破产财产。

(3)税收属性的可转让性:一般规则

即便考虑到由于预期的债务减免,税收属性的数额可能发生相应的削减,对于大多数的破产财团而言,其仍然具有极其重要的价值。但从破产法的视角,问题在于:有资产价值的税收属性是否构成破产财产?或者仅仅是一项法律权利,即债务人将来由于税法的规定,有可能获得的价值。这个问题涉及财产法上的一个重要的区别:"不仅存在没有价值的财产,而且也存在没有财产的价值。"财产不是财富,在现代会计准则下构成"资产"的东西,在法律意义上可能不是"财产"。类似售酒许可证[②]、通信委员会的许可证等,税收属性一般被视为法律的产物或政府许可。他们未来能够为公司带来经济收益,但政府也可以通过修改联邦税收法律、法规或解释来随时撤销。

通常来说,税收属性是一项难以转化或者货币化的资产。因此它更像法律权利或资格,而非私有财产。尽管在第11章的重整案件中,债务人的税收属性视为转移到破产财产中,但它不能在债务人清算程序中存在,也不能根据重整计划直接分配给利益相关者。税收属性是专属于公司的资产,美国法律对其的限制可以分为直接限制与间接限制。

对税收属性直接转移的限制与公司所得税的基本性质是一致的,由于公司作为法律实体已经缴纳了税收,其自身的收益和损失不会转换主体流入到股东名下。在税法中,无论是通过破产清算还是其他方式,没有相关机制能够使公司向包括股东在内的其他任何人转移分配其税收属性。

税法同样还禁止间接(如通过改变公司纳税人的所有权)转移税收属性价值,其目的主要是防止滥用,即通过亏损结转用于抵销其他纳税人获得的收入。为此法律建立了多重规则防止纳税人通过收购亏损的公司,获取它们累积的税收损失,并以此抵销收购人未来的收入。美国税法很早就确立了合理商业目的要求来防止滥用。"如果任

---

① Consolidated Financial Statements of Solyndra, Inc., (Amendment No. 1 to Form S-1), at 168 (Mar. 16,2010).

② Jackson v. Miller (In re Jackson),93 B. R. 421,423(Bankr. W. D. Pa. 1988). 该案认为,使用酒类许可证进行的担保是无效的,根据州法律该许可证被列为非财产。

何人或个人获得……公司的控制权……收购的主要目的是逃避联邦所得税。那么国务卿可以否决这种扣除、抵免或者其他免除。”①

但目的审查存在诸多困难，国会转而寻求划定明确界限，限制公司通过转让所有权将其拥有的税收属性价值间接地转移给他人。所谓所有权的改变，以直接或间接地持有一家公司的5%的股权股东进行测试，如果在3年中持股变化超过50%则被视为所有权变更。② 也就是说，如果一定比例的公司股票转手，税收属性的使用将面临限制。

税收属性间接转移(如通过并购重组)，收购人使用这些税收属性也受到严格限制。当所有权发生转移时，公司每年运用其净营运亏损的比例等于公司转让之前的价值乘以当月及之前两个月可变长期免税债券收益率的最高值。例如，一家公司有1000美元的营运亏损，在公司所有权转让时其公允市场价值为600美元，那么可用的营运亏损则降低至400美元。假设发生公司控制权转移时国债利率为3%，每年可用的营运亏损降至15美元。如果公司不能延续其历史业务，其可用的净营运亏损则降至零。③ 这些规则应用于公司兼并收购资本重组，旨在抵销公司投资的税务后果。由此，至少在破产之外，税收属性类似于“无财产的价值”。

对于正常经营的企业，其税收属性(主要是经营亏损)结转的限制，59号文与美国的做法是基本一致的。

(4)破产重整中的税收属性转移：特别规则

美国税法一些规定与破产法的理念保持一致，它认识到公司面临的困境，给予特别的政策支持使公司能够通过破产程序解决财务困境。税法设计了税收属性转移结转的特别规则，适用于根据美国破产法第11章重整计划而发生的所有权变更。通过允许第11章的公司保留其净营运亏损，即使所有权发生了变化，仍可以用于抵减未来公司的收入，从而将债务人的有价值的税收属性从法律权利转化为一项能够货币化的财产。

美国并购重组类别中专门增加了一项，即《国内税收法典》§368 (a)(1)规定的G型重组。它规定根据破产法或类似案件，依据法院批准的重整计划，债务人将其全部或部分资产转让给另一家公司；并把获得的受让资产的公司的股票或证券依据第354条、第355条或第356条的规定分配给其股东或证券持有人。④ 债务人的证券持有人如果将其权益交换为收购债务人资产的公司或收购公司控制的其他公司的股票或证券，将不会确认收益或损失。但如果根据《国内税收法典》§354、§355，证券持有人收

---

① I. R. C. §269(a)(1)(2012).

② I. R. C. §382(g).

③ I. R. C. §382(c)(1); Treas. Reg. §1.368-1(d)(2012).

④ I. R. C. §368(a)(1)(G)(2012).

到任何货币或财产则必须确认收益。[①] 为了享受这种优惠待遇,破产公司的原股东和债权人的某种组合,必须在债权清偿时获得重组后的债务人至少50%的权益。[②] 50%的股权须满足"旧的和持续"(old and cold)的持有要求,即利益相关方持有该权益不少于18个月。

这些规则非常宽松,允许脱胎于破产程序的公司不受限制地使用营运亏损,[③]也不受企业经营连续性要求的限制。[④] 有赖这种规定,很多第11章下的重整计划都将其模式设置为债权人获得股权利益,以换取其部分或全部债权。需要指出的是,根据第11章的计划,如果两年内发生第二次所有权的变化,可用的营运亏损将减低到零。[⑤]

与类似处境的非破产公司相比,税收法规给破产状态的公司更多的优惠。它们带来的价值提升不只是以整体税负减少的形式出现的。通过放宽转让限制,它们使破产财团中规模最大的资产之一不像法定权利,而更像是一项财产。通过允许税务属性实际转移到公司的新所有者(如选定的前债权人和/或股东群体),税法允许企业利益相关者将这些资产货币化,成为可交易的财产,这使破产法第11章的重整极具吸引力。

关于税收属性的财产观在破产法中得到了清晰体现,法官通常将某些有价值的税收属性作为破产财团的财产利益来对待,破产法官也采取积极措施为破产财团利益而保护税收属性。为此,法院通常禁止股东采取任何可能对债务人未来使用其税收属性的能力产生不利影响的行动。1991年第二巡回上诉法院的一项决定,债务人的唯一股东进行了股票缩减,法院认为,这种缩减毫无价值从而违反了自动终止规则。根据税法,这种做法会引起所有权的改变,从而导致净营运亏损的价值灭失。[⑥] 美国俄亥俄州北部地区破产法庭承认这些资产的或有性质,并解释说:"净营运亏损具有潜质的价值,但目前为止,尚未确定它将使债权人受益,并将帮助债务人进行重组。"[⑦]根据这一理念,许多破产法庭理所当然地禁止大股东在案件悬而未决期间进行股票交易。

这种司法处理与"将债务人所有有价值的一切都纳入债务人财产"的法律所要求是一致的。用美国纽约南区破产法院的话来说,"毫无疑问,亏损公司产生了净营业亏

---

① Treas. Reg. § 1.368 - 1(2011) and § 1.368 - 2 (2010).

② I. R. C. § 382(1)(5)(E)(i).

③ I. R. C. § 382(1)(5)(2012).

④ Treas. Reg. § 1.382 - 9(m)(1).

⑤ I. R. C. § 382(1)(5)(D).

⑥ In re Prudential Lines Inc. ,928 F. 2d 565,573 - 74 (2d Cir. 1991).

⑦ In re Phar-Mor, Inc. ,152 B. R. 924,927(Bankr. N. D. Ohio 1993).

损,亏损的抵免等都属于破产财团的财产"。[①] 第八巡回法庭对税收属性持有相似的观点,指出"结转净营运亏损的权利"构成了破产财产中的"财产权益"。[②]

(三)我国建立税收属性承继的可行性

59号文仅对企业合并形式的重组规定了亏损限额结转,其他均不存在结转的可能。笔者认为,可以增加涉及破产重整中的所得税规则,设定经营亏损等税收属性的结转条件,允许结转亏损。

1. 允许亏损结转承继与追求长期的税收利益相一致

企业重组是企业对资金、资产、股权、劳动力、技术、债务等要素进行重新配置与重新组合,以搭建更合理的框架或生产经营模式,提高绩效。对破产企业的重组能够激活原有的生产要素。允许使用原企业亏损能够吸引第三方投资人投入完成企业的升级,保持长期税收利益。

2. 与破产法追求的企业拯救的目标相一致

对破产企业给予必要的税收激励和特殊的税收安排是多数国家的通常做法。税法规则首先应当考虑破产企业的特殊状态,不能使破产重整企业经济状态进一步恶化;其次应尽可能地鼓励并促进企业拯救。在企业重组所得税安排中考虑破产企业的状态,设计免税破产重组。对于重整行为允许结转亏损的优惠方式不会造成当期造成税收减少,只有企业重整成功获得盈利时才能真正享受到这种优惠措施。这与追求企业拯救的破产法理念是相通的。

3. 与其他税种的税收优惠政策保持一致

2012年国家税务总局发布的《关于纳税人资产重组增值税留抵税额处理有关问题的公告》规定,增值税一般纳税人在资产重组过程中,将全部资产、负债和劳动力一并转让给其他增值税一般纳税人,并按程序办理注销税务登记的,其在办理注销登记前尚未抵扣的进项税额可结转至新纳税人处继续抵扣。对于重组中的增值税留抵税额采取了结转抵扣的方式。

(四)我国亏损结转承继制度设计

亏损结转等税收属性的承继问题是重组交易中反避税制度设计的重要事项。破产条件下发生的重组事项税收属性的转移规则,同样存在防止滥用的问题。未来制度设计需要考虑以下几个方面:

---

① Nisselson v. Drew Indus., Inc. (In re White Metal Rolling & Stamping Corp.), 222 B. R. 417, 424 (Bankr. S. D. N. Y. 1998).

② Gibson v. United States (In re Russell), 927 F. 2d 413, 417 – 18 (8th Cir., 1991).

1. 完善企业债务重组所得税处理的规则

现有的重组所得税安排需要对破产重整时发生的重组交易给予特别安排，将债务人的有价值的税收属性从法律权利转化为一项能够货币化的财产。不同于企业常态下进行的重组事项，重整企业涉及重组交易的合法性由人民法院进行审查。

2. 适用约束条件

首先，税收属性的承继仅适用于依据破产法对债务人进行破产重整。由于破产清算将导致债务人主体资格灭失，相应的税收属性将不复存在。债务人存续是适用这一规则的前提。其次，股权支付。债务人的股东或债权人等权益持有人，以参与重整的新公司的股权进行清偿，持有该公司股权达到50%以上，并且其持有必须达到一定的期限（如18个月或24个月等）。如果原权益持获得财产、货币分配，则不能享受此优惠。再次，股权稳定性要求。如果重整债务人在两年内发生第二次所有权的变化，可用的营运亏损将减低到零。即两年之内不得再次进行转移承继。最后，亏损结转期限限制。根据《企业所得税法》的规定，企业纳税年度发生的亏损，可以用以后年度的所得弥补，但结转年限最长不得超过5年。对于税收属性的承继，也同样受到企业所得税法的约束。

四、结语

本文讨论了企业破产重整时的所得税优惠问题。企业破产重整往往伴随企业债务重组，因此本文讨论的重点围绕着与之相关的国家税务总局59号文展开。

债务重组所得是一种“收入”，但并非真正意义上的所得。对债务重组所得征收所得税与破产重整所体现的拯救价值存在根本性冲突，也将在债权人中制造新的不公平。即便近期相关文件要求税务部门加强对企业重整造成的资产损失的认定，也仅是一定程度上缓解了这一问题，但并未根本性地改变重整债务人资金继续流出的境地。对于破产情形下发生的债务重组，应当允许债务人不确认债务重组所得，避免对重整债务人、债权人造成损害。

当然，有税收优惠和税收激励就难免产生滥用。破产重整在享受亏损结转的同时应遵守什么样的条件，仅是作者初步思考，仍需要结合我国市场状况和所得税规则进一步地研究确定；如何设定条件防止将破产重整用作战略，以避税为目的滥用公司重整，保证实质性的而非形式上重组需要更深入的分析；如果税收属性能够结转并成为破产下的资产，在破产程序中有效地披露、评估，公平地分配该资产对于保持破产重整正当性异常重要。这些都有待进一步深入研究。

（责任编辑：郑俊典）

突发事件应对视域下的财政收支平衡*

严秋斯**

摘　要：应对突发事件过程中财政收支平衡的主要矛盾，在于既要扩大财政支出又要削减财政支出。财政法律规则有限制地保留了自由裁量授权，使其具备了应对突发事件的灵活性。从"应对突发事件核心矛盾的不同方面"和"是否编制新的预算"两个维度可以将应对突发事件的财政法律规则归纳为4个规则区域，分别为"在现有预算下扩大财政支出的规则""编制新预算以扩大财政支出的规则""在现有预算下缩小其他支出的规则""编制新预算以缩小其他支出的规则"。4个区域对应了4类规则，分别为"专项支出/动支预备费""举债/税式支出""科目之间的资金流用""严格的经费管理"。不同区域包括不同制度目标、不同程序要求的规则类型，以此构成完整的规则系统。

关键词：突发事件；财政收支平衡；行政自由裁量权；规则系统

"经济法是危机应对之法"，危机应对政策的有效施行离不开经济法的保障。① 以应对突发事件(emergency)的政策为例，无论是增加支出、放弃收入，还是流动性支持，都与经济法(尤其是财政法律规则②)有深刻的内在关联。鉴于此，有必要聚焦财政收支这一与突发事件应对休戚相关的调整对象，论证财政法律规则应对突发事件的理论

---

* 本文系司法部国家法治与法学理论研究项目一般课题"优化税收营商环境法律问题研究"(编号：19SFB2051)的研究成果。

** 北京大学法学院博士研究生。

① 张守文：《当代中国经济法理论的新视域》，中国人民大学出版社2018年版，第169、202页。

② 我国目前尚未有统一的财政基本法、财政支出法、财政收入法等法律，且学界对"财政法"的概念内涵与边界亦未有共识，因此选用"财政法律规则"这一较宏观的概念来描述调整财政法律关系，尤其是财政收支法律关系的规则。参见任际：《财政法理论研究》，法律出版社2016年版，第13～49页。

基础,分析财政法律应对突发事件的规则维度,形成突发事件应对视域下财政收支平衡的规则系统,从而更好地指导实践。

一、财政法律应对突发事件的应然使命

突发事件的经常发生决定了不能依赖"一事一议"的被动应对,而是需要建立系统全面的法治机制。明确突发事件的概念,厘清突发事件应对的矛盾症结,并在此基础上论证财政法律规则在突发事件应对中的应然使命,是制度构建的首要工作。

(一)突发事件与相关概念辨析

风险社会理论用"灾难"(disaster)来描述社会面临的异常情况,[①]而在中文语境下,"灾难"一词更多地被用来描述自然事件,且带有显著的负面价值评价,难以准确地描述社会异常情况的复杂与多样。由此,制定法选取"突发事件"这一更中立和客观的概念描述"社会正常运行的例外"。[②] "突发"意为突然、意外,[③]无论事件的起因是自然的还是人为的,事件发生的领域是政治的还是经济的,只要是突然的、意外的、出人意料的,就包含在"突发事件"的概念中。

在相关研究中,"风险"和"危机"也经常被用来描述社会运行的例外。从三者的逻辑关联来看,风险是一种未发生的可能性,所以任何风险在发生之后,都不能称为"风险",会向其他形态转化,而危机就是转化结果之一。[④] 因此,"危机"是"风险"的实践性后果,[⑤]风险的积聚可能产生各类危机。[⑥] 但是,"风险"和"危机"之间的因果关系是潜在的,由"风险"到"危机"的转化存在显性化的过程,而"突发事件"就是这一隐性因果关系显性化的通道。[⑦]

所以,"突发事件"事实上是串联起"风险"与"危机"的纽带,讨论"突发事件"的应对事实上已经涵盖对"风险"防范和"危机"应对的探讨。相对"不确定"的"风险"和涉及领域极广的"危机","突发事件"作为一个具体的、已发生的事实,其应对政策的集中

---

① "风险社会是一个灾难社会。"参见[德]乌尔里希·贝克:《风险社会》,何博闻译,译林出版社2004年版,第22页。

② 突发事件的法律定义可参见《突发事件应对法》第3条第1款。

③ 参见夏征农、陈志立主编:《大辞海·语词卷》,上海辞书出版社2011年版,第3523页。

④ "风险是积极后果和消极后果的结合体。"风险也有可能向积极结果转化,所以此处强调"危机"只是"风险"的结果之一。参见杨雪冬等:《风险社会与秩序重建》,社会科学文献出版社2006年版,第17~18页。

⑤ 参见张海波:《风险社会与公共危机》,载《江海学刊》2006年第2期。

⑥ 参见张守文:《当代中国经济法理论的新视域》,中国人民大学出版社2018年版,第170页。

⑦ 参见童星、张海波:《基于中国问题的灾害管理分析框架》,载《中国社会科学》2010年第1期。

度、关联度和系统性更强,也更能反映在“突发事件”这一“风险”到“危机”的枢纽上,政策承前启后的考虑。研究“突发事件”的应对政策既能看到前期的预防考虑,亦能反映当下的应急需要,也能体现未来中长期的制度安排。因此,本文选取“突发事件”作为研究视域,探讨应对“突发事件”的财政法律规则。

(二)突发事件带来的财政收支矛盾

“现代市场经济国家的政府治理依赖于其如何征集、怎样使用和怎么管理财政资金。”①财政资金是政府权力配置的重要资源,尤其在突发事件的应对中,财政资金的缺口更大、保障难度更高、央地矛盾更尖锐,财政资金的充足供给至关重要。

公共风险的最终承担者是财政,公共风险通常会转化为财政风险。“平衡财政风险与公共风险,是当今财政政策抉择的基本依据。”②从财政角度看,应对突发事件的核心在于如何解决巨额的财政资金缺口问题。一方面,突发事件的应对需要大量的直接资金投入,这需要有充足的财政资金来源;另一方面,突发事件影响社会生产,税基将整体减少,加之税收优惠政策的利益减让,财政资金可能大幅减收。增支和减收并存的状况使财政资金面临撕裂,资金来源不足却必须支持刚性支出是突发事件应对亟待解决的难题。

从理论上说,政府可以充分行使财政权,通过财政资金的横向流用乃至代际协调填补财政资金缺口,手段无外乎发行货币、增加税收以及发行公债。其中,发行货币易导致通货膨胀,增加税收有违减让收入的政策目标,因而发行公债成为政府普遍选择。虽然政府发行债务增加投资有助于缓解需求不足,但是公债发行规模过大可能引发债务危机。2014年修订后的《预算法》允许地方政府举借债务,但债务规模受到严格限制。③ 即使是应对突发事件,政府也不能通过违规超发债务和列支赤字弥补资金缺口,否则这部分监管外的资金将给国家财政安全带来巨大威胁。简言之,财政权的行使必须受到预算平衡原则的约束。

预算平衡的要求落实到预算编制和财政工作层面具体表现为“以收定支”原则。④“以收定支”意指“量入为出”,要求“以收入有限性为依据框定支出限界”。⑤ 突发事件造成的资金来源不足,反映在预算上就是财政收入的减少,基于“以收定支”原则,财政

---

① 叶姗:《财政赤字的法律控制》,北京大学出版社2013年版,第1页。

② 刘尚希、傅志华等:《中国改革开放的财政逻辑(1978—2018)》,人民出版社2018年版,第98页。

③ 参见《预算法》第35条第2款至第5款。

④ 此处的“以收定支”原则来自我国预算法制实践,理论层面对于究竟是应“以收定支”还是“以支定收”还有诸多探讨。参见蔡茂寅:《财政法:第二讲财政收入总论(上)》,载《月旦法学教室》2009年第77期。

⑤ 参见白景明:《全面认识坚持“以收定支”原则》,载《中国财政》2020年第13期。

支出也应相应地缩减。然而,应对突发事件的直接财政资金投入却无法因收入的减少而缩减,反而需要持续地增加。突发事件带来的特定需求难以完全依赖市场配置资源,需要政府动用财政资金满足供给,①为了遏制突发事件造成的影响进一步扩大,短时间内直接投入的增加是必须的。在预算的逻辑下,财政资金投入和扩大财政支出之间的关联是直接的,财政资金的投入需要通过财政支出扩大的途径纳入预算管理,从而实现合法化。但是,与一般性的行政支出所具有的弹性不同,②应对突发事件的财政支出具有很强的刚性,难以实现"以收定支"下的削减,反而需要不断增加。

综上所述,应对突发事件的关键问题在于解决直接投入增加和资金收入减少造成的资金缺口。在"以收定支"的原则下,资金收入减少必然要求财政支出的削减,而直接投入的增加和支出的刚性又要求财政支出不但不能削减反而应该扩大。所以,应对突发事件的关键问题在于解决既要扩大财政支出又要削减财政支出之间的矛盾。这一矛盾源自预算平衡的约束,也应当在预算的框架内寻求解决。由此,如何实现应对突发事件既扩大支出又削减支出的预算目标,是财政法律应对突发事件的责任所在。

二、财政法律应对突发事件的理论基础与规则维度

突发事件带来的支出矛盾需要财政法律应对,财政法律规则也预留了应对突发事件的空间。

(一)财政法律规则的灵活性:行政自由裁量权

在全口径预算下,政府所有财政收支纳入预算统管。财政资金的预先安排和预算文件的法律约束力有效限制了行政机关的财政权,理论上财政权不存在任意性。然而,"由于计划之做成不管如何慎重与精密,既然其属对将来情事的预估与基于此等预估之先期反应,在性质上终究不免受限于人类预知将来能力的有限性,预期外情事的发生亦属事所恒有"。③ 突发事件就是预算执行过程中的"变化",这一"变化"带来的支出矛盾要求规则具有灵活性。为此,财政法律规则有限制地保留了自由裁量权,构成了财政法律规则应对突发事件的理论基础。

自由裁量权的保留来自情事变更原则的支持。情事变更原则源于合同领域,是指

---

① "许多社会和经济问题都可以通过更多的政府干预,尤其是通过增加公共支出来加以解决。"参见[美]维托·坦齐、[德]卢德格尔·舒克内希特:《20 世纪的公共支出》,胡家勇译,商务印书馆 2005 年版,第 91 页。

② 行政计划的弹性意指国家"有多少钱,办多少事"。参见马寅初:《财政学与中国财政:理论与现实》,商务印书馆 2001 年版,第 53 ~ 55 页。

③ 蔡茂寅:《预算法之原理》,台北,元照出版有限公司 2008 年版,第 23 页。

不可预见之事发生时允许变更或解除合同的法理。[①] 之所以需要将其迁移至预算中，是因为预算执行时的外在环境不完全在预计范围内，而预算的长期性却需要预算具备应对外在环境变化的功能，这为情事变更原则创造了适用场景。“预算的实质在于配置稀缺资源，意味着在潜在的支出目标之间进行选择”，[②]它是一种支出优先权的安排。现实的复杂性使预算执行时面临的经济环境可能与编制时比产生了重大变化，支出的优先级次需要调整。预算中的情事变更原则，是指预算执行中发生重大变化时允许调整支出优先级次的法理。

需要注意的是，即使以情事变更原则为依据，财政法律规则保留的自由裁量授权也必须是有限度的。行政裁量是“法律授权行政机关在行政案件符合法定的构成要件时，能拥有决定是否产生法律效果或产生何种法律结果之权限”。[③] 这是一种附条件的授权，只有在所附条件成就即满足法律规定的构成要件时，行政机关才可以决定具体的法律结果。以《企业所得税法》第36条为例，该条文授予国务院制定企业所得税专项优惠政策的权力，条件为“国民经济和社会发展的需要，或者由于突发事件等原因对企业经营活动产生重大影响”，其是一项有限度的行政裁量授权。可见，财政法律规则通过行政裁量授权保留了应对突发事件的空间，也限制了权力的任意行使。

约束自由裁量权的必要性来自对权力滥用的担忧。“自古以来的经验表明，所有拥有权力的人，都倾向于滥用权力，而且不用到极限决不罢休。”[④]尽管这种权力作用于特殊条件，但它的滥用仍将背离法律授权的目的，侵害公民权利。“行政机构实现它们认为紧迫的目的的热情，会使它们看不清它们的职能，而且还会致使它们认为宪法对它们的限制以及对个人权利的保障，在面对它们热情努力实现其所认为的最为重要的政府目标时，都应当让路。”[⑤]仍以制定专项税收优惠政策的授权为例，若国务院在“重大影响”这一条件尚未成就时就颁布了税收优惠政策，或是颁布的税收优惠政策力度过大，已远超必要，那么就会对部分企业不合理地减让了税收利益，侵害了其他纳税人的权益，造成税收不公平。

---

① 参见韩世远：《合同法总论》(第3版)，法律出版社2011年版，第378页。

② [美]爱伦·鲁宾：《公共预算中的政治：收入与支出，借贷与平衡》(第4版)，叶娟丽、马骏等译，中国人民大学出版社2001年版，第2页。

③ 陈新民：《中国行政法学原理》，中国政法大学出版社2002年版，第152页。

④ [法]孟德斯鸠：《论法的精神》(上卷)，许明龙译，商务印书馆2017年版，第185页。

⑤ Roscoe Pound, *The Rise of the Service State and Its Consequences*, in S. Glueck, ed., The Welfare State and the National Welfare, Mass, 1952, p.220. 转引自[英]弗里德里希·冯·哈耶克：《自由秩序原理》(下册)，邓正来译，生活·读书·新知三联书店1997年版，第14页。

(二)财政法律规则的维度划分

突发事件的不可预知使突发事件难以类型化,无法根据突发事件的分类分别制定相应措施。所以,有必要重新建立分析维度,梳理应对突发事件的财政法律规则系统。

从既要扩大财政支出又要缩小财政支出的矛盾出发,可以按照"应对突发事件核心矛盾的不同方面"这一横向维度将应对规则分为"扩大财政支出的应对规则"和"缩减财政支出的应对规则"。其中,"扩大财政支出的应对规则"是指突发事件发生时授权行政机关扩大与应对相关的财政支出的规则。对应地,"缩减财政支出的应对规则"是指授权行政机关缩减其他财政支出,以支持应对支出的规则。简言之,"扩大财政支出的应对规则"意指政府如何"筹钱",而"缩减财政支出的应对规则"意指政府如何灵活"省钱"。

在纵向上,应对突发事件的规则可以按照"是否编制新的预算"这一维度分为"不改变现有预算下的应对规则"和"编制新预算下的应对规则"。其中,"不改变现有预算下的应对规则"是指当前预算年度内不进行预算调整,仍在突发事件发生前编制的预算基础上寻求应对的规则。对应地,"编制新预算下的应对规则"是指通过编制新预算实现应对的规则。"编制新预算下的应对规则"又可以细分为两个具体的维度,即"当前预算年度内通过预算调整编制的新预算"和"跨年度的预算编制"。

需要补充的是,纵向划分看似也可以选择"规则持续时间""规则的应急效果""突发事件影响大小"等维度,但是之所以选择"是否编制新的预算",是因为笔者认为,只有从约束规则的不同预算入手才能实现根本性的区分。不可否认,其一,不改变现有预算的规则相较下一年度编制新预算而言确实属于短期的应对;其二,现有预算下的规则相较需要耗时较长的新预算编制而言也更具应急性;其三,现有预算下的规则足够解决的情形通常也意味着突发事件影响较小,影响较大的突发事件需要中长期的系统性应对,这必然需要通过新预算安排。从这 3 点来看,选择另 3 个维度都有一定的解释力。但是,短期和中长期的界限是模糊的,究竟持续时间多长才属于中长期?紧急程度的标准也是模糊的,什么程度才算作紧急?影响程度更是难以用大小衡量,且按照影响大小划分则又陷入突发事件类型化的困境。相较而言,"是否编制新的预算"则是更为明确和根本的划分维度。

综上所述,从"应对突发事件核心矛盾的不同方面"和"是否编制新的预算"两个维度可以将应对突发事件所需的财政法律规则进行 4 个区域的区分(如图 1 所示),不同区域分别代表不同目标、不同程序的规则类型。横向维度下的划分是并列的,矛盾的解决是两方面共同作用的结果;纵向维度下的划分则是渐进的,应先在当前年度的预算下寻求解决,在现有预算不足时启动预算调整,建立年度内的新预算,若下一周期预算编制时矛盾仍未解决,再编制新的预算。

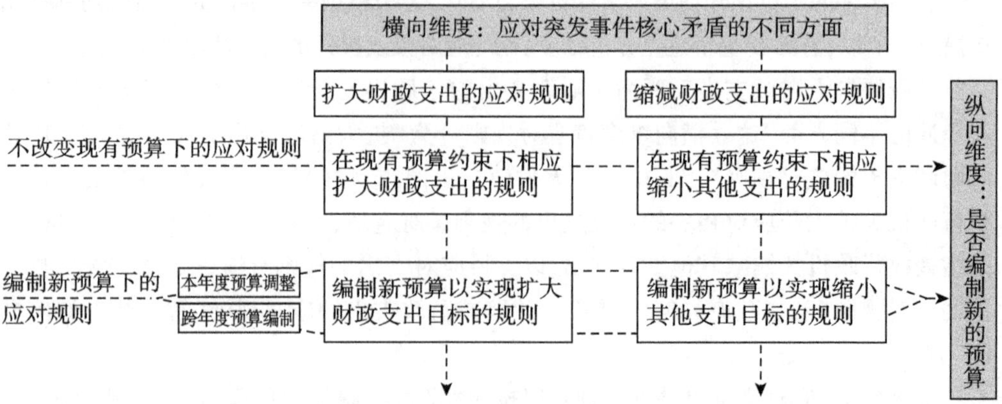

图1　应对突发事件的财政法律规则维度划分

三、财政法律应对突发事件的规则系统:兼论“授权”与“限权”

如图2所示,基于维度的划分,4个区域分别对应4类不同的规则,形成应对突发事件的财政法律规则系统。如前述,突发事件的应对规则应当实现有限度地自由裁量授权,因此在梳理规则体系的基础上,有必要进一步思考规则设置中“授权”与“限权”的博弈,从而更好地理解规则,指导实践。

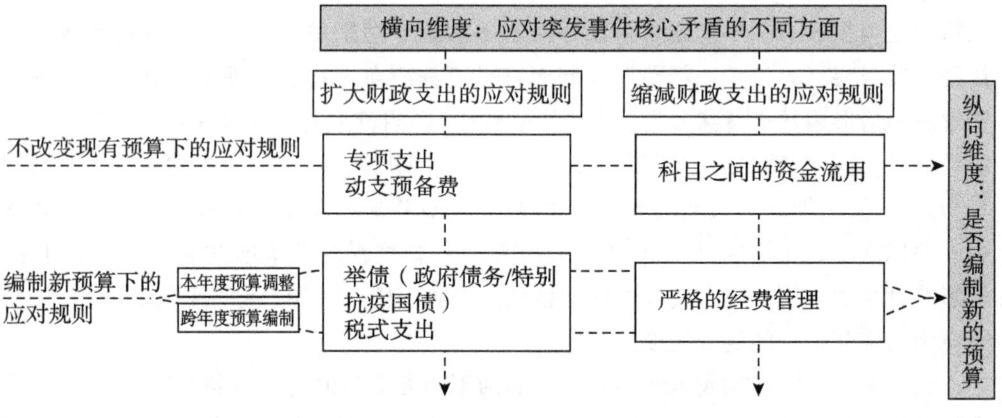

图2　应对突发事件的财政法律规则系统

(一)在现有预算下扩大财政支出

当突发事件影响有限,财政支出的扩大仍可承受时,现有的预算也保留了扩大支出的空间,可分为“专项支出”和“动支预备费”两类。

“专项支出”包括“预算制定时确定的专项资金安排”和“专项转移支付”两项。专项资金是预算编制时的特别安排。例如,一般公共预算收入科目中的“灾害防治及应急管理支出”类目,安排的是应对年度中可能出现的灾害或紧急情况的专项资金。[①] 在“预算年度开始后,各级预算草案在本级人民代表大会批准草案前”的“真空”时期,各级预算草案也可以安排用于自然灾害等突发事件处理的支出。[②] 专项资金的安排具有特定性,在突发事件发生时,此类专项资金应当被首先启用。

但是,专项资金的数额只能根据往年情况预估,预算数十分有限,难以弥补较大的资金缺口。当专项资金不足时,地方政府的财政资金还可以来自中央政府的转移支付。对于突发事件等特殊情况,预算法设置了专项转移支付制度。[③] 中央对地方的转移支付包括5种类型,其中的“应急类专项”就是“中央为帮助地方应对和处理影响区域大、影响面广的突发事件而设立的专项转移支付”。[④] 中央多次对地方下达包括基本公共卫生服务补助资金、医疗救助补助资金、医疗服务与保障能力提升补助资金在内的多项转移支付资金,为财政支出提供了有力保障。[⑤] 专项转移支付虽有提前下达预计数的做法,但与年度预算一同编制,执行中的转移支付一般不纳入预算调整,不会影响预算平稳运行。[⑥] 同时,专项转移支付动态下达,地方政府在预算执行过程中可以通过“申请—批准”的程序要求新增,使其更具灵活性。对于中央政府来说,专项支出的自由裁量体现在国务院通过“申请—批准”实现的对专项转移支付额度的安排,这一权力的行使受到预算中专项转移支付总额度的限制。对于地方政府来说,虽然资金规模有限、支出目的特定,但是其在管辖范围内的资金分配和项目的选择上仍有自由裁量权。

当重大突发事件发生时,专项转移支付也可能面临不足的困难。重大突发事件是罕见且不可预知的,预算编制时无法预知本年度是否会出现重大突发事件,且将有限的资源过度分配到发生概率很小的重大突发事件中可能会对其他领域的支出造成影

---

① 《2020年政府收支分类科目》(财预〔2019〕142号),第97~100页。

② 参见《预算法》第54条。

③ 《预算法实施条例》第10条。

④ 《中央对地方专项转移支付管理办法》(财预〔2015〕230号)第3条。

⑤ 参见《充分保障疫情防控和“三保”经费(国务院联防联控机制发布会)》,载《人民日报》2020年3月6日,第2版。

⑥ 参见《中央对地方专项转移支付管理办法》(财预〔2015〕230号)第19条第1款、《中央对地方专项转移支付管理办法》(财预〔2015〕230号)第13条、《预算法》第71条。

响,年度预算编制时不能、也不允许将此考虑其中,针对性地作出大规模专项支出的安排。因此,动支预备费成为专项支出不足时的进一步举措。预备费是在编制预算中预留的、不安排具体用途的资金,①以因应专项支出不足或因预算编制时未能预料而未设科目的支出需要。②《预算法》规定了预备费的使用范围兜底性地包括"其他难以预见的开支",使其实质上未对预备费的支出目的作出具体的限制。③ 这事实上实现了对行政机关的自由裁量授权,即行政机关可以根据情况决定预备费的动支及其用途与规模,不受上级限制,亦无须通过立法机关的审批,但存在授权过度、限权不足的风险。④

(二)编制新预算以扩大财政支出

预备费作为年度预算编制的预留资金,必须控制规模,否则可能影响财政资金效能的发挥。⑤ 所以,如果突发事件特别重大,预备费也可能不足,需要拓展其他资金来源。其中,借款或者发行债券是世界各国通用的手段。

"等价定理"认为,政府举债是税收负担的代际转移。⑥ 从代际公平来看,债务财政作为公共资本支出的一种筹资手段是合适的。⑦ 然而,虽然政府举债确有增加财政收入、进而平衡预算的功能,但是为了防止政府滥用举债权透支未来周期的税收,非常严厉地限制政府发行公债的权力是各国财政法律的理性选择。⑧ 我国修订后的《预算法》允许地方政府发行债券举借债务,但是规模必须在国务院下达的限额内,且预算执行过程中的新增举债必须列入本级预算调整方案。⑨ 为了应对突发事件提高政府债务限额的做法使预算实际运行偏离了原有预算收支的安排,当预算基础发生了变化,适

---

① 参见马蔡琛编著:《如何解读政府预算报告》,中国财政经济出版社2002年版,第58页。

② 参见马蔡琛编著:《如何解读政府预算报告》,中国财政经济出版社2002年版,第255页。

③ 参见《预算法》第40条。

④ 《预算法》第64条规定,"各级预算预备费的动用方案,由本级政府财政部门提出,报本级政府决定"。由此可知,预备费的动支由政府自行决定,因而中央和省级政府的预备费也有"总理预备费"和"省长预备费"的别称,表明政府具有动支预备费的自由裁量权。

⑤ 《预算法》第40条规定,预备费的设置比例为一般公共预算支出额的1%~3%。

⑥ 参见[英]大卫·李嘉图:《政治经济学及赋税原理》,郭大力、王亚南译,译林出版社2014年版,第137~139页。

⑦ 参见[美]理查德·A.马斯格雷夫、[美]佩吉·B.马斯格雷夫:《财政理论与实践》(第5版),邓子基、邓力平译校,中国财政经济出版社2003年版,第598页。

⑧ 参见[澳]杰弗瑞·布伦南、[美]詹姆斯·M.布坎南:《征税权——财政宪法的分析基础》,载[澳]杰弗瑞·布伦南、[美]詹姆斯·M.布坎南:《宪政经济学》,冯克利等译,中国社会科学出版社2004年版,第124~128页。

⑨ 《预算法》第35条第2款。

用情事变更原则时必须进行预算调整,否则增加的地方政府债务将在预算外运行,可能引发债务风险。

预算是"调整适应中的艺术"。① 预算调整,是指因预算执行中发生的特殊情况,预算执行受到了重大影响,为确保预算执行符合客观的经济与社会发展情事,而对原预算进行的部分调整或变更。② 预算执行中可能会发生骤然而急速的变化,预算可能无法继续执行或者继续执行显失公平,因而必须进行调整,以实现正义。政府在情况发生重大变化时具有预算调整的自由裁量权,但其权力行使必须符合情事变更原则的要求。

特别地,动支预备费和启动预算调整是有先后顺序的,我国《预算法》第 69 条规定,预备费不足时才能启动预算调整,也佐证了纵向维度的渐进逻辑。为了规范政府裁量权的行使,各国的预算法律制度对预算调整机制的启动门槛、程序以及执行监督均作出了限制。

从实践来看,地方政府增加举借债务数额,进而需要同步调增预算总收入和总支出的情形,是触发地方政府进行预算调整的主要因素。2020 年,财政部分 4 批下达了新增的地方政府债务限额,并由中央统一发行了抗疫特别国债向地方分配。③ 各省级政府大多通过预算调整对这两部分新增债务收入安排落实,这便是地方政府行使预算调整自由裁量权的体现。

出于防控债务风险的考虑,大规模举债需要数年甚至更长的时间摊薄,减少财政体制的波动。在年度内预算调整的基础上,编制新一年度预算时可以对继续扩大的举债需要进行安排。但是,政府跨年度的举债权也不是任意的,需要受到权力机关预算审批权的限制,《预算法》第 48 条规定,"预算安排举借的债务是否合法、合理,是否有偿还计划和稳定的偿还资金来源"是各级人民代表大会对预算审查的重点内容。遗憾的是,虽然《预算法》强调中央政府举借债务应当控制规模,且需要管理债务限额及债务余额,④但是未明确债务警戒上限,对债务风险的控制效果有限。

① 参见[美]罗伊·T. 梅耶斯等:《公共预算经典——面向绩效的新发展》(第 1 卷),苟燕楠、董静译,上海财经大学出版社 2005 年版,第 483 页。

② 参见叶姗:《财政赤字的法律控制》,北京大学出版社 2013 年版,第 219 页。

③ 财政部未披露新增地方政府债务限额下达情况,可参考各省级政府发布的预算调整方案,如甘肃省人民政府《关于 2020 年新增一般债务限额和第四批新增专项债务限额分配计划及省级财政预算调整方案的报告》。

④ 参见《预算法》第 34 条。

(三)在现有预算下缩小其他支出

除财政支出扩大外,横向维度下矛盾的另一方面是因应收入减少的支出缩小。在现有预算平衡的约束下,压缩其他支出以支持特定支出的做法被称为预算内的"经费流用"。

在我国,经费流用原则上是禁止的。[①] 但是,"惟所有经议会决议之预算科目如均不得相互流用,究属过分严苛,并且可能使预算执行出现窒碍难行之情形",[②]规则中"一般不""严格控制"等用语也体现了例外的保留。从预算的法律性上看,任何经费流用都需要经过预算调整。但是我国的预算调整法定情形中并未包含所有的经费流用情况,仅有"需要调减预算安排的重点支出数额的"需要进行预算调整。[③] 可见,我国对流用的限制区分了"重点支出"与"非重点支出"。"重点支出"是指农业、教育、科技、文化、卫生、社会保障等资金支出,这些支出禁止因流用引起的调减,必须经过预算调整;[④]其他非重点支出的调减,尤其是出于"厉行节约、节约开支"的原因带来的预算支出减少,则明确规定不属于预算调整的情形,可以流用。[⑤]

是否重点支出的规定思路是限制资金的使用领域,而科目的规定思路是限制资金的支出性质,重点支出下的资金也可能存在"资本"和"经常"的二分,即重点领域下的资金也可能是经常性质的,属于成本费用支出,也有"节约"的必要,若仅以属于某一重点领域而严格限制流用,则可能违背"厉行节约、节约开支"的倡导。由此来看,严格按照收支科目明确"是否是重点支出"的界分标准,并辅之规定支出性质的限制思路,将更有利于经费流用的执行以及节约价值的贯彻。同时,即使是为了保障重点支出的资金支持,也需要考虑到经费流用事实上是对原有预算约束的突破,必须要规定"比例"将这一突破限制在合理范围内,防范大额流用以至颠覆原有预算案的状况发生。

(四)编制新预算缩小其他支出

当前预算约束下的财政支出缩小受到经费流用规则的限制,因而更大规模的财政支出缩减需要在新一年的预算案编制中,甚至在跨年度的、中长期的预算案编制中安排。需要补充的是,理论上因应财政支出增加的预算平衡手段有增加收入和减少支出两类,强调减少支出而非增加收入,是综合我国财政制度和经济社会发展阶段作出的

---

① 参见《预算法》第63条、第68条、第72条。

② 蔡茂寅:《预算法之原理》,台北,元照出版有限公司2008年版,第253页。

③ 参见《预算法》第67条第3项。

④ 参见《各级人民代表大会常务委员会监督法》第17条第2款、全国人民代表大会常务委员会《关于加强中央预算审查监督的决定》第5条。

⑤ 参见《预算法实施条例》第78条。

判断。

政府在一定时期内,通过削减财政支出和(或)增加财政收入来改善预算平衡状况或降低财政赤字率和债务负担率的做法称为财政整顿或财政调整。[①] 其中,以削减财政支出为主的财政整顿称为支出型财政整顿,以增加财政收入为主的财政整顿称为收入型财政整顿。主张收入型财政整顿的观点认为,收入型财政整顿对经济增长的伤害较小;[②]主张支出型财政整顿的观点认为,削减支出不仅能减少财政赤字,还能促进经济增长,最终导致财政赤字率和债务负担率下降。[③]

虽然理论上存在收入型和支出型财政整顿政策的优劣争论,但在实践中大多数国家没有完全囿于某一特定的政策类型,而多采用政策组合。从各国,尤其是发展中国家的政策实践来看,支出型财政整顿政策被证实是优于收入型财政整顿政策的。支出型财政整顿的主要工具是削减财政补贴和公务员工资,并通过包括养老金制度和社会保障制度在内的制度改革来削减支出,而收入型财政整顿的主要工具是增加商品服务税收。考虑到发展中国家普遍存在税制不健全且间接税占比较高的问题,[④]增加税收,尤其是商品服务税的空间有限。同时,"减税降费"是应对突发事件的重要政策手段之一,税收利益的减让能有效缓解市场主体的流动性紧张危机,从而有助于危机的应对和经济的复苏,这违背了收入型财政政策"增加税收及非税收入"的政策主张,由此造成了收入型财政政策的发挥空间有限。相反,支出型财政政策强调对现有制度的改革,发展中国家相对而言面临更多制度问题,也自然具备更大的制度优化空间,存在更多待精简的制度冗余成本。由此,无论是基于我国仍为发展中国家的实际,还是考虑因应突发事件的财政整顿需要,支出型财政整顿政策都是更有效的政策工具。

然而,财政整顿是一个系统工程,尤其是需要制度改革配套的支出型财政整顿政策,其政策目标很难在短期内实现。在地方政府层面,支出型财政整顿政策的空间更为有限。首先,立法上的中央集权使地方几乎没有自主实施制度改革的空间。地方政府在养老金、社会保障和医疗上的财政负担取决于法律和中央层面的统一规定,难以通过自主降低地区标准实现财政整顿。其次,"我国地方财政属于依存中央型:地方财

---

① See OECD, *Fiscal Consolidation: Targets, Plans and Measures*, OECD Journal on Budgeting, Vol. 11:2, p. 15 - 67(2011).

② 参见郭婧:《财政整顿策略:国际经验分析》,载《中国软科学》2017 年第 3 期。

③ 参见储德银、黄文正:《财政政策的非凯恩斯效应》,载《经济学动态》2010 年第 10 期。

④ 这与发展中国家税务机关的稽征能力和国民的税收遵从亦有关。参见张守文:《税法原理》(第 8 版),北京大学出版社 2018 年版,第 20 页。

政依赖中央通过行使划分权而分配给地方的预算收入"。[①] "分税制"改革后,税权持续向中央集中,事权却不断向地方分散,地方的财政支出压力变大。"目前的分税制只对中央和地方之间的事权作了原则性划分,没有涉及省级以下地方政府之间如何划分事权,财力上解的同时,事务却在进一步下放,致使地方政府的财权与事权严重失衡。"[②]自"分税制"改革以来,在全国财政形势出现好转的背景下,一些地区的县乡财政却陷入了困境。在一般情况下,乡级政府比县级政府更困难,这是"压力型体制"的一个基本特征,即资源由下级向上级集中,而责任和压力向下级政府转移。[③] 此外,地方政府间的经济竞争导致资本性支出的压缩难度更大,基础设施建设,尤其是与经济发展和招商引资相关的投入是地区间竞争的"主战场",行政包干制和政绩锦标赛的双重背景为地方财政带来了巨大的资本性支出压力。[④]

因此,压缩经常性支出成为支出型财政整顿的必然选择。从"八项规定"开始,[⑤]到一系列配套文件出台,[⑥]各级党政机关大兴艰苦奋斗之风,带头厉行勤俭节约、反对铺张浪费。围绕"八项规定"展开的严格经费管理成为近年来支出型财政整顿的重要工具,尤其是强调预算对"三公"经费的严格管理。在要求党政机关必须将所有收支纳入部门预算的前提下,[⑦]应严格控制"三公"经费的支出及追加审批、动态监控程序,[⑧]并通过推进会计改革和开支标准的精细化设计来实现对行政经费的严格管控。[⑨]

---

① 叶姗:《财政赤字的法律控制》,北京大学出版社2013年版,第300页。

② 熊伟:《政府间财政关系的法律调整》,法律出版社2010年版,第46页。

③ 参见周黎安:《转型中的地方政府:官员激励与治理》(第2版),格致出版社、上海三联书店、上海人民出版社2017年版,第158页。

④ 政府的资本性支出是为了获取某种形式的存量资产,这些资产既可以作为生产要素为公共部门提供商品或劳务服务,也可以直接作为公共消费品供社会消费者消费。参见[美]杰弗里·萨克斯、菲利普·拉雷恩:《全球视角的宏观经济学》,费方域等译,格致出版社2012年版,第168~169页。

⑤ "八项规定",是指十八届中央政治局《关于改进工作作风、密切联系群众的八项规定》,具体内容参见《十八届中央政治局关于改进工作作风密切联系群众的八项规定学习读本》,新华出版社2013年版,第1~2页。

⑥ 参见《党政机关厉行节约反对浪费条例》(中发〔2013〕13号)。

⑦ 参见《党政机关厉行节约反对浪费条例》第7条。

⑧ 参见《党政机关厉行节约反对浪费条例》第8条。

⑨ 参见《党政机关厉行节约反对浪费条例》第9条。

四、结语

财政法律规则能够应对突发事件的理论逻辑在于财政法律规则有限制地保留了自由裁量授权,以此实现了规则的灵活性。应对突发事件所需的财政法律规则可以归纳为包含"应对突发事件核心矛盾的不同方面"和"是否编制新的预算"两个维度,"在现有预算下扩大财政支出的规则""编制新预算以扩大财政支出的规则""在现有预算下缩小其他支出的规则""编制新预算以缩小其他支出的规则"4 个区域的规则系统。然而,通过梳理和比较可知,当前我国财政法律规则的设计仍有改进空间,规则在实践中的应用也存在诸多问题,未来的研究应当着重关注规则系统的完善,结合实践经验对现有规则系统进行反思,提升财政法律规则应对突发事件的效能。

(责任编辑:潘璐璐)

“碳中和”背景下我国绿色信贷的制度机理与立法完善[*]

彭中遥[**]

摘　要:绿色信贷作为我国绿色金融体系中最主要、最常见的制度,其在助力“碳中和”目标的实现过程中发挥重要作用。在“碳达峰、碳中和”的时代背景下,厘清绿色信贷对于“双碳”目标实现的驱动机理实属必要。当前,我国绿色信贷制度的政策体系虽已初具规模,但仍须从良法善治角度出发,思考绿色信贷的立法完善进路。具体而言,需要确立绿色信贷减碳节能的立法理念,完善绿色信贷的法律体系,注重绿色信贷相关法律与政策的衔接协调,同时明确绿色信贷的法律责任。

关键词:“双碳”目标;绿色信贷;制度机理;立法完善

21 世纪以来,全球气候变暖及其引发的各种次生灾害,成为当今世界各国所面临的一个共同挑战,考验全球环境治理体系的应对能力。在《巴黎协议》的框架共识下,到 21 世纪中叶实现“碳中和”,乃是世界各国政府为应对气候变化所作出的一个庄严承诺。中国政府一直以来都高度重视全球气候变暖问题,并积极主动地承担相应责任,采取各种有力措施应对气候变化问题。中国国家主席习近平在第七十五届联合国大会一般性辩论会议、联合国生物多样性峰会,以及二十国集团领导人会晤、气候雄心峰会等多个国际会议上强调,中国将努力争取在 2030 年前达到碳排放峰值,在 2060 年前实现碳中和。① 这表明,在我国进入新的发展阶段后,“碳中和”将对社会各界发挥重要的目标导向作用,驱动我国能源系统、经济系统乃至整个国家环境治理体系全面向

---

* 本文系中央高校基本科研业务费专项资金资助项目(编号:531118010576)的研究成果。

** 法学博士,湖南大学法学院讲师。

① 参见习近平:《在第七十五届联合国大会一般性辩论上的讲话》,载新华网,http://www.xinhuanet.com/2020-09/22/c_1126527652.htm。

绿色发展转型。

就目标实现的具体路径而言,"碳中和"一般意味着彻底性的能源革命、颠覆性的科技更新,以及系统性的金融转型。其中,绿色金融对绿色科技、绿色发展的支持与保障,被诸多专业人士视为实现"碳中和"目标的一个非常重要的途径,①因为金融是现代社会资源配置和调节的中枢系统,它可以通过杠杆作用合理有效地引导社会资本、资源的流通方向与流动幅度。从发达国家的实践经验看,借助绿色金融市场合理有效地引导、支持绿色经济发展也是一种常用方式,并取得了显著成效。如果说"碳中和"是一个"必须项",那么绿色金融就是一个"加速器"。② 从应然层面分析,作为当前绿色金融体系中最主要、最常见的金融制度,③绿色信贷必将在助力"碳中和"这一目标的实现过程中发挥至关重要的作用。

但应认识到,长期以来,我国绿色信贷制度存在鲜明的政策导向和机动属性,缺乏稳定实施的责任保障机制和节能减排效果预期。当前,对于绿色信贷制度的实际功效问题,即其究竟能在多大程度上助力于绿色发展和环境治理,引起一些论者的关注与质疑。④ 在此背景下,进一步厘清绿色信贷制度对"碳中和"目标实现的驱动机理实属必要,尤其是在全面依法治国的新时代以及"碳中和"目标的导向下,如何实现"绿色信贷政策法律化",⑤以法治思维和法治方式构建绿色信贷制度,助力"碳中和"目标实现的责任落实机制,提升绿色信贷制度的环境治理效能,无疑具有重大的学理价值与重要的现实意义。

一、绿色信贷制度对"碳中和"目标实现的驱动机理

从宏观角度观之,绿色信贷的含义较宽泛,涵括国家政策制定、金融制度设计和信贷实践展开等多个维度的内容。⑥ 从微观角度考察,绿色信贷一般是指银行信贷业务的开展需依托一定的环境标准进行;具言之,商业银行通过将环境检测标准、污染治理

---

① 参见赵立建:《绿色金融支持绿色科技是实现碳中和的关键途径》,载《现代金融导刊》2021年第5期。

② 参见孙庭阳:《新形势新思维:碳中和是"必须项",绿色金融是"加速器"》,载《中国经济周刊》2021年第8期。

③ 参见于晓刚:《中国银行业绿色信贷足迹》,中国环境科学出版社2013年版,第17页。

④ 参见刘海英、王殿武、尚晶:《绿色信贷是否有助于促进经济可持续增长——基于绿色低碳技术进步视角》,载《吉林大学社会科学学报》2020年第3期。

⑤ 参见王红一:《〈商业银行法〉修订背景下的绿色信贷政策法律化》,载《财经法学》2021年第1期。

⑥ 参见陈立铭、郭丽华、张伟伟:《我国绿色信贷政策的运行机制及实施路径》,载《当代经济研究》2016年第1期。

效果,以及生态保护责任等与环境有关的因素纳入授信对象的考察范围,将此作为授信决策的必要参考因素,并在此基础上通过差异化的定价,引导资金流向那些有利于生态环境保护的企业、产业。① 商业银行通过这一制度举措,可以倒逼需要贷款的企业在生产、运营过程中积极主动承担环境保护责任,为自身增信,进而逐步达致节能减排、调整能源结构、提升技术水平、优化产业结构,以及转变经济发展模式的目标。由此可见,绿色信贷制度实则是国家经济宏观调控政策的重要组成部分,同时又兼具环保政策、产业政策的双重属性,最终实现对绿色信贷资金投向的引导。在此意义上,绿色信贷制度已然在环保产业、金融政策之间架起了一座"桥梁",调和了环境责任承担与经济发展目标之间的内在张力。② 就"碳中和"目标的实现来说,绿色信贷制度的驱动作用,具体是通过政策引领、资金供应、减碳反馈3个环节得以实现。

(一)绿色信贷制度对"碳中和"目标实现的政策引领

如前所陈,绿色信贷作为政府宏观调控的金融手段,兼具环保政策与产业政策的双重属性,能够对"碳中和"目标的实现产生政策引领和推动作用。作为我国"十四五"规划的开局之年,2021年中国人民银行第一次将"碳中和"目标作为其未来工作的重要导向和核心任务,以绿色信贷制度为核心构成的绿色金融体系将全方位、系统性地引导金融资金优先服务于绿色经济、低碳经济之发展。显然,在贯彻新发展理念的未来,我国无疑会加大对绿色项目的支持和投入力度,绿色信贷制度和碳市场的协同发展,将成为"十四五"期间可持续发展的主线所在。③ 伴随碳排放权交易市场在我国的全面铺开,多种形式的绿色金融制度必将为我国"碳中和"目标的实现提供全面支持。④

需指出的是,"碳中和"所涉及的重点领域,往往是政府政策起主导作用的重要产业和部门。以电力和交通领域为例,对传统煤电生产和使用方式的改造、对大规模可再生能源智能电网的改造,以及对微网发电和分布式发电的推广等一系列工作,都主要是在政府政策的引领下所展开;而以减碳为主要诉求的交通电气化、低碳出行,以及氢能、生物质能燃料在交通领域的推广等一系列工作,更是离不开政府政策的支持。因此,对于绿色信贷制度的实施来说,在政府自上而下的政策推行中,通过不断更新绿

---

① 参见原庆丹、沈晓悦等:《绿色信贷与环境责任保险》,中国环境科学出版社2012年版,第15~21页。

② 关于"桥梁"的功能比喻,see Salazar J. E, *Enviromental Finance: Linking Two Worlds*(Paper Presented at a Workshop on Financial Innovations for Biodiversity, 10th Global Biodiversity Forum, Bratislava, Slovakia, 1998), p.15。

③ 参见曹明德:《中国碳排放交易面临的法律问题和立法建议》,载《法商研究》2021年第5期。

④ 参见王岫:《全国碳排放权交易市场上线交易正式启动　韩正出席启动仪式》,载新华网,http://www.xinhuanet.com/politics/leaders/2021-07/16/c_1127663779.htm。

色产业指导目录,建立绿色信贷标准体系,来确定"碳中和"目标导向和减碳节能的具体要求,同时配合环境保护督察政策,督促商业银行优化其信贷结构,最终有助于发挥对"碳中和"目标实现的政策引领作用。

(二)绿色信贷制度对"碳中和"目标实现的资金供应

在一般意义上,绿色信贷是通过资金供应来引导和约束企业的碳排放,具体而言,包括鼓励减碳节能的绿色企业、绿色项目发展,以及限制重碳排放的高污染行业、项目两个方面。从产业发展和结构调整的角度来说,"碳中和"目标的实现进度与资金投入程度是正相关关系。事实上,随着"碳中和"目标的正式提出,我国巨大的绿色低碳资金空缺及其需求也随之而来。根据国内有关组织的评估和测算,我国若想实现1.5℃"碳中和"目标导向下的经济发展转型,则需持续向相关领域投资近140万亿元人民币,占比超过当年GDP的2.5%,[①]这显然不是一个小数目。因此,商业银行通过绿色信贷为相关行业注资,就成为实现"碳中和"目标必不可少的金融配套举措。此时,作为授信对象的企业将在环境保护、碳排放量,以及治污能力等方面,接受商业银行的绿色指标评估,只有达到绿色信贷的减碳要求,才能够获得金融资金的支持。

与传统信贷制度相比,通过绿色信贷获得的授信,一般在利率、展期及担保等诸多方面具有一定优势,[②]这就在一定程度上减少了企业的融资成本,使其可以将资金切实投入到减少碳排放的技术探索升级和项目推进优化上。鉴于绿色信贷资金对于减碳企业的正面激励作用,当资金流向绿色企业和行业时,这无疑会对重碳排放的企业、行业形成资金投入上的限制。[③] 对于这些重碳排放的企业、行业来说,要想获得绿色信贷资金投入,就必须从生产方式上进行低碳改革,抑或在减碳排放上投入更多资金预算,以匹配商业银行投放绿色信贷的环保要求。中国过去40余年的经济发展历程表明,重污染企业大多属于资本密集型企业,往往更加仰赖银行的持续融资。[④] 在此意义上,绿色信贷制度能够发挥金融市场配置之功能,引导相关资金从重污染、重碳排放的企业流入节能环保、低碳减排的领域,同时通过资金限制倒逼部分潜在的重碳排放企业向绿色发展转型。

(三)绿色信贷制度对"碳中和"目标实现的减碳反馈

所谓"减碳反馈",主要是指获得绿色信贷支持的企业在节能减碳方面所做出的具

① 参见赵立建:《绿色金融支持绿色科技是实现碳中和的关键途径》,载《现代金融导刊》2021年第5期。

② 参见周杰普:《论我国绿色信贷法律制度的完善》,载《东方法学》2017年第2期。

③ 参见叶汝求、任勇、[德]厄恩斯特·冯·魏茨察克主编:《中国环境经济政策研究:环境税、绿色信贷与保险》,中国环境科学出版社2011年版,第25~30页。

④ 参见宁金辉、苑泽明、王晓祺:《绿色信贷政策与企业过度投资》,载《金融论坛》2021年第6期。

体成绩是否达到了绿色信贷资金供应的制度预期。由于碳排放量的流动性和不确定性,如何恰当评估企业在减碳方面的完成度,一直是实务操作中面临的一个棘手问题。在碳排放权交易市场建立后,绿色信贷制度对减碳反馈的系统评定可以通过明确碳定价得以实现。

具体来说,一方面,明确交易市场的碳定价能够帮助高碳排放企业通过市场化方式进行交易,降低企业的减排成本,并促进企业合理调配资源、提升减排技术,助力企业的绿色发展;另一方面,低碳产业也可以通过为社会贡献碳减排量而获得额外的碳收益,从而获得更充足发展低碳产业的经济动力。① 正是在此种意义上,碳定价的明确为绿色信贷制度支持"碳中和"的大力发展提供了核心保障,意味着减碳效果可以通过碳排放市场的碳定价交易得以量化,更进一步,以此为基础还可以发展以碳排放配额、其他信用指标为标的的资产衍生品,以及以碳价指数为基础开发相关交易产品。② 如此一来,就可以实现绿色信贷投融资发展、企业产业升级、低碳转型的协同推进。

综上,通过政策引领、资金供应以及减碳反馈3个主要环节,绿色信贷制度将对"碳中和"目标的实现产生前瞻性、示范性作用,既能引导绿色低碳企业的持续、稳健发展,又能推动重污染、重碳排放企业的协同调整转型。而绿色信贷制度的核心无疑是通过资金供应来督促企业承担相应的环境法律责任,最终达至节能减碳的预期目标。

二、"碳中和"背景下绿色信贷制度的立法现状

如前所述,绿色信贷制度对"碳中和"目标之实现具有重要的驱动作用,而该作用的有效发挥依赖于绿色信贷制度的有效实施。考察国际实践经验,绿色信贷法律体系的建构主要有两种路径:一种是以"赤道原则"为代表的资源实现路径;③另一种是以美国《超级基金法》为代表的民事侵权责任路径。④ 在我国,绿色信贷制度主要是以相关政策体系为支撑,并仰赖行政权力加以推动。⑤ 正是认识到我国绿色信贷制度存在

---

① 参见王文、刘锦涛:《"碳中和"逻辑下的中国绿色金融发展:现状与未来》,载《当代金融研究》2021年第1期。

② 参见陈波:《碳排放权交易市场的设计原理与实践研究》,中国经济出版社2014年版,第109页。

③ 参见刘志云:《赤道原则的生成路径——国际金融软法产生的一种典型形式》,载《当代法学》2013年第1期。

④ 1980年,美国国会通过的《综合环境反应、赔偿和责任法》(Comprehensive Environmental Response, Compensation and Liability Act, CERCLA),通常称为《超级基金法》(Superfund Law),本文将其简称为《超级基金法》。

⑤ 参见黄韬:《商业银行绿色信贷的实现路径及其法律掣肘》,载《浙江大学学报(人文社会科学版)》2021年第2期。

"过度政策化"之倾向,有论者提出有必要实现绿色信贷制度的"政策法律化",[①]以确保该项制度能够在法治轨道上稳步推进。[②] 诚然,在"碳中和"的目标导向以及全面依法治国的时代背景下,在法治轨道上开展绿色信贷工作是社会发展的必然要求。[③] 故此,下文尝试摸清我国绿色信贷制度的法律"家底",厘清其立法现状及不足,并以此为基础,试图提出相应的立法完善之策。

(一)现有绿色信贷依据主要由规范性文件组成

从历史上溯源,原国家环境保护总局、中国人民银行、原中国银行业监督管理委员会于2007年联合制定的《关于落实环保政策法规防范信贷风险的意见》之出台,标志我国绿色信贷制度的正式创建。该意见明确强调,商业银行应当通过严格的信贷管理制度来调控对重污染企业的资金支持,在资金源头上实现金融资源的"绿色配置导向"。此后,原中国银行业监督管理委员会根据中央层面的核心精神,陆续制定并发布了《防范和控制高耗能高污染行业贷款风险的通知》《节能减排授信工作指导意见》等规范性文件,并在2012年颁行了《绿色信贷指引通知》。2015年4月,党中央、国务院发布了《关于加快推进生态文明建设的意见》,明确要求"坚持把绿色发展、循环发展、低碳发展作为基本途径"。上述规范性文件的出台,对于我国绿色信贷制度的实践运行具有重要的指导意义。

为总结既有经验和教训,中国人民银行等7部委于2016年制定了《关于构建绿色金融体系的指导意见》。该意见进一步明确了我国绿色信贷制度的功能定位,并指明了该项制度的未来发展重点所在。2019年3月,国家发改委、工信部等7部委联合制定了《绿色产业指导目录(2019年版)》以及相关的解释说明文件,进一步厘清了绿色产业的边界,划定了绿色信贷制度的适用范围。2021年2月,国务院印发了《关于加快建立健全绿色低碳循环发展经济体系的指导意见》,明确提出"发展绿色信贷和绿色直接融资,加大对金融机构绿色金融业绩评价考核力度"。[④] 2021年10月,党中央、国务院发布了《关于完整准确全面贯彻新发展理念　做好碳达峰碳中和工作的意见》,再次强调要"有序推进绿色低碳金融产品和服务开发,设立碳减排货币政策工具,将绿色信贷纳入宏观审

---

① 参见夏少敏:《论绿色信贷政策的法律化》,载《法学杂志》2008年第4期。

② 参见范小妍、钱水土:《绿色信贷政策实施与效果:一个文献综述》,载《海南金融》2021年第5期。

③ 参见杨峰、秦靓:《我国绿色信贷责任实施模式的构建》,载《政法论丛》2019年第6期。

④ 参见国务院:《关于加快建立健全绿色低碳循环发展经济体系的指导意见》,载中华人民共和国中央人民政府网,http://www.gov.cn/zhengce/content/2021-02/22/content_5588274.htm。

慎评估框架,引导银行等金融机构为绿色低碳项目提供长期限、低成本资金”。[①]

以上梳理表明,我国绿色信贷制度的创设、发展及运行主要依据的是中央层面的规范性文件。应当认识到,除前文所提及的规范性文件外,绿色信贷制度的实施还需仰赖商业银行的行业自律,以及政府行政权力之推动。[②] 故此,有学者明确表示,自2007年我国绿色信贷制度正式创设以来,其发展和运行一直都是沿着软法逻辑的制度框架予以展开。[③] 其实,“软法”最大的特征就是缺乏强制实施的路径和保障机制。[④] 从我国绿色信贷制度的现有规范构成看,具有国家强制力的法律规范所占比重较低,而不具有强制效力的政策性文件却占据主导地位。由此可见,我国绿色信贷制度的运行缺乏有力的法律保障和相应的监督约束机制,其发展更多依赖于政府动员、政策引导和行业自律。

(二)现有立法缺乏有关商业银行环境责任的规定

绿色信贷制度实效之发挥,需以商业银行、企业积极承担法律责任为基础。尤其是商业银行作为授信主体,其对环境责任的自觉承担是绿色信贷制度建立的义务内核。[⑤] 我国《环境保护法》(2014年修订)第22条规定,“企业事业单位和其他生产经营者,在污染物排放符合法定要求的基础上,进一步减少污染物排放的,人民政府应当依法采取财政、税收、价格、政府采购等方面的政策和措施予以鼓励和支持”。客观地说,该条款之规定,对于克服我国绿色信贷制度规范依据缺失问题具有重要的现实意义。然而,梳理我国现有法律规范即可知晓,其并没有直接关于商业银行环境责任与社会责任的相关规定。

无论是商业银行还是企业,作为现代经济活动的主体,其必须遵循民商法、经济法的有关规定。虽然我国《公司法》(2018年修正)第5条明确了“公司从事经营活动,必须遵守法律、行政法规……承担社会责任”之规定;《民法典》中也同样有对“绿色原则”“诚实信用原则”的相关规定。但是,上述条款都缺乏直接适用于绿色信贷制度的针对性、有效性,因而被部分论者批评为仅具宣示意义,并无实质可操作性。[⑥] 从学理

---

① 参见《关于完整准确全面贯彻新发展理念做好碳达峰碳中和工作的意见》,载中华人民共和国中央人民政府网,http://www.gov.cn/xinwen/2021-10/25/content_5644687.htm。

② 参见于文轩:《绿色信贷制度之困境及其破解进路——以可再生能源产品促进为视角》,载《甘肃政法学院学报》2018年第6期。

③ 参见秦芳菊:《我国商业银行绿色信贷的法律进路》,载《南京社会科学》2020年第5期。

④ 参见罗豪才、宋功德:《软法亦法:公共治理呼唤软法之治》,法律出版社2009年版,第101页。

⑤ 参见李维康:《绿色信贷背景下商业银行的环境风险控制义务》,载《中华环境》2019年第12期。

⑥ 参见魏庆坡:《商业银行绿色信贷法律规制的困境及其破解》,载《法商研究》2021年第4期。

上辨析,绿色信贷制度与传统信贷制度在法律定位、属性功能上均存在一定差异。[①] 具言之,与普通信贷活动属于平等主体间的民事法律关系不同,企业、商业银行之间所建立的绿色信贷关系本质上既是产业政策调控之产物,亦是环保政策监管之结果;与一般信贷制度相比,绿色信贷制度所享有的信贷优惠往往是叠加在政府的相关补贴之上。[②] 故此,我们不能简单套用《公司法》《民法典》中的笼统条款,来确定绿色信贷制度关于社会责任、环境责任的内在要求。

应当认识到,现有立法缺乏关于商业银行、企业环境责任的明确规定,其仅仅是依靠政策鼓励、行政权力予以推动,这就使绿色信贷制度的落实在一定程度上取决于商业银行的自由裁量。但是,商业银行在经营管理中出于对利润的追逐而选择忽视对环境责任的承担,乃是实践中常见之现象。此时,立法不完善所带来的追责不力、监管无力等问题自然难以避免,这显然会给"碳中和"目标的实现带来不小难度。

(三)现有立法缺乏有关绿色信贷制度减碳导向的明确规定

"碳中和"目标的实现,必然离不开人们向低碳生活生产方式的转型。事实上,除生活生产方式的转型外,还需进行相应的金融转型,即需在金融服务业中设置减碳节能的配套法律措施。然综观我国银行业有关监管的法律法规,关于保障绿色信贷制度实施的具体内容一直付之阙如,更不用说存在以减碳节能为导向的相关针对性规定。

需指出的是,我国关于减碳导向的原则性规定主要是在政策性文件中予以体现。例如,2005 年国务院制定的《关于落实科学发展观加强环境保护的决定》,以及 2007 年原国家环境保护总局、中国人民银行、原中国银行业监督管理委员会等部门联合颁行的《关于落实环境保护政策法规防范信贷风险的意见》,均明确规定了针对不符合产业政策、存在生态环境违法行为的企业,应当进行严格的信贷管控和监督等内容。但政策文件毕竟有别于法律规范,不具备法律上的强制执行力,加之已有政策条文的规定较抽象、笼统,其在实践中也缺乏最起码的可操作性。

应当认识到,当前我国中央层面虽未制定关于实现"双碳"目标的专门性立法,但有部分立法涉及"双碳"法治实践的相关规定。例如,我国《环境保护法》(2014 年修订)第 6 条第 4 款明文规定,"公民应当……采取低碳、节俭的生活方式";又如,我国《大气污染防治法》(2018 年修正)第 2 条第 2 款规定,"对颗粒物、二氧化硫……大气污染物和温室气体实施协同控制";再如,我国《森林法》(2019 年修订)第 28 条将"调节气候"视为森林资源的重要生态功能之一。正如有关学者所言,上述立法规定的价

① 参见江其务、周好文主编:《银行信贷管理》,高等教育出版社 2004 年版,第 49 ~ 55 页。

② 参见阳露昭、姜渊:《论我国绿色信贷法律制度的构建》,载《江西财经大学学报》2009 年第 4 期。

值更多在于学理上的宣誓意义,尚难满足“双碳”实践工作的客观需求。[①] 由此可见,我国现有立法缺乏关于绿色信贷制度减碳导向的明确规定,无法为“双碳”目标的稳步、有序实现提供有效的立法支撑。

(四)现有立法对绿色信贷制度产业体系的科学设计不足

依照官方界定,绿色金融制度的支持、保障方向包括“应对气候变化、保护生态环境、节约利用资源”等内容,但是,从绿色金融标准的覆盖范畴来看,气候类项目标准却大多未被单独列出。此类标准实则与“碳中和”目标的实现具有非常紧密的关联,[②]这一点反映到绿色信贷制度上,商业银行面临的气候和环境风险管理能力薄弱之问题就更加突出。究其原因,一方面,是因为当前我国商业银行从业人员的绿色金融理念尚待提升,其对于气候变化及其带来的环境风险缺乏足够重视;另一方面,则在于气候风险的量化工作十分困难。[③] 加之商业银行从业人员普遍缺乏与绿色金融相关的专业知识,难以判断何为“绿色项目”,往往需要借助相关领域专家的专业知识帮助判断,这难免制约了绿色信贷工作的常态化开展。

除商业银行从业人员存在专业知识方面的缺口外,绿色信贷制度支持的产业本身也存在立法定位不清的问题。例如,一些高碳密集型产业的转型需求,并没有引起有关立法的充分关注。众所周知,要想实现“碳中和”之目标,既要通过绿色信贷制度大力支持绿色产业、项目的发展,也要关注传统产业尤其是高碳密集型产业的转型问题,毕竟后者的高碳排放是“碳中和”目标实现的一大阻碍。当前,我国经济发展的整体水平仍有待提高,其与发达国家尚存一定差距。此时,如果一味要求企业减少和控制二氧化碳排放量并不现实,非但不利于有关国计民生的一些重要行业的转型升级,反倒会影响我国环境、经济及社会的可持续发展。因此,在制订绿色产业、项目的名录时,就有必要对绿色信贷制度的支持力度、范围进行合理分类。

2019年,国家发改委等7部委联合制定并发布了《绿色产业指导目录(2019年版)》。从该指导目录的内容看,其只是对绿色产业、绿色项目的分类与标准作了简单界定,但却忽视了转型需求最为迫切的传统碳密集型产业(如煤电、化工、钢铁、水泥等

① 参见吕忠梅:《用法律保障实现碳达峰碳中和》,载搜狐网2021年3月8日,https://www.sohu.com/a/454738917_114988。

② 参见王遥、张广逍:《“双碳”愿景下的金融转型研究》,载《环境保护》2021年第14期。

③ 参见[美]索尼亚·拉巴特、[美]罗德尼·R.怀特:《环境金融:环境风险评估与金融产品指南》,孙冬译,北京大学出版社2014年版,第39~43页。

产业),甚至出现了极端的从碳密集型产业撤资的"一刀切"规定。[①] 这些碳密集型产业虽不是低碳产业,但却关系国计民生,需要大量的资金支持其使用更为环保的技术,以实现低碳发展。然而,依照目前相关分类标准与产业设计,上述高碳密集产业、企业却难以获得绿色信贷的资金支持,导致其低碳转型之路面临巨大的资金压力。

总之,欲在"碳中和"背景下有序推进绿色信贷制度,必然离不开相关法律法规的有效支撑。当前,我国绿色金融法治建设尚处起步阶段,尽管绿色信贷制度的政策体系已初具规模,但距离法治化的要求还有很大差距,呈现法律条款较少、专门性立法缺失、倡导性条款较多、操作规则不完备等特征;[②]同时,也缺乏有效的监督实施机制和明确的减碳节能导向。为破解上述僵局,亟须从良法善治角度出发,思考我国绿色信贷制度的立法完善进路。

三、"碳中和"逻辑下绿色信贷制度的立法完善

"碳中和"目标的基本逻辑,就是通过产业结构调整、生产方式转变,以及减碳节能技术创新等多环节的协同运行实现该目标。由此带来的行业转变与金融转型,显然需要绿色信贷制度予以必要支撑。与过往宏观意义上所强调的可持续发展理念有所不同,"碳中和"是一个确定的目标预期和既定的行动计划。唯有将"双碳"目标与绿色金融制度相融合,不断完善相关立法,构建具有明确减碳节能导向、科学产业设计的绿色信贷法律规范体系,才能够真正在法治轨道上推进绿色信贷制度的有效开展,最终助力"碳中和"目标的早日实现。

(一)确立绿色信贷减碳节能的立法理念

理念乃行动之先导,只有确立了绿色信贷制度减碳节能的立法理念,才有可能构建行之有效的绿色信贷法律体系。与一般立法不同的是,当减碳节能成为绿色信贷制度的明确立法导向时,实则意味着立法者必须掌握"碳中和"、环境责任、气候风险、金融成本等一系列与绿色信贷制度紧密相关的内容。比如,在大力发展"碳金融"的背景下,随着碳排放权交易市场的建立,实践中就面临一个突出问题,即如何界定碳排放权的法律属性。[③] 只有当这一问题得以明确时,相关立法才能真正为我国碳金融的健康发展提供法治保障。

确立减碳节能的立法理念,就要求立法者在开展相关立法活动时,要强化企业和

---

① 参见王建新、王涛、龙鸣:《绿色信贷提升重污染企业并购绩效了吗——来自中国上市公司的经验证据》,载《广东财经大学学报》2021 年第 1 期。

② 参见卢志文、李爱年:《论我国绿色信贷的法律规制》,载《湖南人文科技学院学报》2017 年第 5 期。

③ 参见王明远:《论碳排放权的准物权和发展权属性》,载《中国法学》2010 年第 6 期。

银行对绿色信贷制度的认知,明确政府、银行和企业的主体责任,切实提升三方关于碳减排的意识和决心。此外,还应积极培育和引进碳金融相关领域的专业人才,切实提升绿色信贷制度立法的专业含量。例如,可以通过鼓励高校开设碳金融专业课程、建设碳金融模拟实验室、进行碳金融市场实操训练等措施,培养国内碳金融专业领域的人才。同时,还可积极引进国外相关人才,参考国外碳金融人才培养模式。① 这样才能为我国绿色信贷制度之展开提供坚实的人才支撑。需强调的是,根据我国"碳中和"的目标承诺,我国将于2060年完成减碳任务,这意味着"碳中和"目标之实现并非一蹴而就,需要我们长期确立减碳节能的理念,并将其融入法治实践中,进而内化为人们生产生活中的习惯。

(二)完善绿色信贷的法律体系

绿色信贷制度有关立法乃是一个体系庞杂、内容繁多的系统工程。限于篇幅,此处仅就绿色信贷法律体系的若干重要问题提出立法建议。具体而言:

首先,应填补现有关于绿色信贷制度的立法空白,在有关银行监管的法律法规中明确银行的社会责任。域外实践表明,确立银行的环境责任更有利于绿色信贷工作的顺利开展。② 故此,有必要明确银行在"碳中和"时代通过金融手段促进企业减碳节能的环境责任。具言之,可以在修改《中国人民银行法》《银行业监督管理法》《商业银行法》时,增设专门的法律条款,明确规定:"商业银行可根据国民经济和社会发展需要,在国家产业政策和环保政策的指导下开展贷款业务,承担社会责任。"同时,还需在相关法律中明确商业银行经营时应当遵循的基本原则,除现有的"安全性、流动性、收益性"原则之外,还应扩充规定"环保性"原则,如此就可为银行业制定细化的下位法提供依据。③ 同时,还需在立法中明确绿色信贷制度的法律地位,如可明确规定:"商业银行开展信贷业务时,应当严格审查借款人的环境资信,并将借款人的环境行为作为贷款的重要依据。"

其次,应适时修改我国《环境保护法》,并在其中纳入绿色信贷制度的相关内容。相较其他绿色金融手段(如绿色保险)而言,目前绿色信贷制度在我国环境保护领域的立法进展还处于较为滞后的位置,④这与"碳中和"时代下我国减碳节能的现实需求极不相符。因此,建议以我国下一轮《环境保护法》之修订为契机,增设专款明确规定:"国家鼓励银行类金融机构加大对绿色信贷的发放力度,重点支持减碳节能、绿色产业

---

① 参见王遥、张广逍:《"双碳"愿景下的金融转型研究》,载《环境保护》2021年第14期。

② 参见何佩佩、[英]罗伯特·格雷戈里·李:《论贷款人的环境损害民事责任:英美经验借鉴及本土构建》,载《国外社会科学》2021年第3期。

③ 参见王红一:《〈商业银行法〉修订背景下的绿色信贷政策法律化》,载《财经法学》2021年第1期。

④ 参见王华秀:《论我国绿色信贷法律制度的完善》,载《特区经济》2012年第8期。

发展以及环境污染防治等项目。"通过确立绿色信贷制度的法律地位,将环境保护政策法律化,并与银行监管相关立法形成有效对接,以契合绿色信贷制度的复杂属性。

此外,根据绿色信贷制度的实施情况,可以在条件成熟时由全国人民代表大会常务委员会制定一部专项的《绿色信贷促进法》,并可尝试创建专门的绿色信贷政策银行。法典化是分散型立法的终极目标追求,在完善我国《环境保护法》《银行法》等有关法律法规后,待时机成熟时,我们可以尝试制定一部关于绿色信贷制度的专门法律。其理由在于:专项立法的出台,不仅能够对绿色信贷制度所涉之复杂法律关系进行整合与梳理,而且有助于确立明确、统一的环境标准体系,同时可为专门绿色信贷政策银行之创建奠定相应的规范基础。

(三)注重绿色信贷相关法律与政策的衔接协调

在"碳中和"的目标驱动下,构建绿色信贷制度体系,需要考虑相关法律与政策的衔接协调问题。如前所述,我国绿色信贷制度的实现路径与国外有所不同,具有鲜明的政策化倾向,依赖政府行政权力的积极推动,①此乃构建绿色信贷法律制度无法回避的现实问题。这既是我国的政策特色,也是我国绿色信贷法律实施的独特优势。具言之,我们可以在绿色信贷法律体系外,运用行政手段配套制定绿色信贷激励政策、银行环境风险管理政策、减碳节能信息共享政策;对于实践中尚不成熟的减碳做法,可以先行通过政策形式进行试点,待时机成熟时再上升为绿色信贷法律法规,从而降低立法风险,凝聚法律实施的基本共识。② 与法律实施的稳定性、可预期性、强制性不同,绿色信贷政策通常具有灵活性、便捷性、机动性等特征,因而可以根据"碳中和"所属的不同阶段和不同情况,进行针对性地调整布局。例如,不同时期的绿色信贷激励政策,不同行业的减碳节能补贴等问题,都难以通过立法形式长期固定下来,但诉诸政策就可较好解决问题。

故此,在"双碳"目标的政策指引下,有必要将相关政策主动纳入绿色信贷的立法工程中。一方面,要加强绿色信贷政策的顶层设计,发挥好政策的引领作用;另一方面,也要结合实践中绿色信贷支持"碳中和"目标的实际情况,动态调整绿色信贷相关政策,做好绿色信贷政策法律化之推动工作。此外,还可运用政策手段,积极构建绿色信贷的激励措施,③具体包括构建多方筹措资金机制、建立健全生态保护补偿机制、鼓

① 参见黄韬:《商业银行绿色信贷的实现路径及其法律掣肘》,载《浙江大学学报(人文社会科学版)》2021 年第 2 期。

② 参见江红莉、王为东等:《中国绿色金融发展的碳减排效果研究——以绿色信贷与绿色风投为例》,载《金融论坛》2020 年第 11 期。

③ 参见赵先立:《实现碳达峰、碳中和:精准把握绿色金融发展的机遇和挑战》,载《甘肃金融》2021 年第 3 期。

励发展绿色低碳金融机制,以及探索建立碳普惠机制等内容。

(四)明确绿色信贷的法律责任

在推进上述立法策略(确立绿色信贷减碳节能的立法理念、完善绿色信贷的法律体系、注重绿色信贷相关法律与政策的衔接协调)的同时,未来我国还需要建立健全一个科学、合理的绿色信贷法律责任体系,借此将法律责任、行政责任、经济责任等各种责任类型有机结合起来。除明确高碳排污企业所承担的社会责任、环境责任外,还应当加大对潜在存在环境污染行为企业的处罚力度,严格其法律责任。此外,还有必要完善针对政府官员的环境保护目标责任制和考核评价制度,在将部分重要环境保护指标纳入行政官员的政绩考核体系之基础上,进一步实现环境影响评价指标的细化和具化,明确规定环保不达标情形下的政府官员问责机制。

最后,在商业银行内部,也应根据法律规定和政策精神,建立和落实绿色信贷责任制度,即要将推行绿色信贷制度的责任落实到商业银行的具体职员上,实行专门人员负责制。[①] 在推广绿色信贷制度时,商业银行应当建立详细的实施细则和完善的档案记录,组建专门的绿色信贷团队,既科学、全面防范绿色信贷可能面临的“环境风险”,也持续监测、跟进减碳节能的具体实施效果。以此为基础,可以根据具体的反馈情况不断调整绿色信贷的支持力度,提高绿色信贷减碳节能的针对性与实效性。

四、结语

绿色信贷制度的法治化建构与“碳中和”目标的稳步实现具有紧密联系。如何运用法治思维和法治方式,确保我国在法治轨道上推进绿色信贷制度,助力“碳中和”目标的稳步实现,是当前我国理论界和实务界都须重视的一个课题。必须承认,目前我国有关绿色金融法律体系方面的研究成果还较薄弱。在未来的研究中,我们应当根据实现“碳达峰”“碳中和”目标的具体实践,考察我国绿色信贷在实现“双碳”目标中的制度运作机理与立法完善进路。只有这样,我国绿色信贷制度乃至整个绿色金融体系才能真正实现常态化、规范化、法治化运作,最终助力“碳中和”愿景和全面依法治国目标的有效实现。

(责任编辑:郑俊典)

---

① 参见田利辉:《让绿色信贷成为商业银行自觉行为》,载《中国金融家》2021年第5期。

【市场规制法】

竞争中立:从竞争政策到竞争法治的进阶与实现

汪改丽*

摘　要:市场经济和法治国家建设的双重任务要求对属于政策性质的竞争中立的散乱现状进行系统化归整,以实现从竞争中立政策到竞争中立法律制度、再到竞争中立法治的进阶。在型构竞争中立的制度渊源上,应以宪法及其确立的社会主义市场经济体制为依据;在竞争中立法治的价值理念上,应体现和突出自由、机会平等、竞争秩序和效率的体系化。在竞争中立的实现路径上,将其作为治理模式、思维方式、至上法则和普遍实践的有机结合是可行之策。

关键词:竞争中立;竞争政策;竞争法治;竞争中立法治

竞争中立最初被作为经济政策处理政府企业进行商业活动可能引发的扭曲市场竞争的问题。① 我国在推动经济体制改革的过程中借鉴了这一概念,作为确立和强化竞争政策基础地位的工具。在很多情况下,经济政策与经济法律在实施表征上没有明显的不同,因为国家的经济生活往往以政策先行,这些政策往往具有近似于法的效力的强制力,甚至构成经济法不可缺少的组成部分,②但是,经济政策和经济法终归分属两种经济治理的规则样态。竞争中立也只有经过严谨的法学考证和正规的立法程序,完成从竞争政策向竞争法治的提升,才具有更高的科学性。

---

* 上海财经大学法学院博士研究生。

① 在我国,竞争中立也被称为竞争中性,为行文方便,本文统一采用"竞争中立"这一术语。

② 参见张江莉:《论经济法的特征》,载《经济法研究》2003 年第 00 期。

现有文献对竞争中立的定位有“竞争中立政策”[①]“竞争中立制度”[②]“竞争中立规则”[③]“竞争中立原则”,[④]或者将其直接称为“竞争中立”。[⑤] 竞争中立政策的研究主要对竞争中立的内部要素提出完善思路;[⑥]竞争中立制度观点主张,以反垄断法框架为基础,回归其与宪法的联系;[⑦]另有论者认为,竞争中立是政策问题,不是法律问题。[⑧]

本文基于我国竞争中立政策体系化建设以及实施方式和效果的现状,追溯其可作为法律制度的成因、渊源和法律对应点,进而揭示其所蕴含的法治价值并探索其法治实现途径,以实现从竞争中立政策到竞争中立法律制度、再到竞争中立法治的进阶。

一、最初实践:作为竞争政策的竞争中立

我国对于营造各类企业之间公平竞争的实践,从1993年《宪法》规定“国家实行社会主义市场经济”时就已经开始,此后多以政策的形式出现。党的十六届三中全会《中共中央关于完善社会主义市场经济体制若干问题的决定》指出,“建设统一开放竞争有序的现代市场体系”是“完善社会主义市场经济体制的目标和任务”之一,这意味着市场要从分割走向统一、从封闭走向开放、从垄断走向竞争、从混乱走向规范,[⑨]而这4项基本要求都在竞争中立的映射范围内。《反垄断法》最先引入竞争政策的概念,在已经存在竞争中立实践而无理论归结的情况下,为其提供了上位指引和谱系归属。基于此,竞争中立的实践也大量体现为反垄断法对行政垄断的规制,依据《反垄断法》第8

---

① 丁茂中:《竞争中立政策研究》,法律出版社2018年版,“绪论”第1页;鲁桐:《竞争中立:政策应用及启示》,载《国际经济评论》2019年第5期。

② 石伟:《“竞争中立”制度的理论和实践》,法律出版社2017年版,第78页;张占江:《政府行为竞争中立制度的构造——以反垄断法框架为基础》,载《法学》2018年第6期。

③ 刘雪红:《国有企业的商业化塑造——由欧美新区域贸易协定竞争中立规则引发的思考》,载《法商研究》2019年第2期;刘笋、许皓:《竞争中立的规则及其引入》,载《政法论丛》2018年第5期。

④ 曹胜亮:《我国地方税收优惠政策的检视与法律治理——以竞争中立原则为指引》,载《法商研究》2020年第5期;盛毅、陈东:《竞争中立原则及对国有企业规制的研究进展评述》,载《经济体制改革》2019年第4期。

⑤ 经济合作与发展组织:《竞争中立:各国实践》,赵立新、蒋星辉、高琳译,经济科学出版社2015年版,第14页;张晨颖:《竞争中性的内涵认知与价值实现》,载《比较法研究》2020年第2期。

⑥ 由于竞争中立制度以外的其他几种称谓是从政策角度进行的研究,此处及下文将其统称为竞争中立政策。

⑦ 参见张占江:《政府行为竞争中立制度的构造——以反垄断法框架为基础》,载《法学》2018年第6期。

⑧ 参见[澳]黛博拉·希利(Deborah Healey)、[澳]朗达·L.史密斯(Rhonda L. Smith):《澳大利亚的竞争中立:政策发展的机遇》,尹玉涵译,载《竞争法律与政策评论》2019年第00期。

⑨ 参见顾钰民:《健全现代市场体系》,重庆出版社2009年版,第27~36页。

条和第5章,大量的行政垄断案件被处理,涉及《反垄断法》第32条至第37条的各种类型。

党的十八届三中全会《中共中央关于全面深化改革若干重大问题的决定》在明确"保证各种所有制经济依法平等使用生产要素、公开公平公正参与市场竞争、同等受到法律保护"的同时,还强调了国企改革(实行以政企分开、政资分开、特许经营、政府监管为主要内容的改革)、市场准入中立(实行统一的市场准入制度)和税收中立(按照统一税制、公平税负、促进公平竞争的原则)。党的十八届四中全会《中共中央关于全面推进依法治国若干重大问题的决定》将"统一市场、平等交换、公平竞争、有效监管"以及"促进商品和要素自由流动、公平交易、平等使用"等"维护公平竞争的市场秩序"的具体方面归入"法治经济"的范畴。《国民经济和社会发展第十三个五年规划纲要》确立了竞争中立的"制度"定位。2019年国务院《政府工作报告》细化了竞争中立的外延:"按照竞争中性原则,在要素获取、准入许可、经营运行、政府采购和招投标等方面,对各类所有制企业平等对待。"论者将其归结为行为准则的分类方式,包括交易机会中立(市场进入中立、政府采购中立)、经营负担中立(课征强制性负担中立、削减协商性负担中立)与投资回报中立(价格规制中立、政府补贴中立)。[①] 这种分类方式同经济合作与发展组织"八大基石"是可以相互印证的:交易机会中立与公共采购,投资回报中立与识别商业实体成本、履行公共服务义务、商业回报率要求,经营负担中立与税收中立、监管中立、信贷中立可分别对应;政府商业活动的经营方式比较特殊,可能会同时影响经营者的交易机会、经营负担和投资回报。甚而,行为准则分类可以覆盖"八大基石"之外更广泛的范围,因为后者重点关注国企与私企之间的竞争关系,而前者可以适用于所有市场主体之间的竞争关系。

二、承转思辨:作为竞争法制的竞争中立

(一)竞争中立制度的诱因

1.竞争中立政策不够完整

竞争中立政策目前多存在于政府规范性文件以及官方代表的发言之中,这凸显了我国当前竞争中立政策体系化建设暂付阙如。各种体现竞争中立的市场准入标准、经营负担标准、监管标准等,都是根据我国现存关于"营造公平竞争市场"的诸多效力层级较低的规范性文件进行的不完全归纳和政策注释,其成果也仅是学术性探讨,理论转化程度不高。体系的缺位使竞争中立目前主要是形式上的倡导,而缺乏实质上的

---

① 参见丁茂中:《竞争中立政策研究》,法律出版社2018年版,第46~110页。

深化。

2. 竞争中立政策的执行效果相对较弱

第一,竞争中立政策的原则性倡议执行力弱。在缺乏体系化建设、只有会议和文件倡导的情况下,竞争中立很难被各级政府部门①实施:主观方面,对竞争中立内涵的理解不到位,导致政府部门没有动力、意愿和信心主动去贯彻;客观方面,在竞争中立正式形成法律制度之前,政府部门没有被授予相应的权力、职责和义务去执行。第二,竞争中立政策效力持续性不强。对体现竞争中立的相关存量规范性文件的执行和对竞争中立偶尔的强调只能引发阶段性的讨论热潮,虽然其对改善市场环境起到一定的作用,但是常态化的执法力度不够,遑论规范化和精细化的实施。

3. 反垄断规制方式存在局限

第一,对受政府反竞争行为②荫庇的市场垄断行为规制不足。当企业向政府寻租或者政府主动采取手段指定经营者在相关市场获得垄断地位时,③受益企业便与其他企业处于不公平竞争的地位。例如,在"云南省通信管理局行政垄断案"和"甘肃省武威市道路运输管理局行政垄断案"中相关企业被给予行政处罚,而在"上海市交通委在黄浦江游览行业行政垄断案"、"北京市住建委在混凝土行业行政垄断案"及"深圳市教育局行政垄断案"中,相关企业却毫无理由地逃脱了反垄断处罚。④ 此类监管不中立使未受处罚的经营者免于承受一部分经营负担,也使其他经营者认为有逃脱监管的可能而以身试法。第二,即便市场势力不源于政府反竞争行为,某些企业也会受到一些监管优待。例如,《反垄断法》第15条对垄断协议豁免情形的运用,第18条对经营者市场支配地位的认定,第27条对经营者集中竞争效果的审查都体现现代反垄断法对合理原则的运用,这加大了反垄断案件结果的不确定性。在此背景下,更加要求反垄断执法坚守竞争监管中立,以减少反垄断法不确定性被不当利用的可能性。但是,实践中监管不中立的情形却仍然存在。例如,2016年8月"滴滴出行收购优步中国经营者集中案"中,在商务部、国家市场监督管理总局等部门纷纷表示对该案进行调查的几年

---

① 本文所指称的政府部门,包括立法机关、行政机关、司法机关等对经济治理有直接职责和间接影响的公权力部门。

② 政府反竞争行为,是指政府在干预经济运行过程中,有意、无意地制定、实施限制企业竞争的行为。在行为方式、评价标准和规制手段等方面,其范围都大于我国《反垄断法》所定义的行政垄断行为。参见张占江:《论政府反竞争行为的反垄断法规制体系建构》,载《法律科学(西北政法大学学报)》2015年第4期。

③ 参见张占江:《行政性垄断的反垄断法规制架构重构》,载《华东政法大学学报》2015年第4期。

④ 参见张晨颖:《行政强制垄断中经营者责任的认定》,载《政治与法律》2019年第3期。

之后,仍没有任何结果。①

（二）竞争中立制度的宪法渊源

1. 经济体制渊源

《宪法》第 15 条第 1 款规定,我国的经济体制是“社会主义市场经济”。社会主义市场经济包括两方面的规定性:市场经济的共性和社会主义制度的特性。②

首先,市场经济是以市场为基础的资源配置方式。经社会主义修饰的市场经济并不能改变其作为市场经济的属性,既要有市场本身的充分竞争与开放等内在条件,又要有政府足够的中立、防止滥用行政权力干预市场甚至构成行政垄断的外在条件。③

其次,社会主义市场经济应当体现社会主义的独特性。社会主义的本质是解放生产力,发展生产力,消灭剥削,消除两极分化,最终达到共同富裕。我们要以更加有效的政策措施彻底消除所有制歧视,实现各种所有制经济权利平等、机会平等、规则平等。④ 这从我国对非公有制经济认识的深化可见一斑:在非公有制经济的定位上,从 1993 年《宪法》“社会主义经济制度的基础是生产资料的社会主义公有制”,“在法律规定范围内的城乡劳动者个体经济,是社会主义公有制经济的补充”,到党的十五大报告《高举邓小平理论伟大旗帜,把建设有中国特色社会主义事业全面推向二十一世纪》“公有制为主体、多种所有制经济共同发展,是我国社会主义初级阶段的一项基本经济制度”,“非公有制经济是我国社会主义市场经济的重要组成部分”;在对待非公有制经济的措施上,从党的十五大报告“对个体、私营等非公有制经济要继续鼓励、引导”到 1999 年《宪法》“国家对个体经济、私营经济实行引导、监督和管理”,再到党的十六大报告《全面建设小康社会,开创中国特色社会主义事业新局面》“毫不动摇地鼓励、支持和引导非公有制经济发展”,公有制经济和非公有制经济已经“统一于社会主义现代化建设的进程中”。

在我国发展非公有制经济不会威胁到公有制经济的主体地位,因为,社会主义市场经济条件下的非公有制经济受社会主义经济的影响和引导,进而发挥其有利于社会

① 参见郭兴华:《“悬顶之剑”下的网约车平台》,载中国金融信息网,http://news. xinhua08. com/a/20210615/1990401. shtml? f = arank。

② 参见王建均:《社会主义市场经济新论》,载中央社会主义学院马克思主义理论教研部编:《马克思主义中国化研究》第 1 辑,中国言实出版社 2018 年版,第 243 页。

③ 参见韩大元:《中国宪法上“社会主义市场经济”的规范结构》,载《中国法学》2019 年第 2 期。

④ 参见韩保江:《国有经济与民营经济相辅相成相得益彰》,载《人民日报》2018 年 12 月 7 日,第 7 版。

主义市场经济的一面,而尽可能地限制其不利于社会主义市场经济的一面。[①] 因此,推行鼓励和支持非公有制经济与公有制经济展开自由和平等竞争的竞争中立制度,有利于充分调动各方面的积极性、创造性,各种所有制经济完全可以在市场竞争中发挥各自优势、共同发展。

2. 其他宪法渊源

《宪法》第15条第2款规定要"加强经济立法",前述反垄断法的规制局限问题凸显了将竞争中立制度化以对经济法律制度补足增量和优化存量的必要性。该条第3款规定,"依法禁止任何组织或者个人扰乱社会经济秩序",除不容许单纯经济势力造成不公平竞争之外,也不容许政府反竞争行为造成不公平竞争。竞争中立制度的市场准入中立、监管中立、投资回报中立等标准都旨在清理造成市场不公平竞争的政府公权力根源。

《宪法》第33条第2款规定,中华人民共和国公民在法律面前一律平等。法人制度把法律的保护领域和规范范围从经济活动中的自然人个体扩大到社会组织及其行为,[②]所有这些市场经济主体的法律地位应当是没有高低之分的,同时享有充分的发展空间和平等的待遇。竞争中立对经营者平等竞争的保护是这一规定的延伸。

三、目标实现:作为竞争法治的竞争中立

竞争法治意味着法治在市场竞争层面得以实现,是包含了竞争机制在法治意义上的本质特征、内在意蕴和外在表现的综合体系。基于此,竞争中立法治意味着竞争中立在市场经济中起到约束政府部门对经济活动的任意干预的作用,使后者按照竞争中立的要求制定和实施法律政策。这是一种与竞争中立作为政策相对应的、将竞争中立纳入法治框架的市场经济治理方式。竞争中立法治对"法治""竞争法治"的具体化贯穿于其价值证成、实践需要和实施方式所组成的现实转化的全过程。

(一)竞争中立法治如何证成

竞争法治科学合理与否,首要在于其能否充分反映法的本质。[③] 法的本质体现在其对法治价值的追求之中。公认的竞争法治价值包括自由竞争、平等竞争、正当竞争、资源配置效率、消费者权益保护等。竞争中立法治以自由和机会平等为原生价值,以竞争秩序和效率为派生价值。之所以分为原生价值和派生价值,并非由于它们的重要

---

① 参见王建均:《社会主义市场经济新论》,载中央社会主义学院马克思主义理论教研部编:《马克思主义中国化研究》第1辑,中国言实出版社2018年版,第244页。

② 参见文正邦:《论现代市场经济是法治经济》,载《法学研究》1994年第1期。

③ 参见金善明:《经济法治:政府与市场的规范逻辑》,载《江海学刊》2013年第5期。

性不同,而是因为它们之间的逻辑关系:自由和平等可以直接规定在法律规则中,而秩序和效率则只能通过体现自由和平等的法律规则间接实现。

1. 竞争中立法治的原生价值

第一,自由价值。法治之下的自由包含经济自由,但经济自由并不意味着彻底否弃国家的经济治理活动,后者与政府以直接或间接的方式主动支持垄断势力的做法一样,都会导致竞争的式微。[①] 竞争中立呈现为经济政策和经济法律的外观,也是政府对市场的介入,但这种介入从经济法治的本质出发,强调没有正当理由不得基于经营者的身份、规模等的不同而区别对待,指向法治的自由价值。同时,竞争中立也放开了对国企经营自由的原有限制,因为处于竞争不中立环境下的国企并不是完全自由的市场主体,在经营活动范围和方式等方面时常受到主管部门的约束,这导致其参与竞争和优化成本收益的空间较小。

进言之,竞争中立是对消极自由和积极自由的全面保护。"消极自由"强调个人不受其他人制约或干预的状态,[②]各主体无限的特殊性是其理论基础。[③] 但是它们的无限创造力,只有在享有法治所包含的各种自由之中才能发挥出来,不能因为政府的偏爱而受限。一方面,倡导大众创业、万众创新;另一方面,剥夺经营者创造力的做法是与法治相悖的。"积极自由",是指人们获得某种积极效果的能力、权利和机会,其核心是"自主"。[④] 经济治理不再局限于禁止性手段,而是更多采用鼓励性、协商性手段固定经营者获取和保存经济利益的方式。竞争中立反对给予个别企业获取额外经济权益的积极自由的歧视性做法,因为这阻碍了其他经营者经营的积极自由。

企业受益与受损的区别主要体现在应然权益与应然义务分别人为、非同向地等量变动。在竞争不中立的情况下,可能会出现4种情况:(1)受损企业应然义务增加,受益企业应然义务不变;(2)受损企业应然义务不变,受益企业应然义务减少;(3)受损企业应然权益减少,受益企业应然权益不变;(4)受损企业应然权益不变,受益企业应然权益增加。在第(1)种情况下,竞争中立保护受损企业与受益企业的经营自由同样不被限制,这是对消极自由的保护。在后3种情况下,竞争中立保护受损企业得到与受益企业同等的支持,这是对积极自由的保护。将竞争中立的"八大基石"要素分类、"行为准则"分类与应然权益、应然义务的变化,以及消极自由、积极自由相互对应(见

① 参见[英]弗里德利希·冯·哈耶克:《个人主义与经济秩序》,邓正来编译,复旦大学出版社2012年版,第121页。

② 参见郑永流:《法治四章:英德渊源、国际标准和中国问题》,中国政法大学出版社2002年版,第22页。

③ 参见[德]阿克塞尔·霍耐特:《自由的权利》,王旭译,社会科学文献出版社2013年版,第37页。

④ 参见[法]卢梭:《社会契约论》,何兆武译,商务印书馆1980年版,第9页。

表1)，可以看出竞争中立对自由的全面保护。

表1　竞争中立对自由的全面保护

<table>
<tr><td colspan="2" rowspan="4">竞争中立要素
竞争中立“八大基石”要素
“行为准则”要素
保护自由类型
企业类型及其应然权义</td><td rowspan="2">公共采购</td><td rowspan="2">税收中立
监管中立
债务中立</td><td>商业回报率要求</td><td>履行公共服务义务</td></tr>
<tr><td colspan="2">识别商业实体成本</td></tr>
<tr><td colspan="4">政府商业活动的经营方式</td></tr>
<tr><td>交易机会中立</td><td>经营负担中立</td><td colspan="2">投资回报中立</td></tr>
<tr><td>受损企业应然义务增加</td><td>受益企业应然义务不变</td><td>消极自由</td><td></td><td></td><td></td></tr>
<tr><td>受损企业应然义务不变</td><td>受益企业应然义务减少</td><td></td><td>积极自由</td><td></td><td></td></tr>
<tr><td>受损企业应然权益减少</td><td>受益企业应然权益不变</td><td></td><td></td><td>积极自由</td><td></td></tr>
<tr><td>受损企业应然权益不变</td><td>受益企业应然权益增加</td><td></td><td></td><td></td><td>积极自由</td></tr>
</table>

注：▧表示此项“竞争中立要素”和“企业类型及其应然权义”非对应关系。

第二，机会平等价值。经济治理中，政府对市场的干预存在诸多根据经营者组织形式、所有权归属及规模大小，适用不同的投资立项、贷款、税收、监管等的经济法律和政策，这将导致不平等竞争。竞争中立指向平等这一价值，意味着经营者享有同样的参与市场交易的权利，政府不应先于市场作出优胜劣汰的选择。

相对社会将全部资源向所有人平等分配的结果平等来说，竞争中立的价值在于机会平等，因为竞争必然有胜有负，无胜负的“结果平等”无异于取消竞争。① 从机会平等的机会来源进行考察，社会所提供的发展才德、作出贡献、竞争职务和地位、竞争权力和财富等非基本权利的机会，是全社会每个人的基本权利，应该人人完全平等。② 因此，机会平等是主张人人平等的基本权利，这为保护机会平等的竞争中立的所有要素适用于所有市场主体提供了正当性。

机会平等包括平等利用的机会平等和平等起点的机会平等：前者是指提供给每个人不受歧视地实现既定目的的相同机会；后者是指每个人都拥有达到既定目的的相同

① 参见卞悟：《经济竞争中的“规则”与“起点”》，载刘军宁等编：《经济民主与经济自由》，生活·读书·新知三联书店1997年版，第149页。

② 参见王海明：《平等新论》，载《中国社会科学》1998年第5期。

工具和资源。[①] 两种机会平等实现路径有所不同:实现平等利用较容易,一般需要政府放开管制即可;而达到平等起点则更多需要政府介入,进行资源的合理再分配。以税收为例,受益企业享有的额外税收优惠使其获得了竞争优势,这就使受损企业处于竞争劣势,竞争中立致力消除这种税收不平等的境况,给予所有企业相同的发展潜能、属于平等起点的机会平等。同理,债务中立、监管中立、商业回报率要求、识别商业实体成本、履行公共服务义务均指向此类平等。而竞争中立要求采购规则保持公平、非歧视性和高透明度,使所有符合招标条件的投标者都有中标的可能性,这属于平等利用的机会平等。从竞争中立行为准则分类来看,交易机会中立意味着政府应当向所有参与市场活动的经营者提供交易的机会和可能性,属于平等利用的机会平等。经营负担中立和投资回报中立要求政府在影响经营者的经营负担、投资回报时,公正和平等地对待所有市场主体,属于平等起点的机会平等。政府商业活动的经营方式可能影响经营者的交易机会、投资回报和经营负担,也会同时涉及这两种机会平等。由此可得出竞争中立的"八大基石"要素分类、"行为准则"分类与其保护的机会平等的对应关系(见表2)。

表2 竞争中立对机会平等的保护

竞争中立"八大基石"要素 / 保护的平等类型 / "行为准则"要素	公共采购	税收中立 监管中立 债务中立	识别商业实体成本 履行公共服务义务 商业回报率要求
	政府商业活动的经营方式		
交易机会中立	平等利用的机会平等	⧅	⧅
经营负担中立	⧅	平等起点的机会平等	⧅
投资回报中立	⧅	⧅	平等起点的机会平等

注:⧅表示此项"竞争中立'八大基石'要素"与"'行为准则'要素" 非对应关系。

2. 竞争中立法治的派生价值

第一,竞争秩序价值。对法律秩序比较公认的理解有3种:本体秩序[②]、过程秩序[③]

① 参见[美]乔万尼·萨托利:《民主新论》(下卷),冯克利、阎克文译,上海人民出版社2015年版,第526~529页。

② 参见[美]汉斯·凯尔森:《法与国家的一般理论》,沈宗灵译,中国大百科全书出版社1906年版,第121、141页。

③ 参见李龙主编:《法理学》,武汉大学出版社2011年版,第470~471页。

和结果秩序。[①] 法律规范位阶清晰的本体秩序是一国法治的基础,协调顺畅的过程秩序是法治各项因素配合得当的体现,合乎立法初衷的结果秩序是实行法治的归宿。从任何一个角度来理解,法律制度都是秩序的先决条件,没有良善之法便没有法律的位阶排序、运行过程和法律的实效。"制度秩序说"也证明了这一点:制度对秩序起决定作用,体制、政策、法律都可归入制度范围之内。[②] 这也是本文将秩序作为法治的派生价值、推而广之将竞争秩序作为竞争中立法治的派生价值的原因。

竞争中立法治所追求的秩序,是以自由和机会平等为基石、以竞争为中心展开的竞争秩序。因为,虽然现代竞争秩序的建立与维持受政府治理,但这种经济治理方式是从根本上保证市场按照自身的法则运行,[③]并不是"建立",而是"发现"符合客观经济规律的竞争秩序。[④] 这契合了法治对于法的合规律性的要求,也近乎欧肯所主张的"有运作能力的、合乎人的尊严的奥尔多秩序",[⑤]和哈耶克的"竞争秩序"——使竞争起作用的秩序——的主张是类似的。[⑥] 因此有论者认为,可以把哈耶克－欧肯意义上的竞争秩序视为标杆性竞争秩序,[⑦]只有自由和机会平等的规范才能带来这种竞争秩序。

第二,效率价值。经济法律本身是经济治理最重要的手段,自然以经济效率的提高作为所要实现的目的。然而,仅强调效率价值而降低对自由、平等等其他价值追求的做法也是不可取的,因为折损了自由和平等而实现的效率变异为特定权力所要谋取的局部效率,其本身就是对法治语境中法律效率价值的背离。同竞争秩序类似,效率也不是凭空产生的,竞争中立法治的效率价值来自自由和机会平等价值对于社会生产率和交易率的提高:一方面,自由保证了经营者可以在市场机制作用的领域不受限制地寻找交易渠道,进而最大限度地发挥竞争优势,避免了在竞争劣势方面的低效投入;另一方面,竞争机会平等保证了经营者可以专心于提高产品质量、降低产品价格,而不

---

① 参见[苏]雅维茨:《法的一般理论——社会和哲学问题》,朱景文译,辽宁人民出版社1986年版,第203页。

② 参见郭冬乐、宋则主编:《通向公平竞争之路:中国转轨期间市场秩序研究》,社会科学文献出版社2001年版,第76～78页。

③ 参见叶卫平:《竞争立法与竞争秩序建构——以行政垄断规制必要性为中心》,载《深圳大学学报(人文社会科学版)》2007年第1期。

④ 参见金碚:《关于社会主义市场经济竞争秩序的若干问题》,载《经济与管理研究》2008年第9期。

⑤ 参见冯兴元:《大国之道:中国私人与公共选择的宪则分析》,福建教育出版社2013年版,第345页。

⑥ 参见[英]弗里德利希·冯·哈耶克:《个人主义与经济秩序》,邓正来译,复旦大学出版社2012年版,第122页。

⑦ 参见冯兴元:《哈耶克与欧肯的竞争秩序观及其意蕴》,载《浙江工商大学学报》2014年第6期。

必费尽心机地“寻租”，产品要素因而得以尽可能地投入有效交易之中，避免了浪费。如此，社会资源在竞争中更多地流向效率更高的经营者，社会资源也得到了更加有效的配置。

秩序和效率是自由和机会平等的自然结果，这一结果也可以作为检验自由和机会平等是否真正付诸实践的尺度。真正符合自由和机会平等的竞争法律规则才能带来秩序和效率，才是真正意义上的竞争中立法治；没有带来秩序和效率的竞争法律规则可能是不符合自由和机会平等的法律规则，也不是真正意义上的竞争中立法治。

（二）竞争中立法治如何必需

竞争中立法治是我国当前市场经济和法治社会实践发展的需要。党的十八届三中全会《中共中央关于全面深化改革若干重大问题的决定》作出了“经济体制改革是全面深化改革的重点，核心问题是处理好政府和市场的关系，使市场在资源配置中起决定性作用和更好发挥政府作用”的论断。“市场在资源配置中起决定性作用”要求市场机制不受阻碍地运行，以保障市场的充分竞争与开放。“更好发挥政府作用”要求政府最小化对市场竞争的排除和限制，经济治理活动应顺应市场规律，并体现自由、平等、秩序和效率价值。这两方面并不是分别孤立的，而是具有内在的逻辑：政府并不能直接产生经济体制改革和培育公平竞争市场的结果，而是以制定合乎市场规律的规则的方式，通过市场决定资源配置而实现。在这一逻辑中，政府对市场竞争保持足够的中立是制定符合市场规律的规则的基础，如果缺失这一基础，市场规则就很容易遭受高权裹挟而丧失独立性。因而，竞争中立是构筑公平竞争市场过程中必不可少的前提。

党的十八届四中全会《中共中央关于全面推进依法治国若干重大问题的决定》提出“社会主义市场经济本质上是法治经济”，这标志我国法治经济将各项经济政策和市场机制纳入法治框架，完成由政策经济到市场经济再到法治经济的时代转向。[①] 前文分析已知，竞争中立法治是法治经济的重要构成，也当然归属于法治整体框架之中。

（三）竞争中立法治如何可能

1. 竞争中立作为一种治理模式

与统治、管制等传统方式不同，治理，是指公共权威为实现公共利益而进行的管理活动和管理过程。它的主体除了政府组织之外，还可以是非政府的其他组织，或政府

① 参见陈兵、石玉浩：《政策经济向法治经济转型：基于新中国七十年国家经济政策与宪法经济条款关系的考察》，载《学术论坛》2019 年第 4 期。

与民间的联合组织;其着眼点在于整个社会。[①] 治理排除了政府独断专行的单向命令与强制,政府在作为治理主体的同时也是治理对象。[②] 竞争中立是以政府为对象的经济治理:政府可以采取适当的手段在弥补市场缺陷和保护市场机制等方面发挥作用,但是政府权力必须受到约束,以市场上没有偏私的第三方而作为。竞争中立并不反对政府经济治理权力本身,而是反对政府经济治理权力的不中立运用进而导致先于市场使确定的经营者获取竞争优势。如果按照传统统治和管制的思路,政府只享有经济管理权力而没有相应责任,就会背离竞争中立法治的精神,也是极其危险的,因为,任何有权力的人都容易倾向于权力滥用,一直到临近极限时才停下来。极限对于权力本身是相当必要的,[③]竞争中立便是政府经济治理权力行使的极限标准之一。

竞争中立作为治理模式已经存在于我国经济治理实践当中。党的十九届四中全会《中共中央关于坚持和完善中国特色社会主义制度　推进国家治理体系和治理能力现代化若干重大问题的决定》是目前我国关于国家治理最系统、最深刻的阐述与要求。其中,"营造各种所有制主体依法平等使用资源要素、公开公平公正参与竞争、同等受到法律保护的市场环境""市场准入负面清单制度""要素价格市场决定、流动自主有序、配置高效公平""国有企业改革"等竞争中立的重要元素都被视为实现国家治理现代化的重要突破口。

2. 竞争中立作为一种思维方式

法治能否取得成功,直接依赖该社会的公共决策者和私人决策者是否普遍接受了与法治理念相适应的思维方式。[④] 竞争中立作为一种思维方式,是指政府部门在竞争中立的价值、精神、理念和要求的指导下对待经济治理问题的角度和方法。具体而言,竞争中立作为思维方式有以下特点:第一,它意味着政府部门对竞争中立法治的心理确信和自觉接受。这要求他们对竞争中立知识的掌握和理解达到一定高度,并从内心肯认竞争中立对于实现经济法治的不可取代的意义。第二,它意味着政府部门将对竞争中立的确信与接受发展为思考经济治理问题的价值观和方法论。竞争中立应当在政府思考如何认识、分析和判断政府与市场关系,以及如何影响、引导和促进不同所有制、规模、来源地等的市场主体方面发挥指导作用。第三,它先于并且超越经济法律规范而存在,并贯穿于后者产生与运行的所有环节。

---

① 参见俞可平:《中国治理变迁30年(1978—2008)》,载《吉林大学社会科学学报》2008年第3期。

② 参见江必新:《国家治理现代化基本问题研究》,载《中南大学学报(社会科学版)》2014年第3期。

③ 参见[法]孟德斯鸠:《论法的精神》,彭盛译,当代世界出版社2008年版,第76页。

④ 参见郑成良:《论法治理念与法律思维》,载《吉林大学社会科学学报》2000年第4期。

3. 竞争中立作为一种至上法则

竞争中立作为一种至上法则,源于法律至上原则。法律至上原则是法治的核心,[①]亚里士多德将之阐释为法律应在任何方面受到尊重而保持无上的权威。[②] 虽然在治理语境下,存在多种秩序形式,但是国家治理的规范根据仍然也必须是法律,当法律和其他社会规范融贯时,可以共用,但当法律和其他社会规范出现冲突时,必须以法律规范为准,并以此来处置和其他社会规范的关系。[③]

竞争中立作为一种至上法则,并不意味着它可以超越其他法治规则,而是指它应当是法治顶层构造的一部分,是以宪法及其规定的社会主义市场经济体制为依据建立的最具权威的法律制度和规则体系的一部分,同时也是有特殊适用空间的、独立的和不可替代的一部分。它并不是对公平竞争审查制度、国企改革、负面清单管理制度的简单排列组合,也并不与它们任意一项重合。例如,在与国企改革的关系上,竞争中立并不是反对国企的存在,而是反对其与政府的联系带来的非竞争优势,其实质是反对政府垄断;如果国企改革只限于形式,则是不符合竞争中立法治的要求的;如果将竞争中立与国企改革混淆,也是不可取的,因为竞争中立有自身的约束政府权力的规定性。将在法治框架下治理模式和思维方式意义上的竞争中立凝练为独立的法律规则,承袭法律的至上性,方能促进其体系的完善和运行的通畅,解决当前无法可依的实践困境。

4. 竞争中立作为一种普遍实践

法治是一个实践的概念,依赖社会场合和重复性的人类行为而实现,[④]法治的权威和生命力应当体现在社会成员和组织的普遍实践当中。这种普遍实践性包含主体普遍性、事项普遍性和时间普遍性三个方面:主体普遍性,是指法治实践主体包括了平民和统治者在内的所有社会主体,尤其是统治者,没有任何人可以置身其外;事项普遍性,是指主体对法治的实践事项是全面的,而不是选择性的;时间普遍性,是指主体对法治的实践是习惯性的,而不是偶尔的;是延续的,而不是间断的。

竞争中立法治应当得到如此普遍实践:在主体上包括所有的政府部门;在事项上关涉所有的经济治理决策;在时间上及于经济治理的全过程,而不仅限于法律实施环节;特别地,在内容上,法治意义上的竞争中立是作为治理模式、思维方式、至上法则的综合考量和运用。简言之,竞争中立的普遍实践,意味着政府部门将竞争中立同时作为治理模式、思维方式和至上法则应用于经济治理的全过程。

---

① 参见曾宪义:《法治与文明》,湖南人民出版社2001年版,第26页。

② 参见[古希腊]亚里士多德:《政治学》,吴寿彭译,商务印书馆1965年版,第192页。

③ 参见谢晖:《法律至上与国家治理》,载《比较法研究》2020年第1期。

④ 参见夏恿:《法治是什么——渊源、规诫与价值》,载《中国社会科学》1999年第4期。

四、结语

在公平竞争的市场环境中,市场主体应当享有广泛的自由和平等,而不是受到广泛的限制和歧视。对于市场主体自由和平等的保护依赖于政府经济治理的规范化。竞争中立以更好发挥政府作用为逻辑起点,以使市场在资源配置中起决定性作用为路径依赖,最终指向公平竞争市场环境的完善,具有独立的、独特的价值。针对其非体系化、无拘束力的问题,竞争中立应当实现从竞争政策到竞争法制,再到竞争法治的进阶。此时,竞争中立作为政策和制度依然发挥着规范政府经济治理权力的作用。竞争中立法治使竞争中立政策和竞争中立制度具有更加理论化的价值体系,更强实践性和系统性的实现路径,而其所要求的政府经济权力的非偏向运用、"更好发挥政府作用",目的也是使其他经济政策、经济制度完成向经济法治的进阶,避免经济政策和制度违背法治原则。

(责任编辑:陈娇娇)

医药行业反向支付协议：问题的证成、识别与反垄断规制*

郭传凯** 胡广文***

摘 要：医药行业的反向支付协议，是指专利药企与仿制药企达成的要求后者在专利药度过保护期后不生产对应仿制药或在特定期间不进入特定药物市场的协议。通过对反向支付协议促成因素与抑制因素的分析可知，其能否在我国出现具有或然性。识别反向支付协议是对之进行规制的前提，识别重点首先在于梳理反向支付协议的产生情境及类型，进而分析专利药企与仿制药企的特定行为。反垄断法对反向支付协议的应对分为两个层面：在行政执法层面，竞争执法机关在评估反向支付协议的竞争效果时，应将专利药企要求仿制药企进入药物市场的时间节点、参与协议的仿制药企之数量作为主要参考因素；在司法审判层面，需要法律进一步明确当事人在反向支付协议诉讼中的举证责任配置和法院对涉案证据的认定标准。

关键词：医药行业；专利；反向支付协议；反垄断法；应对

专利药企与仿制药企的利益角逐由来已久，反向支付协议便是双方博弈的结果，其是指专利药企与仿制药企达成的，要求后者在专利药度过保护期后不生产对应仿制药或在特定期间不进入特定药物市场的协议。① 由于反向支付协议具有反竞争特性，

---

* 本文系国家社科基金青年项目“全球性合规风险背景下刑事合规制度建构的方法及其边界研究”（编号：19CFX039）、中国博士后科学基金第66批面上资助项目（编号：2019M662383）、山东大学人文社会科学创新团队“全面依法治国战略实施中的数据运用与数据治理”的研究成果。

** 法学博士，山东大学法学院副教授。

*** 山东大学法学院经济法专业硕士研究生。

① 在专利侵权诉讼中，一般由被告向原告支付损害赔偿金，但在反向支付协议中，却是原告向被告给付货币或其他经济利益，因此称为“反向”。

因此,在全球药物专利悬崖期逐渐临近之际,探讨我国能否产生反向支付协议,实务部门如何识别、应对反向支付协议是本文研究的现实动因。

一、问题的提出:反向支付协议在我国产生的可能性

2013～2018 年,部分学者开始对反向支付协议的成因作比较法研究,并提出了在我国语境下规制反向支付协议的理论构想;[①]2019～2020 年,随着全球药物专利“悬崖期”的临近,部分学者对反向支付协议的研究开始偏向于方法论探讨和规制措施的构建。[②]

上述研究存在如下问题:(1)忽视问题证成,重视规制探讨。多数文献有意略过对反向支付协议的命题证成,而在规制研究方面着墨甚多。(2)忽视国情不同,着重结论展示。部分文献往往详细介绍若干域外反向支付协议案例,以说明该问题之重要性,但在提及我国能否产生反向支付协议时,却付之阙如。

综上所述,在我国欠缺反向支付协议案例之际,如何分析反向支付协议的促成因素与抑制因素,探讨在现有制度语境下反向支付协议在我国产生的可能性,即是本文亟须解决的首要问题。

(一)抑制反向支付协议产生的因素

1. 我国专利侵权诉讼周期较长

2001 年,美国礼来公司在中国拥有抗癌药物吉西他滨、吉西他滨酸盐的 3 项发明专利权,其以江苏豪森药业有限公司(以下简称豪森公司)未经许可擅自使用该药物专利方案制造上述药物并销售,涉嫌专利侵权为由将后者诉至法院,最高人民法院于 2010 年认定豪森公司的药物制备工艺未侵犯礼来公司的专利权,终审判决豪森公司胜诉,但礼来公司已提前向法院申请诉前禁令,致使豪森公司在 10 年间未能正常生产、销售该药物,[③]而礼来公司只在终审判决中承担了 37,510 元的案件受理费和 75,000

---

① 参见丁锦希、邵美令、孟立立:《美国知识产权反垄断诉讼中专利范围测试规则的适用及启示——基于“Schering V. S. Upsher”案实证分析》,载《知识产权》2013 年第 6 期;宋建宝:《专利诉讼反向支付和解协议的反垄断审查:美国的规则与实践》,载《知识产权》2014 年第 2 期;陈兵:《美国药物领域反向支付的反垄断司法经验解读与启示——以反垄断审查规则为线索》,载《上海财经大学学报(哲学社会科学版)》2018 年第 5 期。

② 参见罗熠:《医药专利诉讼中反向支付协议的反垄断问题探究》,载《财经理论研究》2020 年第 4 期;李胜利、臧阿月:《药物专利反向支付协议的反垄断规制》,载《西南石油大学学报(社会科学版)》2020 年第 5 期。

③ 参见最高人民法院民事判决书,(2009)民三终字第 6 号。

元的鉴定费。

2003 年，礼来公司在中国拥有治疗精神分裂症药物奥氮平的专利权，其以常州华生药业有限公司（以下简称华生公司）未经其许可擅自使用该药物的方法专利，涉嫌侵权为由将后者诉至江苏省南京市中级人民法院，经过二审，江苏省高级人民法院于 2011 年认定华生公司构成侵权。① 随后，礼来公司认为，在前案起诉日至奥氮平专利有效期届满日期间，华生公司的侵权行为一直存在，因而又向江苏省高级人民法院另行起诉，请求判令华生公司赔偿损失、赔礼道歉并消除影响，并因不满江苏省高级人民法院确定的损害赔偿数额，其又向最高人民法院提起二审。最高人民法院于 2016 年终审判决华生公司的药物制备工艺未侵犯礼来公司的专利权，驳回礼来公司的诉讼请求，撤销前述江苏省高级人民法院的侵权认定判决，华生公司虽胜诉却承担了 13 年诉累和近百万元的诉讼费，而礼来公司在系列诉讼中仅承担了 323, 897 元的诉讼费。②

国外专利药企对国内仿制药企提起的专利侵权诉讼虽多以败诉结案，但漫长诉讼审理周期与诉前禁令制度不仅使国内仿制药企难以顺利研发特定仿制药，亦延长了特定专利药的实际专利有效期，巩固了专利药企在特定药物市场的垄断地位。对专利药企来说，其实现收回研发成本或维持市场垄断地位目的之根本途径就在于阻止仿制药企进入特定药物市场，而我国的专利侵权诉讼即可实现这一目标，且专利药企无须向仿制药企支付巨额费用，实施成本更低，亦能使其避免落入竞争执法机关的规制视野，具有“一石三鸟”的效果。或因如此，我国目前尚无专利药企与仿制药企达成反向支付协议的先例。

2.《药物专利纠纷早期解决机制实施办法（试行）》的出台

前已述及，我国药物专利侵权诉讼周期较长、成本偏低，专利药企的诉讼风险不高，唯一的问题在于专利药企不能及时知悉有无仿制药企对其专利药物进行仿制研发及是否侵犯其专利权，但这因《药物专利纠纷早期解决机制实施办法（试行）》（以下简称《办法》）的出台而得以解决。其第 6 条第 1 款规定：“化学仿制药申请人提交药品上市许可申请时，应当对照已在中国上市药品专利信息登记平台公开的专利信息，针对被仿制药每一件相关的药品专利作出声明……”通过前述信息平台，专利药企可及时知悉将要仿制其专利药的仿制药企，并借助专利诉讼阻击后者。因此，与《哈奇－韦克斯曼法案》成为推动美国专利药企与仿制药企达成反向支付协议的重要制度因素

① 参见江苏省南京市中级人民法院民事判决书，(2004)宁民三初字第 029 号；江苏省高级人民法院民事判决书，(2008)苏民三终字第 0241 号。

② 参见最高人民法院民事判决书，(2015)民三终字第 1 号。

不同,《办法》将会成为助推我国专利药企对仿制药企提起专利侵权诉讼的重要因素。

3. 专利法的修改

专利药企与仿制药企达成反向支付协议的直接诱因是药物专利授权制度和药物上市审批制度的审核标准不一、程序衔接不畅,致使专利药企对特定药物所拥有的实际专利有效期不足,而药物专利补偿期制度可有效解决该问题。2020年1月15日,中美贸易谈判第一阶段文本《中华人民共和国政府和美利坚合众国政府经济贸易协议》公布,其第1.12条第2款第2项规定:“对于在中国获批上市的新药产品及其制造和使用方法的专利,应专利权人的请求,中国应对新药产品专利、其获批使用方法或制造方法的专利有效期或专利权有效期提供调整。”①据此,我国在2020年修正后的《专利法》第42条第3款规定:“为补偿新药上市审评审批占用的时间,对在中国获得上市许可的新药相关发明专利,国务院专利行政部门应专利权人的请求给予专利权期限补偿。补偿期限不超过五年,新药批准上市后总有效专利权期限不超过十四年。”因此,专利药企可通过合法方式延补其专利药的实际专利有效期,同时,该规定似可削弱专利药企与仿制药企达成违法风险大、成本高的反向支付协议之动机。

4. 医保集采制度的存在

仿制药企作为专利药企的替代性产品供应者,双方对交易机会、目标客户、市场份额的争夺具有天然对立性,因此,双方既可选择战略合作以实现共赢,亦可选择规避竞争而避免“双输”。在国外,反向支付协议便是专利药企与仿制药企摆脱“双输”、实现“共赢”的产物。但在我国,医保集采制度的存在使专利药企无须与仿制药企达成反向支付协议即可实现“单赢”,因仿制药需获得一致性评价方可参与医保竞价谈判,所以专利药企在该领域的竞争优势较大,再加上中国人口众多、医药市场庞大,若专利药企的专利药被列入医保目录,则其似可获得持久稳定的合法收益。但随着仿制药企药物反向研发技术的不断发展,许多仿制药企亦具备了医保集采参与资格,其无须负担专利药物初始研发成本的比较优势可使其在医保集采中压低报价、提高中标概率,因此,医保集采制度似仅能在特定期间、特定药物细分领域遏制反向支付协议的产生趋势,一旦对应仿制药企参与医保集采,专利药企就仍有与仿制药企达成反向支付协议的可能。

---

①　《关于发布中美第一阶段经贸协议的公告》,载国务院官网,http://www.gov.cn/xinwen/2020-01/16/content_5469650.htm。

(二)促成反向支付协议的因素

1. 医药行业固有特点

有学者认为，医药行业的固有特点将是促使我国产生反向支付协议的重要因素，① 其以我国药物上市的4个阶段为基准开展论证：在临床前研究阶段，专利药企需确定药物靶点，对现有化合物进行改造优化并从中筛选出活性化合物进行动物实验，然后根据实验结果评估药物毒理作用并进行制剂研发；在申请临床试验阶段，专利药企需接受药监部门的初步审核；在三期临床试验阶段，专利药企需测试药物疗效与安全性；在申请新药注册阶段，专利药企需接受药监部门的实质审查。据业内人士测算，前述4个阶段总耗时为7～10年。② 但专利药企为早日开展专利布局、保证药物技术方案的新颖性、提高专利授权概率，在申请新药注册前便会向专利部门提起对该新药化合物、制备方法的专利授权申请，③ 只要该新药化合物和制备方法符合新颖性、创造性、实用性的实质授权标准，专利部门便会通过专利药企的专利授权申请。问题在于，若专利药企在临床前研发阶段即获得专利授权，待该药物上市之际，其实际专利有效期将所剩无几。药物专利授权时点与其上市销售时点间的差异致使专利药的实际专利期远小于法定专利期，因此，专利药企确有与仿制药企达成反向支付协议的动机。

2. 专利制度缺陷

专利药企促成反向支付协议的目的有：(1)延长专利药的实际专利有效期，以收回前期巨额研发成本，实现预期营利目标；(2)阻止仿制药企进入特定药物市场，维持其在该市场中的垄断地位。专利药企意欲实现目的一的直接缘由是专利法忽视了药物专利授权制度与上市审批制度的特殊性，未对药物专利期限作出专门规定。若专利药企以目的一为由在竞争执法和诉讼程序中提出抗辩，则竞争执法机关与法院需在“保护创新”与“自由竞争”之间进行价值权衡，其若将专利药企在此种情景下促成的反向支付协议认定为具有排除、限制竞争的效果，将会抑制专利药企进行药物研发的积极性、降低药物研发市场的竞争活力。因此，部分学者认为，我国《专利法》中存在的药物专利期限规定不合理之问题将会成为促使专利药企与仿制药企达成反向支付协议的

---

① 参见万志前、张成：《药物专利诉讼中反向支付的因与果：以竞争法为视角》，载《私法》2020年第2期。

② 参见蒋江：《新药从研发到上市需经过哪些流程？》，载搜狐网2017年9月21日，https://www.sohu.com/a/193651670712318。

③ 参见《总局关于发布化学药物注册分类改革工作方案的公告》，载国家药品监督管理局官网，https://www.nmpa.gov.cn/yaopin/ypggtg/ypqtgg/20160309151801706.html。

重要因素。

3. 法律制度推动

美国于1984年出台的《哈奇－韦克斯曼法案》为其国内的专利药企与仿制药企达成反向支付协议提供了制度基础。此前,美国联邦食品药物法规定专利药与仿制药的上市销售均需通过美国食品药品监督管理局(Food and Drug Administration,FDA)的预先审核,但因二者的上市审批流程不存在实质差异,故仿制药与专利药相比不具有成本与价格优势,仿制药企因而缺乏对专利药予以仿制研发的动力。后因专利药价格居高不下,为减轻政府医疗财政负担,《哈奇－韦克斯曼法案》便规定了仿制药上市简化审批程序(ANDA):取消仿制药临床前毒理实验和临床研究项目,仿制药企无须重复进行已被证明过的药物安全性和有效性研究;仿制药企可在药物专利期内进行试生产以获取相关技术信息,从而降低仿制药的研发和生产成本。

此外,该法案鼓励仿制药企对专利药企提起专利挑战,即仿制药企在向FDA提起ANDA时,需对将要仿制专利药的专利状态予以声明,声明共分4类:(1)该药物实际未获得专利授权;(2)该专利药物虽获得专利授权,但已失效;(3)在专利药物的化合物和方法专利失效前,不要求FDA批准该仿制药的上市申请;(4)与该仿制药相关的专利无效或仿制药并不侵权。若仿制药企提出第四类声明,其需向专利药企传达不侵权通知,专利药企在接到通知后一般会以专利侵权为由将仿制药企诉至法院。[①] 若仿制药企胜诉,其将被FDA授予180日市场独占销售期,且FDA在此期间不再受理其他仿制药企对同一仿制药的上市申请。

"简化仿制药上市审批流程＋专利挑战＋市场独占期"的组合规定可有效提高仿制药企对专利药物开展仿制研发的积极性,从而对专利药企在特定药物市场的垄断地位构成极大威胁。[②] 因此,反向支付协议便应运而生。

自2021年7月国家药品监督管理局和知识产权局联合发布《办法》后,[③]有学者认为,该《办法》仿照《哈奇－韦克斯曼法案》在第6条规定了4类专利状态申明和仿制药企对专利药进行仿制研发的信息公开制度,在第11条确立了对专利挑战成功的仿制药企给予12个月市场销售独占期、药物监督管理部门在此期间不再批准同种仿制药

① 参见杨莉萍:《比较法视域下药物专利反向支付协议的反垄断法规制》,载《新疆社会科学》2019年第5期。

② 参见赵曦:《原研药与仿制药的较量——美国Hatch-Waxman法案简介》,载《中国发明与专利》2009年第10期。

③ 参见《关于发布〈药品专利纠纷早期解决机制实施办法(试行)〉的公告》,载国家药品监督管理局官网,http://www.gov.cn/zhengce/zhengceku/2021－07/04/content_5622330.htm。

上市的规定,必将提高我国仿制药企对专利药企发起专利挑战的频率,为双方达成反向支付协议提供制度基础。

(三)总结分析

从辩证视角观之,上述分析有其不足之处:首先,证明我国专利侵权诉讼与反向支付协议具有同等效果的案例样本不足;其次,基于个别制度分析得出我国反向支付协议产生概率不高的结论略显片面;最后,未充分考察仿制药企在达成反向支付协议过程中的能动作用,与经营中面临的不确定风险相比,接受专利药企给予的巨额利益对仿制药企而言更契合经济理性。因此,笔者认为,反向支付协议能否在我国出现具有或然性。

二、反向支付协议的识别机制

本文研究反向支付协议识别机制的原因在于,其与垄断协议面临相同的识别难题:若无协议参与者告发或协议参与方存在协同行为,则竞争执法机关无法及时发现反向支付协议,更遑论分析其竞争效果。

(一)反向支付协议的产生情境及其类型

反向支付协议识别机制的建立有赖于对其产生情景的研究。反向支付协议一般产生于两种情景:(1)专利侵权诉讼中。仿制药企生产特定仿制药需研究对应专利药的技术方案,并通过试生产获取相关数据,这可能会落入专利药的专利保护范围,从而被专利药企诉至法院。此时,专利药企可与仿制药企达成反向支付协议,双方以达成和解协议为由向法院申请结案,因该协议具有违法可能性,故其不会申请法院对协议进行司法确认,法院无法证实"和解协议"是否存在,亦不能得知协议内容。(2)日常经营中。专利药企可通过私下磋商与仿制药企达成反向支付协议,此时双方均存在告发风险:对专利药企来说,其明知反向支付协议具有违法可能性,而作为协议促成者主动向竞争执法机关告发反向支付协议的存在,不仅会使其面临来自竞争执法机关的后续监管,亦会使其向仿制药企支付的利益失去意义;对仿制药企来说,一旦其成为反向支付协议参与者并实际取得专利药企给予的利益,即处于告发困境,其若向竞争执法机关披露该反向支付协议,根据目前的法律规定,其需提供充足的证据材料并全面配合竞争执法机关的调查方能获得免除或减轻处罚的机会,即便行政责任得以减免,其亦会招致同行的负面评价并进入医药监管部门的负面清单,得不偿失。因此,双方均不太可能向竞争执法机关透露反向支付协议的存在及内容。

此外,因仿制药企与专利药企达成反向支付协议后必会实施相应行为或出现某些特定情况,如在某专利药度过保护期后,特定仿制药企向药物监管部门提起仿制药上市申请后却又撤回,或某一仿制药企在市场独占销售期内未开展仿制药产销业务,那么在该药物市场就可能会产生反向支付协议。因此,笔者认为,竞争执法机关可通过分析专利药企与仿制药企的经营行为与特定情况,来识别特定药物市场是否存在反向支付协议。

此外,反向支付协议的类型不同,专利药企与仿制药企所实施的行为与出现的特定情况亦会有所不同。反向支付协议主要有两种类型:(1)货币型反向支付协议。专利药企向仿制药企支付特定数额货币,要求后者在特定期间不进入某药物市场。(2)非货币型反向支付协议。以金钱换取市场准入的交易模式易被竞争执法机关识别,非货币型反向支付协议便应运而生,其主要表现为产品跳跃①、服务补偿(如专利药企向仿制药企提供产品推广等服务)、免除仿制药企在其他诉讼中的法律责任等。竞争执法机关可通过查阅特定专利药企与仿制药企的会计账簿、银行账户等识别出货币型反向支付协议;而专利药企与仿制药企所要实施的行为与可能出现的特定情况则因非货币型反向支付协议的类型多变而难以归纳,成为竞争执法机关构建反向支付协议识别机制亟须解决的关键问题。

(二)非货币型反向支付协议的类型划分

1. 专利授权型反向支付协议

专利授权型反向支付协议,是指专利药企以专利权为载体、专利授权协议为手段、专利许可使用费为中介与仿制药企达成合作,要求后者不进入特定药物市场。其有两种表现形式:

(1)专利药企将旗下其他药物专利无偿授权给仿制药企,允许仿制药企独家生产、销售该药物,所得利润归其所有。专利药企亦可通过改变原料配比、剂型,以削弱专利药物的药效为代价(实质即为专利药企对名下专利药物开发自研仿制药)再次向知识产权部门提起专利授权申请,与药物核心专利形成专利群,②待与仿制药企达成协议后便把自研仿制药的专利权授予后者,或承诺在仿制药企的仿制药上市时,不向市场推出自研仿制药。

(2)若仿制药企的仿制药获得上市许可,其在市场独占销售期内即享有销售该仿制药的"专利权",专利药企会以类似专利授权的方式,向仿制药企支付排他性授权使用费获得对该仿制药的独家经营权,但其并不会实际生产和销售该仿制药。若仿制药

① 参见李蓓、易继明:《药品专利常青化策略及应对之探讨》,载《科技与法律》2019年第1期。

② 参见杨铁军主编:《产业专利分析报告》,知识产权出版社2013年版,第117~118页。

未获得上市许可,专利药企则会对仿制药企名下的专利进行类型检索,选择若干仍处于保护期的专利权,向仿制药企申请专利授权并向其支付巨额费用,继而要求仿制药企不再研制对应仿制药。

2. 附属型反向支付协议

附属型反向支付协议的表现形式有:(1)专利药企向仿制药企供给原材料,与后者共享营销渠道,增强双方业务经营的关联性;(2)专利药企向仿制药企提出对特定仿制药的独家采购请求,或向仿制药企提供独家配套服务,或参股仿制药企,成为仿制药企的控股企业;(3)专利药企建议仿制药企销售前者名下其他专利药物。以"美国拉莫三嗪案"为例,葛兰素史克公司对拉莫三嗪药物中的有效成分享有专利权,该专利于2008年7月度过专利保护期,Teva公司于2002年向FDA提出ANDA,葛兰素史克公司以后者涉嫌专利侵权为由将其诉至法院。之后,法院裁定该专利无效,但双方声明其已达成专利和解协议:Teva公司可从2015年1月起销售葛兰素史克公司的其他专利药物,但不会在拉莫三嗪专利到期前生产对应仿制药。①

综上所述,通过分析不同类型的反向支付协议,本文简要归纳出专利药企与仿制药企在不同情境下的行为表现与特定情况,期冀为竞争执法机关识别反向支付协议提供方法指引。

三、对反向支付协议反垄断规制的启示

自2008年《反垄断法》公布后,国家反垄断局和最高人民法院尚未公布一起药物专利反向支付协议案例,实务案例的缺位使在我国语境下系统构建反向支付协议的规制措施似为时尚早。②

(一)竞争执法机关认定反向支付协议是否违法的重点考量因素

竞争执法机关通过观察专利药企与仿制药企在特定药物市场中的行为,得出二者具有达成反向支付协议可能性的初步结论后,可进一步通过实地调查、查阅企业经营资料以证实反向支付协议的存在及内容。竞争执法机关只有了解反向支付协议的参与主体、各自经营规模、利益给付形式、涉案专利的有效性、特定药物市场的竞争状况、专利药企禁止仿制药企进入特定药物市场的时间节点等基本事实后,方能分析反向支付协议的竞争效果,从而决定是否采取及如何采取反垄断规制措施。竞争执法机关在

① See Michael L. Fialkoff, *Pay-For-Delay Settlements in the Wake of Actavis*, Michigan Telecommunications and Technology Law Review, Vol. 20, p. 523(2014).

② 参见邱福恩:《药物专利"反向支付和解协议"反垄断规制的国际比较研究》,载《竞争政策研究》2019年第6期。

判断反向支付协议是否具有排除、限制竞争效果时,应参考两个因素:其一,专利药企要求仿制药企进入特定药物市场的时间节点;其二,参与反向支付协议的仿制药企之数量。

1. 专利药企要求仿制药企进入特定药物市场的时间节点

竞争执法机关评估反向支付协议的竞争效果时,需参考专利药企要求仿制药企进入特定药物市场时间节点的原因在于,时间节点能够显著影响专利药企实现收回成本或排除竞争之目的,只要仿制药企被隔绝在特定药物市场之外,专利药企自可维持专利药物的市场垄断价格(即便是在该专利药物度过保护期后),收回前期巨额研发成本,持续盈利,并进一步巩固其在特定药物市场的垄断地位。但专利药企不具有永久限制仿制药企进入特定药物市场的能力,其在反向支付协议中只能对后者的准入时间予以有限约束,这表现为以下两种情况:

(1)专利药企允许仿制药企在药物专利期结束前进入

2003年,比利时苏威制药公司(以下简称苏威公司)获得治疗男性生殖功能异常的睾酮凝胶药物专利授权,瑞士阿塔维斯制药公司和派得克公司在同年即向美国FDA提起ANDA,并发表第四类声明——该专利无效或其仿制药不侵权,苏威公司随即对二者提起专利侵权诉讼。FDA通过阿塔维斯公司的ANDA申请后,双方在2006年达成协议:苏威公司每年分别向阿塔维斯公司和派得克公司支付1900万~3000万美元和1200万美元,阿塔维斯公司承诺在2015年8月31日之前(睾酮凝胶药物专利到期前65个月左右)不生产对应仿制药,并向其经销商推广苏威公司的睾酮凝胶药物。美国联邦贸易委员以该协议具有排除、限制竞争后果为由将前述公司诉至法院,但美国法院认为对反向支付协议合法性的判断应综合考虑专利法和反垄断法等相关规定。① 在该案中,专利药企允许仿制药企在药物专利期内进入特定药物市场,是其合法行使专利权的体现,其向仿制药企支付巨额费用系属双方自由协商之结果,在专利法尚未对此行为作出禁止性规定的前提下,由竞争执法机关予以立案调查未免会不当扩张反垄断法的适用范围。因此,若专利药企在反向支付协议中允许仿制药企在药物专利期结束前进入特定药物市场,则协议合法,竞争执法机关无须介入。

(2)专利药企禁止仿制药企在药物专利期结束后进入

药物专利到期后,其技术方案即成社会公有物,任何仿制药企均有权使用该技术方案生产仿制药,因此,专利药企要求仿制药企在专利药度过保护期后不向市场推出

---

① 参见孙瑜晨:《专利反向支付协议反垄断规制探论:美国的经验及启示》,载《科技进步与对策》2019年第24期。

仿制药、迟延进入特定药物市场，同时向后者给付经济利益的行为涉嫌扭曲市场竞争机制、损害消费者福利，需引起竞争执法机关的重点关注。在药物专利到期后，专利药企禁止仿制药企生产对应仿制药的目的有：其一，延补实际专利有效期，收回药物研发成本，实现预期盈利目标；其二，巩固其在特定药物市场的垄断地位。对于目的一，其实质并非垄断问题，因此应由竞争执法机关与知识产权部门协同处理，若专利药企意图实现目的二，则竞争执法机关便要考虑下一个因素——参与反向支付协议的仿制药企之数量。

2. 参与反向支付协议的仿制药企之数量

专利药企在反向支付协议中禁止仿制药企在特定药物专利到期后进入市场不必然具有排除、限制竞争的效果，竞争执法机关需进一步审查参与反向支付协议的仿制药企之数量以认定该协议的竞争效果。若专利药企在某特定药物市场上仅与一个或两个仿制药企达成了反向支付协议（前提是这一个或两个仿制药企并非具有市场支配地位者），则未参与该协议的仿制药企仍可向市场推出自己的获批仿制药，此时竞争执法机关亦无介入的必要。但若专利药企与特定药物市场上的多家大型仿制药企达成反向支付协议，约定后者在一定期间内不进入特定药物市场，则与垄断协议具有实质相似性，竞争执法机关需对其展开调查。

此外，竞争执法机关不应忽视对特定仿制药市场进入壁垒因素的考察，原因在于，仿制药生产亦需仿制药企具备相应的资本、技术、设备条件，许多仿制药企现在仅能实现对专利药化学分子式的简单复现而无法实现同等药效，而仿制药获得一致性评价的核心条件就是其必须与专利药一样，能够实现在人体内半衰期曲线的统一（药效基本统一），仿制药只有通过一致性评价才可被国家医药监管部门授予药物批准文号。[①] 技术、设备等问题都可因资本的介入而在短期内解决，因此，即使专利药企在特定药物市场上与多家大型仿制药企达成反向支付协议，但只要该药物利润巨大并足以引入外部竞争者，则该协议仍不必然具有排除、限制竞争的效果。

（二）竞争执法机关对反向支付协议的具体规制依据

首先，竞争执法机关应关注专利药企要求仿制药企进入特定药物市场的时间。专利药企若允许仿制药企在药物专利到期前进入则属合法，终止调查；若禁止仿制药企在药物专利到期后进入，且有继续巩固其在特定药物市场垄断地位之意图，则存在反竞争隐患，继续调查。

---

① 参见《关于开展仿制药质量和疗效一致性评价的意见》，载国务院官网，http://www.gov.cn/zhengce/content/2016-03/05/content_5049364.htm。

其次,进一步审查参与反向支付协议的仿制药企之数量。若专利药企在某特定药物市场上仅与一个或两个仿制药企达成了反向支付协议且后者均不具有市场支配地位,仍有仿制药企能向市场推出仿制药,则该协议未破坏市场竞争机制,终止调查;若专利药企与特定药物市场上的多家大型仿制药企达成反向支付协议,要求后者在一定期间内不进入特定药物市场,且该市场准入壁垒较高,则该反向支付协议可被视为具有竞争关系的经营者之间达成的垄断协议。

最后,判断专利药企要求仿制药企在一定期间内不进入特定药物市场的行为是否涉嫌分割销售市场。“分割销售市场”中的市场既可以是“当下市场”,也可以是“未来市场”。仿制药企若正常进入特定药物市场,必会与专利药企展开竞争从而形成各自的销售区域,但因双方达成了反向支付协议,其将本可能获得的市场份额让与专利药企,从而在彼此之间实现了对未来销售市场的预先分割,这使“分割销售市场”的规定成为竞争执法机关规制具有排除、限制竞争效果的反向支付协议的具体依据。

(三)当事人在反向支付协议诉讼中的举证责任与法院的认定标准

我国《反垄断法》第50条规定:“经营者实施垄断行为,给他人造成损失的,依法承担民事责任。”这为我国法院审理反向支付协议案件提供了法律依据,但司法的被动性意味着法院在反向支付协议诉讼中需根据原被告的举证、质证,而非通过上述识别机制来判明反向支付协议是否存在。因此,如何分配当事人在反向支付协议诉讼中的举证责任以明晰案件事实,如何确定法院对涉案证据的认定标准以认定反向支付协议的竞争效果,就成为法院审理反向支付协议案件所面对的首要问题。

1.举证责任分配

根据《民事诉讼法》第122条之规定,原告向法院提起反向支付协议诉讼应符合3个条件:(1)与案件具有利害关系。结合《反垄断法》第50条之规定,原告应为因反向支付协议的实施而受损害的自然人、法人或其他组织。(2)有明确的被告。“明确”而非“准确”的规定意味着在原告起诉时,部分被告可以不适格,但要能被“特定”。(3)有具体的诉讼请求、事实和理由。原告需提供证据证明被告之间达成了反向支付协议、该协议是垄断协议、被告实施协议对其造成了损害、被告实施协议与其损害之间具有因果关系,这同时也是原告应承担的初步举证责任。

根据最高人民法院《关于审理因垄断行为引发的民事纠纷案件应用法律若干问题的规定》(以下简称《规定》)第7条之规定:“被诉垄断行为属于反垄断法第十三条第一款第一项至第五项规定的垄断协议的,被告应对该协议不具有排除、限制竞争的效果承担举证责任。”因此,若涉案反向支付协议被法院认定为垄断协议,被告似仅需对该协议不具有排除、限制竞争的效果承担举证责任即可。

上述举证责任配置存在如下问题:(1)根据目前的法律规定,原告虽可以被告实施反向支付协议致其损害为由向法院起诉,但在诉讼中,原告若非反向支付协议的参与者,则难以向法院提供直接证据证明被告之间达成了反向支付协议、该协议为垄断协议,而只能根据被告的行为、行业地位等间接证据向法院论证被告达成反向支付协议的可能性,这使原告的诉求难以被法院所认可;(2)即便前述间接证据能够相互印证并形成完整证据链,且能得出被告之间确实达成了反向支付协议的唯一结论,原告仍需证明该协议为垄断协议,其将同样面临直接证据不足的问题;(3)原告的诉因是被告实施反向支付协议致其损害,但其首先要证明该反向支付协议存在且为垄断协议,而在这一过程中其又必须证明该协议具有排除、限制竞争的效果,方能使其诉求具备正当性基础(经营者不具有排除、限制竞争效果的经营行为对他人造成营业上的"损害"应为市场经济的常态,不具有可诉性),这将使其面临实际诉讼不能的困境;(4)我国虽未在《反垄断法》中明确规定本身违法原则与合理原则,但根据《反垄断法》关于垄断协议之规定,只要具有竞争关系的经营者达成划分市场或固定价格等协议即违反禁止性规定,这与本身违法原则的适用标准相似,因此,在反向支付协议诉讼中,在原告证明被告之间达成的反向支付协议为垄断协议后,法院即可认定该协议违法,而无须再由被告对该协议不具有排除、限制竞争的效果予以举证,《规定》力求当事人诉讼权义平衡、减轻原告举证负担的程序追求似与《反垄断法》的规则精神相悖。因此,在反向支付协议诉讼中,相关立法对原被告双方的举证责任配置似有再调整的余地。

2. 法院对涉案证据的认定标准

法院可着重审查当事人提交的用以证明反向支付协议是否存在,是否为垄断协议,该协议是否具有排除、限制竞争效果的证据,并明确相应的认定标准。

(1)对反向支付协议是否存在的认定标准

对于原告提交的用于证明被告之间达成反向支付协议的证据,法院的认定标准为:首先,这些证据材料应明确涉案药物专利状态、专利药企与仿制药企的行业地位;其次,这些证据需能证明在涉案专利药物度过保护期后,作为被告的仿制药企有能力进入而未进入该药物市场,原告提交的对"有能力"的佐证材料应包括但不限于该仿制药企的企业规模、注册资本、技术实力、旗下仿制药生产品种与数量等;最后,在原告无法提交反向支付协议的文本内容时,其应提交作为被告的专利药企与仿制药企在涉案专利药物度过专利保护期后存在联合经营、原先存在竞争而后不再竞争或达成战略合作的调查报告等作为间接证据。若原告提交的证据未能满足上述要求或无法提供相关证据,则不足以使法院认定被告之间达成了反向支付协议。

(2)对反向支付协议是否为垄断协议的认定标准

在认定被告之间确已达成反向支付协议后,对于原告提交的用于证明该反向支付协议构成垄断协议的证据,法院的认定标准为:首先,这些证据应表明作为被告的专利药企与仿制药企是具有竞争关系的经营者;其次,这些证据应初步表明反向支付协议涉嫌分割销售市场;最后,原告需提交其因被告实施该协议而受损害之证据,以及市场竞争秩序具有受损可能性的分析报告。若原告无法证明被告达成的反向支付协议为垄断协议,其将承担败诉风险。

(3)对反向支付协议是否具有排除、限制竞争效果的认定标准

在认定涉案反向支付协议为垄断协议后,根据《规定》,虽然关于该协议不具有排除、限制竞争效果的举证责任将由被告承担,但由于此种举证责任配置与《反垄断法》关于垄断协议的处理规则相悖,因此,在原告证明被告之间达成的反向支付协议为垄断协议后,法院即可认定该协议违法,似无须再由被告对该协议不具有排除、限制竞争的效果予以举证。

若涉案反向支付协议不构成垄断协议,法院可根据反向支付协议是否具有排除、限制竞争效果而采取不同的应对策略:根据诉讼当事人提交的表明涉案专利药物度过专利保护期及专利药企要求仿制药企不进入特定药物市场的时间材料、反映特定药物市场的竞争状况和竞争主体数量的分析文件,以及涉案药物的市场价值和分析市场准入门槛的调研报告,对确有限制竞争意图的反向支付协议,法院可参照适用合理原则,在综合考量涉案药企的市场地位、综合实力、技术水平等因素后,采取认定协议违法、限制协议存续期间、变更协议条款等措施;对没有限制竞争意图的反向支付协议,即合法行为,无须司法介入。①

(责任编辑:郑俊典)

① 参见焦海洋:《比较视角下药品专利反向支付和解协议违法性的认定研究》,载《科技与法律(中英文)》2021年第5期。

商业受贿的竞争法规制：理论基础与规范再造*

马　勇**

摘　要：《反不正当竞争法》对于商业受贿的规制始终表述含糊，存在很大规范上的空白地带，并造成了理论上的争议与执法上的难题。商业受贿虽然并非典型的不正当竞争行为，但被纳入该法的调整范围之内具有立法逻辑上的可行性和现实需要上的必要性。《反不正当竞争法》对于商业受贿的规制，可以协助治理商业贿赂，起到拾遗补漏的功能，以形成阶梯化的治理机制。在此基础上，对于商业受贿的规范构造不宜完全参照商业行贿，而需要在定性标准、主体范围及行政处罚方面注意其规制上的特殊性问题。

关键词：商业受贿；商业贿赂；不正当竞争

商业贿赂体现为行贿与受贿两方的对合行为，然而立法在对待二者的态度上却有策略性的偏重规制，以致"商业贿赂"一词的具体含义需要具体甄别。我国对于商业贿赂的法律治理体现为分散式的规范架构，并以《刑法》和《反不正当竞争法》为主轴。《刑法》对于商业贿赂长期以来奉行的是"重受贿轻行贿"的立场，①《反不正当竞争法》的规制重点则落在了商业行贿方面。随着2017年《反不正当竞争法》的修订，商业受贿问题究竟是否应当规制以及如何规制在理论和实务中疑窦丛生，并且影响了行政执法的合法性和地方性立法的科学性，然而学术研究对这一现实问题却甚少关注，故有研究的必要。

---

* 感谢匿名评审、王伟龙和王越扬学友提供的宝贵建议。

** 法学博士，西南政法大学经济法学院讲师。

① 参见何荣功：《"行贿与受贿并重惩罚"的法治逻辑悖论》，载《法学》2015年第10期。

一、商业贿赂条款的语义空间与解释分歧

(一)法律文本的嬗变

反不正当竞争法是否规制商业受贿,在法律文本的表意上历来闪烁其词,这似乎透露了立法者既想保留规范余地又担忧过度介入的两难境地。早在1993年首次颁布的《反不正当竞争法》(以下简称原法)中,关于商业受贿的规定就显露一种艰难的折中态度:一方面,原法第8条规定,经营者不得采用财物或者其他手段进行贿赂以销售或者购买商品,显然是把规制的对象单方地指向行贿方,但是紧接着又特别规定,对方单位或者个人在账外暗中收受回扣的,以受贿论处;另一方面,法律责任一章却未对商业受贿方设立罚则。① 针对这一立法上的含混不清,1996年国家工商行政管理局发布《关于禁止商业贿赂行为的暂行规定》(以下简称《暂行规定》),其明确指出:商业受贿"由工商行政管理机关按照商业行贿的规定处罚"(第9条第2款)。2000年江苏省工商行政管理局曾致函发文单位,询问该条款是否超出《反不正当竞争法》的规定,得到的答复是:法条所谓的"贿赂"一词"既包括行贿也包括受贿"。②

在《反不正当竞争法》历时10多年的修改过程中,是否对商业受贿进行规制再次引发争议。2016年2月25日,国务院法制办公室公布的《反不正当竞争法(修订草案送审稿)》(以下简称送审稿)中规定了"给付或者承诺给付经济利益的,是商业行贿;收受或者同意收受经济利益的,是商业受贿"。2017年2月22日,第十二届全国人大常委会第二十六次会议上,国务院提请审议的《反不正当竞争法(修订草案一次审议稿)》中也规定:"交易相对方或者可能影响交易的第三方不得收受贿赂。"但是,2017年9月全国人民代表大会公布的《反不正当竞争法(修订草案二次审议稿)》却将有关商业受贿的表述全部删除,而且在其将草案公开征求意见时,应当增加关于受贿者承担行政责任规定的建议,③仍未被采纳。2017年修订的《反不正当竞争法》不仅没有修补原法对商业受贿的规范残缺,还删除了"以受贿论处"等表述。④ 这表明现行《反不

① 原法第22条关于商业贿赂的法律责任主体却限定为"采用财物或者其他手段进行贿赂以销售或者购买商品"的经营者,显然从文义上论并不含括受贿方。

② 参见《国家工商行政管理局对苏工商〔2000〕88号请示的答复》(工商公字〔2000〕第246号)。

③ 参见王瑞贺主编:《中华人民共和国反不正当竞争法释义》,法律出版社2018年版,第158页。

④ 现行《反不正当竞争法》第7条对商业贿赂的表述是:"经营者不得采用财物或者其他手段贿赂下列单位或者个人……"从语法结构上分析,"贿赂"这一谓语联结的主语是"经营者",后接的宾语是受贿方,其指涉的显然是行贿者一方。与此同时,第19条的罚则指向的处罚对象是"贿赂他人"的经营者,显然亦未包括收受他人贿赂一方。

正当竞争法》对商业受贿的规定似乎从部分提及转向了彻底摒弃。

(二)当下面临的问题

“贿赂”一词描述功能较弱,价值色彩浓厚,语义上有较大腾闪挪移的空间,隐含极大的自由裁量权。立法过程的措辞变化并不足以消弭争论,反而让原本模糊的规定背后的认识冲突暴露出来,延伸为对立法科学性的质疑和法律解释层面的争议。

首先,通说历来认为,《反不正当竞争法》对商业贿赂的规制应当同时包含商业行贿和商业受贿,因为商业受贿和商业行贿在成立逻辑上有着“对合性”,理当一体规制。如刘继峰认为,行贿人的行为动机实际上来自受贿人的优势地位,贿赂本质上是优势地位的一方滥用优势地位的行为,故责任的重心应是受贿方,而非行贿方,商业受贿理应同商业行贿一样被纳入规制范围。① 宁立志教授认为,行贿与受贿是伴生的,正因为受贿人接受行贿人的贿赂并对其予以优待才产生不正当竞争的后果,商业贿赂条款对商业受贿的语义挤出,是法律修订中的一大败笔。② 吕明瑜认为,商业行贿和商业受贿两方面相互依存,对商业受贿的放任与迁就,势必导致商业行贿的泛滥与猖獗,从而使公平竞争遭受破坏。③

其次,《反不正当竞争法》不再规制商业受贿,也意味着否定了监管部门过去对商业受贿的执法经验。尽管基层的市场监管部门在“新法”实施后都停止了对商业受贿的执法,以避免行政违法的风险,但是由国家市场监督管理总局反垄断与反不正当竞争执法局于2018年出版的《〈反不正当竞争法〉理解与适用》一书依然坚持认为:“商业贿赂是一种双方行为,违反本法贿赂他人的行为,既包括行贿他人也包括受贿于人的情形,违法行为的双方都应承担违法责任。”④此外,1996年颁行的《暂行规定》在近年来多轮的法规清理中得以保留,想必也代表着发文机关的犹疑徘徊。

最后,该问题还会对其他相邻法律的执行带来困扰,甚至造成不同立法的体系违反问题。比如,《旅游法》第104条规定:“旅游经营者违反本法规定,给予或者收受贿赂的,由市场监督管理部门依照有关法律、法规的规定处罚。”如果《反不正当竞争法》不再规制收受贿赂的行为,就会部分架空由其他法律建立的规范机制。同时,诸多地方也谋划制定反不正当竞争法的地方性条例,商业受贿的困惑会继续造成新的制度成本。对于上述问题,唯有从理论基础的根本处入手,才能得出较可靠的结论,对种种纠

① 参见刘继峰:《竞争法学》(第3版),北京大学出版社2018年版,第319页。

② 参见宁立志:《〈反不正当竞争法〉修订的得与失》,载《法商研究》2018年第4期。

③ 参见吕明瑜:《竞争法教程》(第2版),中国人民大学出版社2015年版,第310页。

④ 国家市场监督管理总局反垄断与反不正当竞争执法局:《〈反不正当竞争法〉理解与适用》,中国工商出版社2018年版,第218页。

缠不清的问题给予彻底的解决方案。

二、反不正当竞争法规制商业受贿的立法科学性

立法是国家意志的体现,但必须符合立法的科学性,才能避免法律与社会生活扞格不入,保障所立之法的质量。[①] 所谓立法的科学性,即通过理性思考,明确立法宗旨,汇总实务经验,设计立法结构,完善立法技术。[②]《反不正当竞争法》是否规制商业受贿,需要追问两个层面的问题:一是从立法的逻辑性而言"能不能"纳入;二是从现实必要性来看"该不该"纳入。

(一)立法逻辑的分析

逻辑是理性的内核,违反逻辑必会付出思维混乱的代价。从立法逻辑性来说,《反不正当竞争法》的调整范围和调整方式都取决于立法目的,但也受到相关法律功能界分的限制。《反不正当竞争法》第1条开宗明义地确定了立法宗旨:"鼓励和保护公平竞争,制止不正当竞争行为。"因此,《反不正当竞争法》毫无疑问是以市场交易中的不正当竞争行为为规制对象。[③] 然而不正当竞争行为是一个很模糊的法律概念,随着时空变迁而展示出不同的内涵。

1. 概念逻辑的辨析

商业受贿的不正当性固然毋庸赘言,但其是否属于市场竞争行为的范畴则颇有疑问。吕明瑜认为:"商业受贿行为本身并不直接具有不正当竞争行为的性质,因为商业受贿的主体可以是非经营者,而且受贿的直接目的并不是占领市场、获取竞争优势,而是为了满足自己经济上或非经济上的某种需要。"[④]马克思主义理论研究和建设工程重点教材《经济法学》也指出:"受贿者的直接目的不是为了谋取交易机会或者竞争优势,而是为了满足自己的物质和非物质欲望,因此,商业受贿并不具有不正当竞争的性质,不宜在《反不正当竞争法》中进行规定,而应当适用公司法、刑法等其他法律来认定和处理。"[⑤]上述观点本于"不正当竞争行为"概念的范围,从而论证不予规范商业受贿的正当性。

---

① 对于立法的科学性,《立法法》第6条第1款亦作了原则性规定,"立法应当从实际出发,适应经济社会发展和全面深化改革的要求,科学合理地规定公民、法人和其他组织的权利与义务、国家机关的权力与责任"。

② 参见汤唯、毕可志等:《地方立法的民主化与科学化构想》,北京大学出版社2006年版,第72页。

③ 参见江帆主编:《竞争法》,法律出版社2019年版,第71页。

④ 吕明瑜:《竞争法教程》(第2版),中国人民大学出版社2015年版,第310页。

⑤ 《经济法学》编写组编:《经济法学》(第2版),高等教育出版社2018年版,第272页。

但商业受贿形态多样,并非与市场竞争行为的属性完全绝缘。从《反不正当竞争法》所列的三类受贿主体来看,除交易相对方的工作人员只能是个人外,其他利用受托人地位及影响力的受贿方都有可能是经营者。比如,公立医院接受医疗器械厂家的设备免费投放、家装设计公司接受建材商的带单提成、旅行社收取景区商店的"人头费""购物返点费"等情况,收受贿赂一方的行为都满足不正当竞争行为的构成要件。市场对资源的配置越是没有发挥决定性作用或者竞争不充分的领域,占据垄断地位单位的商业受贿现象就越普遍。就此而言,企业等从事经营行为的市场主体,其商业受贿完全符合传统的不正当竞争的定义。

2. 可容许的例外

对于企业工作人员等自然人所从事的商业受贿,亦有纳入商业受贿予以规制的可能性。立法的调整范围有清晰的中心地带,亦有模糊的边缘区域,这种"中心 + 边缘"的范围界划使法律面对社会变动更有韧性和回应能力。当规制的典型行为与其他行为发生紧密交织,难免例外地向边缘扩张法律的调整范围,以保障立法宗旨的达成。"反不正当竞争法性质的演变和保护主体的多元化发展体现和要求法律调整范围的扩展,包括主体范围的扩展和行为范围的扩展。"①我国《反不正当竞争法》历经接近30年的发展,不但作为《反不正当竞争法》适用前提的竞争关系逐渐淡化,其规制的主体范围也从资格意义上的经营者扩大到行为意义上的经营者。2017年修订后的《反不正当竞争法》就明确将非经营者的自然人纳入调整范围:一是将市场混淆的保护对象扩及自然人的"姓名(包括笔名、艺名、译名等)";二是将商业秘密的规制对象扩大到"经营者以外的其他自然人、法人和非法人组织"。因此,从立法逻辑的角度来看,将自然人的商业受贿纳入反不正当竞争法的调整范围,并不存在无法逾越的理论樊篱。

3. 比较法上的观察

在比较法上,反不正当竞争法对商业受贿的规制亦有先例。1909年修订后的德国《反不正当竞争法》专门补充了对商业贿赂的规定,同时将商业行贿和商业受贿纳入该法的调整范围。② 该法第12条规定:"在商业交易中,以竞争为目的,向商事企业的职员或受托人提供、允诺或者给予某种利益,以使其在采购商品或服务时以不正当方式优待自己或某个第三人的,处一年以下监禁或罚金。商事企业的职员或受托人在商业交易中要求,让人许诺或者接受一定利益,以此作为在取得商品或者工业给付时,以不

① 王先林:《论反不正当竞争法调整范围的扩展——我国〈反不正当竞争法〉第2条的完善》,载《中国社会科学院研究生院学报》2010年第6期。

② 参见王晓晔:《竞争法学》,社会科学文献出版社2007年版,第96~97页。

正当竞争的方式给他人换取相应优惠的给付,应当对该职员或受托人给予同等处罚。"[①]美国的《克莱顿法》第2条(c)款也规定:"商人在其商业过程中,支付、允许、收取、接受佣金、回扣或者其他补偿是非法的。但是,对商品购销相关的,提供给另一方当事人或者代理机构,或代表人,或其他中介机构的劳务除外。"[②]由此可见,无论是素来以概念分析为特色的德国法学,还是尤为注重实用主义的美国法学,其反不正当竞争法都没有将商业受贿排斥在外。

(二)现实需要的考量

归根结底,一部立法的调整事项需要根据当时当地的社会需要来判定。立法的调整范围属于规范世界,根本目的在于合理调整现实社会生活,故不能简单以逻辑推演作为规范的充分依据。笔者认为,基于我国政府主导市场经济的驱动机制、长期以来工商执法形成的路径依赖,以及法律缝隙的填补需要,当前不宜彻底废除反不正当竞争法对于商业受贿的规制。

其一,鉴于我国市场经济转轨的历史背景,商业受贿对商业行贿具有决定性作用。表面上看,贿赂的始作俑者是行贿人,没有他们的"围猎",也不会有受贿者的"被腐蚀"。可是事实上,"交易人地位的不平等是行贿人产生的根本原因"。[③] 由于我国长期以来政企不分、政事不分的现实,国有企业和事业单位事实上都成为行政机构的附属物,这便带来了"寻租"空间。[④] 国有企业掌握政策、资金、人员等方面的优势,可以通过合法的途径和机制影响政府决策,拥有很高的竞争优势。[⑤] 在竞争激烈且公私经济地位不平等的市场环境中,民营企业容易铤而走险,以"花钱买准入"的方式在所有制和规模歧视中获取生存空间。商业贿赂最严重的领域主要集中在医疗购销、政府采购、土地出让、资源开发等领域,而这些领域都是行政权力对资源分配的控制以及国有经济占主导的。[⑥] 从维护公平竞争的市场秩序出发,对商业行贿的有效治理离不开对商业受贿的一体规制。

其二,鉴于既往对商业受贿有效的执法经验,《反不正当竞争法》应当保持制度的

---

① 1997年,商业贿赂条款从《反不正当竞争法》中被挪到了德国《刑法典》第299条和第300条,以更好地整合贿赂行为的相关规范。

② 参见李武华主编:《竞争法》,武汉大学出版社2015年版,第282页。

③ 参见刘继峰:《竞争法学》(第3版),北京大学出版社2018年版,第319页。

④ 参见方仲炳:《治理商业贿赂的法律对策研究》,中国政法大学出版社2014年版,第35页。

⑤ 参见王田田:《论新时期中国民营企业的腐败治理》,载《中州学刊》2017年第10期。

⑥ 参见国家市场监督管理总局反垄断与反不正当竞争执法局:《〈反不正当竞争法〉理解与适用》,中国工商出版社2018年版,第77页。

连续性,更好地发挥行政执法的作用。自 1993 年《反不正当竞争法》实施到 2017 年该法修订之前的 24 年,全国共查处各类商业行贿及受贿案件 7.3 万件,罚没金额 53.2 亿元,罚没的金额总数甚至比其他所有不正当竞争案件的加总还要高。① 许多国有企事业单位在交易中收受他人回扣的商业受贿案件亦在其中,包括社会影响较大的"杭州医药物资公司采购悉保康商业受贿案"、入选最高人民法院的公报案例的"宜昌市妇幼保健院不服宜昌市工商行政管理局行政处罚决定案"等。② 对商业受贿的治理也反映在近期部分市场监管部门的专项行动中,比如,闽清县市场监督管理局《关于印发 2019 年反不正当竞争执法专项行动工作方案的通知》要求:"重点查处医院、学校等具有公共管理和服务职能的主体违法收受财物或其他利益的行为。如经营者假借租赁、捐赠、投放设备等形式,贿赂利用职权或者影响力影响交易的医疗机构,捆绑耗材和配套设备销售等损害竞争秩序的行为"。③

其三,鉴于基层政府对推动商业受贿一并纳入市场监管具有积极性《反不正当竞争法》对于商业贿赂的规制能够更好地优化营商环境和推动建设高标准市场体系。近期反不正当竞争的地方性立法频繁,不少立法文件中都表达了借助《反不正当竞争法》协同治理商业受贿的意愿。2020 年通过的《上海市反不正当竞争条例》第 9 条第 2 款规定:"任何单位和个人不得收受、承诺收受或者通过他人收受贿赂,为经营者谋取交易机会或者竞争优势。"此外,2021 年 8 月公开征集意见的《广东省实施〈中华人民共和国反不正当竞争法〉办法(草案建议稿)》第 13 条第 2 款也规定:"任何单位和个人不得收受或者通过他人收受贿赂,为经营者谋取交易机会或者竞争优势。"但上述规定仅具有宣示性意义,缺乏具体罚则来保障实施。虽然《行政处罚法》第 12 条第 3 款规定,"法律、行政法规对违法行为未作出行政处罚规定,地方性法规为实施法律、行政法规,可以补充设定行政处罚",但这种行政处罚补充设定权的成立前提是不违背法律的原意。正所谓"皮之不存,毛将焉附",《反不正当竞争法》中摒弃了商业受贿的规制条款,下位立法也就只能止步于立场宣示和价值引导,而这也限制了地方政府发挥更积极的

---

① 参见张茅:《认真贯彻实施新反不正当竞争法 建立统一开放竞争有序的市场体系——在全国工商和市场监管部门贯彻实施新〈反不正当竞争法〉电视电话会议上的讲话》,载《中国市场监管研究》2017 年第 12 期。

② 参见石明磊、杜永浩:《宜昌市妇幼保健院不服宜昌市工商行政管理局行政处罚决定案》,载《最高人民法院公报》2001 年第 4 期。

③ 参见闽清县市场监督管理局《关于印发 2019 年反不正当竞争执法专项行动工作方案的通知》,载福州市闽清县人民政府网,http://mqx.fuzhou.gov.cn/xjwz/zwgk/zfxxgkzl/zfjzfzcbm/mqxscjdglj_12942/gkml_12944/gzdt_12949/201905/t20190516_2889832.htm。

治理能力和更好地优化营商环境。

三、反不正当竞争法治理商业受贿的功能定位

商业受贿形态万千,涉及风险环节多、社会涉及面广。《反不正当竞争法》对于商业受贿的治理,并非不分深浅地大包大揽,如果忽视了《反不正当竞争法》自身的功能定位,不仅容易导致市场监管部门的过度干预或错位干预,还容易与相关法律部门之间形成冲突。因此,从整个法律体系对于商业受贿治理的宏观格局上看,明确不同立法的作用范围,是设计《反不正当竞争法》商业受贿规范内容的前提。

(一)商业受贿的法治体系

我国社会主义市场经济是在中国共产党的领导下经历艰辛探索。党的十一届三中全会后,党和政府大力推进以经济建设为中心的国家战略,法治建设的推进则相对缓慢。[①] 由于我国采取了政府主导的经济社会发展模式,国家掌握着重要资源及其分配机制,并且对经济发展具有决定性影响力。[②] 在此种背景下,为了治理市场,一方面需要在体制层面改良治理机构,另一方面需要在立法层面持续完善规范体系。

在体制层面,2006 年中央治理商业贿赂领导办公室成立,标志我国对这一问题空前的重视。党的十八大以来,党中央以雷霆之力高压反腐,截至 2021 年 6 月,全国纪检监察机关共查处了 408.9 万人,全面优化了营商环境。[③] 在立法层面,刑法、行业法和反不正当竞争法都针对商业贿赂各自构建了规制机制。这些商业贿赂规范机制的建立并非预先设计、统筹立法,而是在不同历史阶段不断进行"补丁式"立法的结果,由此形成了"九龙治水"的治理格局。在可预见的未来,这种现状必然会长期存在,这一现实判断是我们讨论《反不正当竞争法》规制功能的背景语境。就此而言,商业贿赂的常态化治理将由监察和司法机关、行业主管部门、市场监管部门各自为政,分别在各自的权力条线上进行规制,彼此之间又通过案件的移送机制和协查机制开展有限的合作。这种治理格局的特点在于:其一,刑法对商业贿赂犯罪进行严厉打击,划定经济秩序中的红线,尤其注重维护党政机关的廉洁性和公权力的正当性;其二,行业立法旨在积极引导、促进产业的发展,具有鲜明的政策倾斜性和条块分割特色;其三,《反不正当竞争法》旨在保护公平竞争机制,对于商业贿赂的规制体现为综合性的市场监管,更具中立

---

① 2014 年党的十八届四中全会通过《中共中央关于全面推进依法治国若干重大问题的决定》,对全面依法治国作出顶层设计,在我国社会主义法治历程上具有重大里程碑意义。

② 参见王辉耀:《中国模式的特点、挑战及展望》,载《中国市场》2010 年第 16 期。

③ 参见刘廷飞:《新时代全面从严治党取得历史性开创性成就》,载《中国纪检监察报》2021 年 6 月 29 日,第 3 版。

性和统一性。

(二)《反不正当竞争法》与刑法的互补性

我国传统的刑事立法指导思想是重受贿、轻行贿,在一定程度上体现了"分化瓦解贿赂犯罪分子,严厉惩治受贿犯罪"的策略。[①] 现行刑法涉及商业受贿的有两大类型:一类是因国家工作人员受贿构成的犯罪,直接侵犯到国家的廉政制度以及公共职务的廉洁性;另一类是因公司、企业工作人员受贿而构成的犯罪,这类犯罪妨害的是对公司、企业的管理秩序。[②] 无论是哪一类犯罪,受贿行为在入刑标准上都明显更低,处罚力度则更强。但《反不正当竞争法》对商业受贿的调整并非对《刑法》调整不及之处的无限兜底,而是植根于自身内在的功能目标。《反不正当竞争法》对商业贿赂的规制着眼于市场竞争机能的维护,体现为日常的市场监管活动,因此更能够深入到商业模式中,发现潜藏的贿赂现象。但是,商业受贿牵涉各行各业具有一定影响力的单位及个人,既有医院、学校和企业,也有国家公职人员,对于利用公共职权从事的商业受贿,《反不正当竞争法》显然无力规制,应当通过刑法才能制裁。

在《反不正当竞争法》修订过程中,有学者曾建议删除商业贿赂条款,因为在《刑法》对商业贿赂罪已经作出详尽规定的情况下,《反不正当竞争法》完全没有必要重复规制,而且多部门执法也难免在执法上造成混乱。[③] 诚然,若既有刑法体系果真能够很好地解决商业受贿的问题,《反不正当竞争法》的确没有必要重复予以规范,以符合立法效率原则。然而,在我国当前的社会背景及体制背景下,将商业行贿完全归入刑法调整不具有现实性,因为这意味着需要全面修改当前的入刑标准,从而涵盖目前由行政执法处理的大部分案件,以便监察机关和司法机关接手市场领域的各类贿赂案件。世间万事总是利弊相随,司法机关为打击商业贿赂可轻易介入经济生活的同时,也会带来司法权被滥用的危险,不利于营商环境的优化。鸿茅药酒广告曾被 25 个省市级食品药品监督管理部门通报违法,累计违法次数达 2630 次,违法记录延续近 10 年,被暂停销售数 10 次。[④] 这一事件也向我们发出警醒:刑事制裁是社会治理的最后一道屏障,在面对经济纠纷时刑法应当保持谦抑性,避免司法权变成强势一方追逐自己利益的工具。

---

① 参见孙国祥:《贪污贿赂犯罪刑法修正的得与失》,载《东南大学学报(哲学社会科学版)》2016 年第 3 期。

② 非国家工作人员受贿罪(《刑法》第 163 条)相较非国家工作人员行贿罪(《刑法》第 164 条),前者的社会危害性更大,定罪量刑也更严。

③ 参见李明德:《关于〈反不正当竞争法〉修订的几个问题》,载《知识产权》2017 年第 6 期。

④ 参见袁勇:《鸿茅药酒何以违法千次》,载《经济日报》2018 年 4 月 18 日,第 9 版。

(三)《反不正当竞争法》与行业法的协同性

行业立法根植于寻找经济增长点的良好愿望,是政府主导型经济的一种重要驱动机制,是后发国家实现现代化目标的常见动员方式。我国的行业立法脱胎于产业政策,着眼于积极引导、促进产业发展。由于行业立法具有鲜明的政策资源倾斜性特点,由其构筑的资源分配权也很自然地成为商家必争之地。无孔不入的商业贿赂致力"俘获"监管,与此同时,行业立法大都授权主管部门对其进行查处。比如,涉及商业银行的贿赂案件,根据《商业银行法》的规定,由银行业监督管理机构查处;涉及电信企业的贿赂案件,根据《电信条例》的规定,则由电信主管部门负责查处。社会越发展,经济越繁荣,分工就越细密,不同的分工逐渐分化为不同的产业,各自形成了一套规范体系,针对商业贿赂的规制也呈现差别化、条块化、内向化的特点。

商业贿赂行业式治理的优点在于,主管部门更了解所属行业的规律和情况,能掌握更充分的细节性知识和信息,并且更能够从管理条线上对从业者形成有效制约,但从业单位和人员又往往与主管部门之间具有稳定的利益关联和良好的沟通机制,故而难以保障客观中立,而且由于条块分割、管理条线长,行业管理往往具有"孤岛效应"。《反不正当竞争法》对于商业受贿的监管,在性质上属于综合性的市场监管,无论是互联网大佬,抑或是小商小贩都一律纳入监管范畴。但与此同时,行业立法和《反不正当竞争法》之间存在盘根错节的管辖交叉,影响了法律的安定性。《反不正当竞争法》第4条规定,如果法律、行政法规规定由其他部门查处的,依照其规定。[①] 由此可知,《反不正当竞争法》是市场监管的一般法,行业立法则是特别法。如此一来,行业法律法规不断开枝散叶,纵向地对商业贿赂进行内部治理,《反不正当竞争法》则随着行业立法的成熟而局部地凋零,横向地以维护公平竞争为目的制止商业贿赂,由此形成"一法综揽、动态调整"的纵横监管格局。

综上所述,对商业贿赂的治理,我国法律体系建立起了以刑事责任划定底线、以行业主管引领行风建设、以市场监管维护公平竞争秩序的三轮驱动模式。

四、反不正当竞争法规制商业受贿的规范再造

商业行贿和商业受贿在构成要件上互为条件,但《反不正当竞争法》对于商业受贿

---

① 尽管2016年2月25日国务院法制办公室向社会公开征求意见时公布的送审稿曾经修改为:"县级以上人民政府工商行政管理部门对不正当竞争行为进行监督检查;其他法律、行政法规另有规定的,相关部门也可以依照其规定进行监督检查。"这一规定在尊重相关行业主管部门依法行使不正当竞争行为监管权的同时,也没有排除工商部门对相关行业不正当竞争行为的监管权。但是,立法机关并未采纳该建议,而是在国务院层面提出了建立反不正当竞争法工作协调机制的规定。

的规范并不等于对商业行贿规制的镜像反射。

(一)商业受贿的行为定性

商业受贿的具体判断标准需要结合客观和主观两个方面进行分析。从客观方面来看,商业受贿体现为利用职务便利收取他人好处,体现出权力"寻租"的特征。其中,包括了两个关键性的行为特征:一是必须以利用职务便利为前提。行贿方有求于受贿方的职务行为,包括基于工作关系掌握的职权、基于委托关系获得的代理权,或者基于能够利用他人职务便利的影响力。二是必须有收受他人好处的行为。受贿行为可能体现为半推半就地被动接受他人好处,也可能是通过明示或暗示主动向他人索取好处。所谓好处,主要是指金钱和实物,以及其他可以用金钱量化的财产性利益如安排出国旅游、提供无息贷款等。无法以金钱衡量的利益,过于模糊宽泛,既难以界定标准亦难以确定案件标的,不宜由《反不正当竞争法》规制。"恰当的规制在有助于提高社会整体福利的同时又增强了行动能力,促进私人的选择。"①商业受贿的规制应当避免干预过度,将非金钱性的主观好处纳入其规制范围,势必混淆法律与道德、国家权力与社会自律的规范疆界。

从主观方面来看,商业受贿方必须有为行贿方谋取交易机会或者竞争优势的主观意图——无论是体现为实际行动,还是允诺为他人完成请托事项。所谓谋取"交易机会",是指直接达成某项交易或者增加达成该交易的可能性。所谓谋取"竞争优势",一方面,是指积极地获取比竞争对手更有利的交易地位,如通过贿赂在特定市场形成排他性的地位;另一方面,是指消极地阻碍竞争对手的交易活动,如阻碍竞争对手与他人达成交易。② 商业贿赂的目的要件是中性的,经营者谋取的是正当利益还是不正当利益,在所不论,③即使经营者的市场竞争力本就强于竞争对手,按照正常的市场规律本应取得交易机会,但只要采取了商业贿赂的手段,其行为就具有不法性。比如,上海万科物业公司负责楼盘绿化工作检查的卢某在账外收取"好处费"5000元,对绿化工程苗木供货商李某提供的苗木质量及数量未进行审核查验便予以验收,同时需要补苗时优先向其购买苗木,这种行为依然构成商业贿赂。④

---

① [美]凯斯·R.桑斯坦:《权利革命之后:重塑规制国》,钟瑞华译,李洪雷校,中国人民大学出版社2008年版,第3页。

② 参见王瑞贺主编:《中华人民共和国反不正当竞争法释义》,法律出版社2018年版,第20页。

③ 这一点与刑法上的单位行贿罪不同。根据《刑法》第393条的规定,"单位为谋取不正当利益而行贿,或者违反国家规定,给予国家工作人员以回扣、手续费,情节严重的",构成单位行贿罪。

④ 参见上海市长宁区市场监督管理局行政处罚决定书,沪市监长处字〔2019〕052018001008号。

(二)商业受贿的主体范围

依照《反不正当竞争法》,商业行贿的对象包括3种类型:交易相对方的工作人员、受交易相对方委托办理相关事务的单位或者个人,以及利用职权或者影响力影响交易的单位或者个人。但是,《反不正当竞争法》所欲规制的商业受贿主体,必须依据自身的功能定位进行限缩。

1. 公职型受贿的排除

公职型受贿不是商业受贿的规制对象。根据主体性质的不同,商业受贿可以分为公职型受贿和非公职型受贿。公职型受贿即国家机关、人民团体,以及国家工作人员,利用其公共职务的便利及影响力来收受贿赂。这类主体独立于交易双方,但有能力影响交易相对方的经营决策,从而帮助行贿人获取交易机会。这种职权及影响力最主要是来自国家机关及其工作人员,其腐败行为应当由纪律处分、行政处罚、刑事制裁等组织规范予以治理,显然不是《反不正当竞争法》所能规制的。总之,向利用公务职权或者相关影响力影响交易的单位或者个人行贿,虽然可以构成商业行贿,但与之对应的"商业受贿"本身却不属于《反不正当竞争法》的调整范围,《反不正当竞争法》对于商业受贿的规制应当以市场领域为界限,公职型受贿并非其规制对象。

2. 主体范围的限定

《反不正当竞争法》所欲规制的商业受贿方限于市场主体,既可以是企业等营利性单位,也可以是非营利性单位。营利性单位商业受贿较少见,通常具有一定垄断地位或者因职业具有特殊影响力的单位,能够决定资源的分配。在过去的执法实务中,相关案例包括家装设计公司接受建材商的带单提成、旅行社收取景区商店的"人头费""购物返点费"、运输集团违规代理销售保险等。比如,在"四川查处达州运输(集团)有限公司限制竞争、商业贿赂案"①中,达州运输集团在与中国人寿达州分公司合作时,要求中国人寿达州分公司向其支付保险销售金额50%的销售返利提成,由于当事人未取得保险兼业资质,中国人寿达州分公司无法直接向其兑付承诺收益,转而通过四川民润保险代理有限公司达州分公司,以"宣传服务费"名义向其支付费用533,880.56元。达州市工商局认为,当事人并未实际发生宣传服务费用支出,其假借"宣传服务费"收取利益的行为构成商业受贿。

非营利性单位受贿的典型情况包括公立医院接受医疗器械厂家的设备免费投放、学校采购物品收受回扣等情况。比如,北京师范大学燕化附属中学在采购教材过程

---

① 参见何江:《四川查处达州运输(集团)有限公司限制竞争、商业贿赂案》,载《中国工商报》2017年2月9日,A6版。

中,按采购教辅材料18%的价款先后收受某新华书店给付的回扣15,172元,上述款项未记入法定会计账目,全部用于教务处教职员工工作期间聚餐和外出旅游消费,故被工商执法部门认定为商业受贿。[①]

(三)商业受贿的行政处罚

原国家工商行政管理总局发布的《暂行规定》将商业行贿的行政处罚一并扩张至商业受贿,并且设定了两类处罚:一是根据情节处以1万元以上20万元以下的罚款;二是没收违法所得。随着《反不正当竞争法》的修订,这一规定已经无法作为执法依据。笔者认为,商业受贿不一定要与商业行贿保持同样的处罚水准,因为立法者对于行贿行为和受贿的评价,可因立法目的和政策考量的不同,发生法律定性和处罚力度的分野。[②] 对于商业贿赂的治理,应当重点打击商业受贿,创造一种"不敢受贿、不想受贿"的营商环境,法律责任的设置需要改变受贿人对于风险成本与贿赂收益的利弊考量,使其得不偿失,从而主动放弃收受贿赂。只有商业受贿被遏制住了,商业行贿之风气才会有根本改观。因此,关于商业受贿的法律责任:一是要没收违法所得(收取的贿赂),以去除其所获收益;二是要处以罚款,让违法行为付出代价,就罚款而言,整体幅度可与商业行贿保持一致,控制在10万元以上300万元以下的范围,但个案中的具体罚款额度,应当不低于商业行贿一方所受的处罚;三是经营者多次受贿和巨额受贿,对市场竞争造成重大影响的,还应当吊销其营业执照。

追逐利益,人之本性,不以规矩,难成方圆。商业贿赂由于植根在市场交易的土壤中,很容易出现商业腐败的局面。面对这一沉疴积弊,法网修修补补,逐渐形成了以纪委监察机关及司法机关为主轴,行业主管部门和行业协会协同配合,层次有别、疏密有致的分散式治理体系。然而"贿赂"2字"攻形"容易,"攻心"实难,其治本之策在于落实全面深化改革,使市场在资源配置中起决定性作用和更好发挥政府作用。

(责任编辑:陈娇娇)

① 参见北京市工商行政管理局燕山分局行政处罚决定书,京工商燕处字〔2008〕第9号。

② 这种行为成立上的对向性和法评价上的非对应性,在刑法上体现得尤为明显。比如,贩卖淫秽物品牟利罪只处罚卖方行为,行贿罪和受贿罪不但分属不同罪名而且处罚力度也明显不同。参见张明楷:《刑法学》(上)(第5版),法律出版社2016年版,第386页。

论消费者受教育义务的误读与澄清

——《消费者权益保护法》第13条第2款之解释与适用

李　楠*

摘　要：我国人民法院通常将《消费者权益保护法》第13条第2款作为义务性规范适用，存在误读法律条文的扩张解释问题。鉴于立法并未明确公民接受消费教育的义务范围或相关判断标准，对该款内容作强制性义务理解适用缺乏正当性基础。该法第13条第2款所采用的"应当努力"表述标识了其倡导性规范的实质，基于《民法典》第128条对消费者民事权利特别保护的规定，考量《消费者权益保护法》的弱者保护定位，不宜将此等倡导性规范援引为认定消费者过错、减轻经营者责任的裁判依据。弱者保护法不应为受保护群体创设高于一般民事规范要求的强制性义务，其中的倡导性规范不能用于强调甚至加重弱势方的义务和责任。

关键词：消费者受教育权；消费者义务；弱者保护法；"应当努力"条款；倡导性规范

一、问题的提出

我国《消费者权益保护法》第13条规定："消费者享有获得有关消费和消费者权益保护方面的知识的权利。消费者应当努力掌握所需商品或者服务的知识和使用技能，正确使用商品，提高自我保护意识。"该条位于"消费者的权利"章节，对于该条第1款所界定与保护的消费者权利，立法释义中以"消费知识获取权"称之，①学界亦普遍认同该条系现行立法中对消费者的"受教育权"或"求教获知权"的规定。②

---

*　南京大学法学院2019级硕士研究生。

①　参见李适时主编：《中华人民共和国消费者权益保护法释义》，法律出版社2013年版，第47～50页。

②　参见应飞虎：《我国食品消费者教育制度的构建》，载《现代法学》2016年第4期；陆青：《论消费者保护法上的告知义务——兼评最高人民法院第17号指导性案例》，载《清华法学》2014年第4期。为行文方便，下文概以"消费者受教育权"称之。

但是,《消费者权益保护法》第13条第2款关于消费者应当努力掌握消费知识、提高自我保护意识的规定,又似乎为消费者创设了接受消费教育的特定义务,且该种解释思路已在司法实践中得到体现,一种较普遍的裁判观点据此认为,“了解并掌握产品正确使用方法既是消费者享有的知情权,也是其应负的义务”。①

笔者据此提出的问题是:《消费者权益保护法》第13条第2款究竟系属敦促消费者实现其受教育权的倡导性规范,还是为消费者设定义务并可能使之承担不利后果的强制性规范?我国《民法典》第128条明确了《消费者权益保护法》在消费者民事权利保护问题上的优先适用效力,②而涉及民事义务承担问题,除受《民法典》之义务规范的约束外,消费者是否还负有《消费者权益保护法》第13条第2款施加的额外义务?进言之,应当如何理解弱者保护法中此类“应当努力”条款与《民法典》中相关义务性规范的关系?

二、裁判观点的整理

笔者在中国裁判文书网及“北大法宝”法律数据库以“消费者权益保护法第十三条”为关键词进行了全文检索,截至2021年12月23日,共搜集到包含该条第2款内容的民事裁判文书45篇:包括中级人民法院判决书17篇,基层人民法院判决书28篇;其中,审理法院以该条款作为裁判依据的有36篇;2014～2021年,每年均有此类判决出现,审理法院分布于17个省级行政区域内。下文试对相关案例中的裁判适用目的或思路作类型化整理。

(一)对裁判结论的补强论证

在审理消费欺诈案件时,我国法院普遍以“四要件”判定欺诈构成。③出于补充说理、增强判决结论说服力的考虑,部分裁判中选择援引《消费者权益保护法》第13条第2款用于补强论证消费者“因欺诈陷入错误”的要件不成立。

---

① 湖北省武汉市中级人民法院民事判决书,(2018)鄂01民终7176号;江苏省南通市中级人民法院民事判决书,(2017)苏06民终2483号;安徽省宣城市宣州区人民法院民事判决书,(2019)皖1802民初577号;浙江省桐庐县人民法院民事判决书,(2018)浙0122民初1283号;江西省铅山县人民法院民事判决书,(2017)赣1124民初1452号。

② 《民法典》第128条规定:“法律对未成年人、老年人、残疾人、妇女、消费者等的民事权利保护有特别规定的,依照其规定。”

③ 参见最高人民法院《关于贯彻执行〈中华人民共和国民法典〉总则编若干问题的解释》第21条。四要件为:存在欺诈故意、具有欺诈行为、表意人因欺诈陷入错误、表意人因错误而为意思表示。

1. 职业打假人未受欺诈误导

在此类案例中,基于原告的行为能力、学历情况及诉讼经历(对相关法律法规的了解情况),审理法院通常已能够认定其应具备识别案涉虚假宣传的能力。① 为了增强上述裁判结论的说服力,部分判决书中依据《消费者权益保护法》第 13 条第 2 款指出,消费者"理应"掌握其所购商品的相关"基本知识"②或"常识",③职业打假人并未因商家的虚假宣传行为陷入错误认知,系知假买假。

例如,在"李某胜诉旺泉饮料厂网络购物合同纠纷案"中,李某胜以经营者虚假宣传为由要求判令被告饮料厂"退一赔三"。一审、二审法院均认为,原告作为消费者,理应在购买所需产品之前,掌握相关的基本知识,原告在购买前就怀疑饮料厂涉嫌虚假宣传却仍然多次选购,结合其在一审法院涉及十几宗类似纠纷的事实分析,原告购买案涉产品非因受到宣传误导。④

2. 宣传不会导致普通消费者误解

在当事人双方就案涉宣传是否引人误解存有争议的消费纠纷中,判决通常会引入普通消费者、相关公众等"理性人"标准。⑤ 其中,部分判决援引了《消费者权益保护法》第 13 条第 2 款,认为该条款中规定的"掌握所需商品或者服务的知识"是一般理性的消费者应具备的能力。

例如,在"马某清诉沃尔玛分店、长康公司侵权责任纠纷案"中,马某清在被告沃尔玛分店购买了长康公司生产的标识"不含胆固醇"的菜籽油,后原告查询得知植物油均不含胆固醇,认为该标识构成虚假宣传。一审、二审法院均认为,对于植物油一般不含胆固醇这一知识,人们均可进行咨询或在教科书、网络等公开渠道轻易获取,并不足以造成相关公众的误解,消费者在购买相关商品时完全可以依据自己掌握的知识和商品信息进行比较、鉴别和挑选。⑥

该案系目前检索到的唯一一例当事人就适用《消费者权益保护法》第 13 条第 2 款

---

① 参见安徽省蚌埠市中级人民法院民事判决书,(2020)皖 03 民终 1461 号;浙江省桐乡市人民法院民事判决书,(2016)浙 0483 民初 5336 号。

② 浙江省桐乡市人民法院民事判决书,(2016)浙 0483 民初 5978 号、(2016)浙 0483 民初 6068 号、(2016)浙 0483 民初 6069 号。

③ 河北省石家庄市中级人民法院民事判决书,(2016)冀 01 民终 9785 号。

④ 参见安徽省宿州市中级人民法院民事判决书,(2018)皖 13 民终 1893 号。

⑤ 最高人民法院《关于审理不正当竞争民事案件应用法律若干问题的解释》第 8 条第 3 款规定:"人民法院应当根据日常生活经验、相关公众一般注意力、发生误解的事实和被宣传对象的实际情况等因素,对引人误解的虚假宣传行为进行认定。"

⑥ 参见湖南省岳阳市中级人民法院民事判决书,(2014)岳中民三终字第 269 号。

的正当性提出质疑的案件,原告上诉主张一审法院不当适用该条款“加重了消费者责任”,但二审法院对此仅简短回应称“该条款系法律对消费者相关权利的具体规定,原判适用并无不当”,判决说理更多着墨于虚假宣传相关规定的解释适用。由此亦可推知,裁判中并未将《消费者权益保护法》第13条第2款作为主要法律依据,该条款仅起到增强裁判结论说服力的补充论证作用。

3. 消费者违背合同注意义务

在部分以消费欺诈为诉由的纠纷中,审理法院认定,消费者的误解系由其自身违背合同注意义务引发。其中部分判决主张,消费者履行此等合同注意义务亦属《消费者权益保护法》第13条第2款对消费者“提高自我保护意识”的要求。

例如,在“胡某玲诉骇俊公司买卖合同纠纷案”中,因双方对原告在被告处定制的橱柜尺寸的计算方法约定不清以致成讼。审理法院指出,原告在先看图纸、后签合同、再支付全款的情况下,应尽关注义务,提高自我保护意识,根据查明的事实难予认定构成欺诈,依据原《合同法》第60条(参见《民法典》第509条)、《消费者权益保护法》第13条之规定,原告要求惩罚性赔偿的诉请应予驳回。[①]

(二)作为裁判的主要法律依据

在部分消费致损系多因一果的案件中,判决直接援用《消费者权益保护法》第13条第2款作为主要裁判依据,认定消费者违背该条款要求构成过错,据此减轻经营者责任。此类案件中,裁判观点对该条款的义务性理解更为凸显,其将之视为《消费者权益保护法》下独立法定义务的来源。

1. 正确使用:合理的安全注意义务

根据《消费者权益保护法》第13条第2款的规定,有判决曾得出“消费者应当正确使用商品”的解释。[②] 近年来,不少裁判者认同消费者依据该条款负有“合理的安全注意义务”,[③]甚至主张消费者应当“充分了解”和“熟练掌握”相关知识技能,[④]在使用危险产品时须“尽到高度的注意义务”。[⑤]

例如,在“陈某通诉新宏达公司产品责任纠纷案”中,因被告公司销售的净水设备

---

① 参见上海市普陀区人民法院民事判决书,(2019)沪0107民初6511号。

② 参见辽宁省辽阳市太子河区人民法院民事判决书,(2015)辽阳太民一初字第00042号。

③ 湖北省武汉市中级人民法院民事判决书,(2018)鄂01民终7176号;江苏省南通市中级人民法院民事判决书,(2017)苏06民终2483号;安徽省宣城市宣州区人民法院民事判决书,(2019)皖1802民初577号。

④ 参见四川省巴中市中级人民法院民事判决书,(2020)川19民终519号。

⑤ 参见河南省郏县人民法院民事判决书,(2020)豫0425民初865号。

漏水导致陈某通家中水淹致损。审理法院认为,了解并掌握产品的正确使用方法既是消费者享有的知情权,也是其应负的义务,原告在购买使用案涉净水器时应当认真阅读并掌握产品说明书载明的使用方法,在该案中消费者未能尽到合理的安全注意义务,对于损失的发生也有过错,应当减轻被告公司的赔偿责任。①

2. 正确选择:多方咨询及适当选购

对于消费者要求经营者承担损害赔偿责任的诉请,部分审理法院依据《消费者权益保护法》第13条第2款的规定认为,由于当事消费者存在未"正确选择适当产品"、未"尽谨慎义务多方咨询"等缺乏自我保护意识的行为,应承担一定的过错责任。

例如,在"邹某云诉辉煌水暖器材买卖合同纠纷案"中,消费者主张经营者未依约妥当提供和安装案涉卫浴产品。审理法院援引《消费者权益保护法》第13条第2款强调,消费者应当努力掌握所需商品或者服务的知识和使用技能,正确使用商品,提高自我保护意识,邹某云在选择卫浴产品时,应当根据房屋装修实际情况,正确选择适当产品。② 而在"周某权诉朱某友、禾某农资销售部产品销售责任纠纷案"中,二被告所售之带菌姜种及不对症灭菌药共同造成了原告严重减产的损失。审理法院指出,原告明知被告提供的姜种有部分腐烂但未拒绝购买,且其所购之农药药瓶上有包含性能及适用范围、使用方法介绍的明显标签,原告在消费过程中未能提高自我保护意识,未尽谨慎义务多方咨询,应对姜瘟蔓延的后果承担一定责任。③

(三)裁判说理回避当事人争议

基于法律语言的专业性和法律活动的技术性,法官释明义务的履行是保障公民诉权、提高司法公信力的必要举措。④ 就《消费者权益保护法》第13条第2款而言,部分审理法院采取了回避的态度,并未在裁判说理中释明解释思路或适用范围。

1. 规范目的:唤醒权利意识还是表达义务要求

部分职业打假类纠纷中,打假人主张《消费者权益保护法》第13条第2款是赋予消费者权利的规定,是立法对消费者积极保护自身权益的鼓励,因此其打假是符合法律期许的;而作为被打假方的经营者则指出多次打假是违背法律意愿、缺乏自我保护意识的行为。对此,相关裁判未予置评。

例如,在"聂某松诉望海公司买卖合同纠纷案"中,职业打假人聂某松上诉称:法律赋予了消费者保护自我消费行为的权利,并鼓励消费者努力掌握各种所需商品的知

---

① 参见江苏省南通市中级人民法院民事判决书,(2017)苏06民终2483号。

② 参见陕西省安康市中级人民法院民事判决书,(2020)陕09民终830号。

③ 参见广西壮族自治区百色市中级人民法院民事判决书,(2018)桂10民再6号。

④ 参见韩红俊:《释明义务研究》,西南政法大学2006年博士学位论文,第2~4页。

识、技能以提高鉴别能力，所以，即便原告对涉案产品比较了解，这也是法律赋予的一种权利。[①] 而在“杨某与酷动公司、天猫公司产品责任纠纷案”中，被诉经营者酷动公司则在答辩中主张：有经验的网购者应该更懂得在全面了解产品详细信息后再购买适合自己使用的商品，职业打假人杨某多次作为消费者对商家提起诉讼，熟悉法律却不遵守，多次“被侵权”却不提高自我保护意识，目的只是3倍赔偿。[②]

2. 归责依据：民事一般规范还是《消费者权益保护法》特别强制

在被诉经营者主张消费者自身应负过错责任的案件中，部分被告援引《消费者权益保护法》第13条第2款，主张原告违背了该条款下的义务性要求（有经营者称为“消费者学习义务”），[③]意图减轻甚至免除己方责任。从判决结果来看，审理法院即使认定消费者自身过错的存在，也并未认可过错的成立与该款规定之间存在联系，往往选择援引其他民事法律规范作为裁判依据。

例如，在“明某诉诚信旅馆、邮新电器行、万和公司侵权责任纠纷案”中，审理法院依据原《侵权责任法》第26条（参见《民法典》第1173条）判决由消费者自行承担20%的责任。被上诉人邮新电器行曾辩称：消费者在享受服务时应尽到自我保护义务，该案消费者在旅馆使用热水器时已闻到煤气味还继续两次点燃热水器，导致爆炸并造成了此次火灾事故，也要承担相应的责任。[④]

将此类案例与前文分析的、主要依据《消费者权益保护法》第13条第2款认定“有过错消费者亦须对损害承担责任”的裁判观点作一对比，由此可见，在类似案件中，是否有必要在过失相抵、与有过失等一般性民事裁判规范之外，将该条款作为强制性义务规范解释适用，仍存在分歧；而即使认可其义务规范属性，法院一般也不会让消费者完全责任自负，此时双方责任平衡的“幅度”主要取决于司法裁量。

综合前述，在司法实践中，审理法院将《消费者权益保护法》第13条第2款之规定作为《消费者权益保护法》加诸消费者的强制性义务来理解的情形较普遍存在，且往往基于该条款作出不利于消费者方的认定，然而，对于该条款的适用范围和解释进路，尚未形成统一的裁判观点。

三、对消费者受教育义务的质疑

从我国《消费者权益保护法》的体系架构来看，其规范设置紧紧围绕对消费者权利

---

① 参见海南省海口市中级人民法院民事判决书，(2017)琼01民终813号。

② 参见浙江省杭州市中级人民法院民事判决书，(2016)浙01民终2200号。

③ 参见江苏省南京市江宁区人民法院民事判决书，(2021)苏0115民初2092号。

④ 参见佛山市中级人民法院民事判决书，(2016)粤06民终8343号。

范围的确认和对消费者合法权益的具体保护展开,并无"消费者的义务"章节,因而《消费者权益保护法》第13条第2款这一得到不少判决确认的"权利人的义务条款"格外值得关注和探讨。

(一)对裁判观点说理内容的质疑

基于前文对典型裁判观点的整理,针对将《消费者权益保护法》第13条第2款作为强制性义务规范适用的思路,笔者提出以下几点质疑:

1.对民法理性人标准的质疑

部分判决从《消费者权益保护法》第13条第2款推出消费者负有的"应当掌握"义务的"基本消费知识"或"消费常识"范围,试图将消费者在消费合同下的义务范围从通常认知中的"一般生活常识"扩大到"与消费对象有关的(所有)基本知识"范畴。在《民法典》第128条针对消费者这类弱势民事主体的"权利保护"作出特别引致规定的背景下,适用《消费者权益保护法》时构建这一要求甚高的义务标准,恐有违民法中对消费者"既弱且愚"的"有限理性人"基础画像,[①]是否有义务范围涵盖过宽、不当加重弱者责任之虞?

2.引作法律依据必要性存疑

前引判决观点中所具体指称的各种"注意义务",均系依据《民法典》中的相关法律规范即可认定的一般性合同义务,包括对合同标的的检验义务、发现标的瑕疵时的通知义务,以及对标的危险性的注意义务等,并不必须由《消费者权益保护法》第13条第2款推出,相关案件中不少法院亦明确选择依据合同法规定作出裁判。在此类情况下,援引这一"权利保护法"规定补强论述"弱者存在过错"的裁判结论,到底是锦上添花还是画蛇添足?

3.割裂文本疑致扩张解释

对于认为"了解并掌握产品的正确使用方法"具有权利义务双重属性的裁判观点,其所称权利内容可归入消费者知情权及消费者受教育权的范畴,但涉及"义务"范围的认定,似与文本表述的"应当努力掌握知识——正确使用"存在出入。忽视"努力"这一表述得出的解释结论,是否存在不当的扩张解释?"应当努力"条款是否同"应当"条款一样可用于表达义务要求?

4.替换概念归责正当性不足

部分判决在解释《消费者权益保护法》第13条第2款时,超出文本表述将消费者的"义务"范围从条文中的"正确使用"扩大至须"正确选择"商品,明显与既有的消费

---

① 参见[日]星野英一:《私法中的人》,王闯译,中国法制出版社2004年版,第75~81页。

者反悔权规定及证券经营机构适当性义务规定存在冲突——二者的合理性前提均是消费者难以正确选择、故需经营者承担相应义务予以补救或预防。此种在解释中径自替换概念表述的做法，恐系裁判者对文本的误读，在个案适用中是否有导致消费者义务额外加重的可能？

(二)对立法文本指向义务的质疑

从立法文本来看，《消费者权益保护法》第13条第2款这一裁判认可的“消费者受教育义务”条款，其内容范围较之消费者受教育权狭窄得多，规范表述中只提及了3点：(1)应当努力掌握所需商品或者服务的知识和使用技能；(2)应当努力正确使用商品；(3)应当努力提高自我保护意识。

1. 目的冲突：弱者保护法的定位

所有自然人民事主体都是潜在的消费者，而消费者又是民法需要倾斜保护的对象。前引案例中职业打假问题在解释适用《消费者权益保护法》第13条第2款这一情境下的展开，在一定程度上折射出了该条款、甚至《消费者权益保护法》需要面对的一个重要命题：在提高消费者自我保护能力和意识的问题上，该法重在鼓励消费者的努力，还是非难消费者的怠惰？在弱者特别保护法中为消费者创设高于民法基础要求的义务标准，是否有违保护弱者的初衷？

2. 现实矛盾：“掌握”之要求过高

在现实中，由于消费经验的匮乏或某些技能的欠缺，消费者往往对与其消费决策有关联的部分信息并不具备相当的敏感性（在老年人消费、金融消费等领域尤为如此），在消费纠纷频发、信息鸿沟横亘、消费者知情权保障仍待进一步加强的现实背景下，法律尚且难以期待消费者以主动询问的方式来完整满足自身的知情权，①更遑论要求消费者完全“掌握”有关消费知识、进而具备正确使用的技能并妥当付诸实践？

3. 义务边界：“应当努力”的解释

《消费者权益保护法》第13条第2款所采用的“应当努力”这一表述，较之通常仅以“应当”表述的义务性规范，明显缺乏划定义务范围所要求的明确性，难以有效发挥裁判规范的作用：对于应当如何努力的具体行为模式，以及是否需要努力到完全“了解知识”和“正确使用”的程度，均无进一步的规定。若要将该款规定作为义务性规范解释适用，应如何确定义务边界？又如何划定司法裁量的合理范围？

在提出前述质疑的基础上，笔者认为，前述矛盾和误解的出现，症结在于裁判者对

① 参见万方：《我国〈消费者权益保护法〉经营者告知义务之法律适用》，载《政治与法律》2017年第5期。

《消费者权益保护法》第13条第2款中"应当努力"表述的理解莫衷一是:一是对于该表述是否属于义务规范的不同认识,直接导致了裁判者对是否援引该条款证成消费者过错存在的不同选择;二是若作义务条款适用,由于"应当努力"对行为模式和程度后果的标识并不清晰,考量消费者个体知识和能力的差异,裁判者只能选择构建一标准理性人作为参照,对该"标准消费者"的义务要求一旦超脱于民法为所有普通公民(潜在消费者)所设定的一般性义务,便只能落入司法自由裁量的范畴。鉴于此,下文将对此类"应当努力"条款展开分析探讨。

四、"应当努力"条款之规范性质探析

《消费者权益保护法》第13条第2款之所以会被解释为义务条款,主要原因在于文本表述中采用了"应当"一词。然而考察现有立法文本,"应当"表述的使用并非判定强制性义务规范的充分条件。前述裁判观点普遍存在的问题是,忽略了该条款中"努力"一词所包含的倡导性意味。

(一)"应当"条款不必然属义务性规范

根据《现代汉语词典》的定义,"应当"为应该、理所当然之义。① 而在我国的立法技术规范中,"应当"与"必须"同义,多用于表述义务性规范。② 但事实上,我国立法中非属强制性义务规范的"应当"条款并不鲜见,笔者试依部门法分类作简要例述。

宪法中不乏采用"应当"表述的倡导性规定,而宪法义务体系内所特有的倡导性义务条款,一般也不作义务性裁判规范适用。③ 我国现行《宪法》第42条第3款"国有企业和城乡集体经济组织的劳动者都应当以国家主人翁的态度对待自己的劳动"即为一典型。教育法中存在大量采用"应当"表述的倡导性条款。《宪法》规定,我国公民有受教育的权利和义务,但除义务教育阶段的部分规定具有强制性外,对于公民应当如何接受教育及社会应当如何促进教育的规定多为倡导性的,其中潜藏的制度理念是国家对教育的有限干预。④ "应当"型提倡性规范还多见于我国环境资源法的立法文本中。

---

① 参见中国社会科学院语言研究所词典编辑室编:《现代汉语词典》,商务印书馆2005年版,第1631页。

② 参见《立法技术规范(试行)(一)》"14. 应当,必须"。法律在表述义务性规范时,一般用"应当",不用"必须"。

③ 参见秦小建:《宪法对社会道德困境的回应》,载《环球法律评论》2014年第1期。

④ 参见朱同琴:《论教育法体系中的倡导性规范——兼论倡导性规范的一般原理》,载《中国人民大学教育学刊》2013年第4期。

环境法的许多规范是政策法律化的产物,[①]在相关立法的总则部分,宣示国家环境责任、号召公民响应政策引导的倡导性规范,常有采用"应当"表述的情况。

倡导性条款在民事交易关系背景下具有提示风险的特殊作用,[②]《民法典》合同编中"应当采用书面形式"订立合同的规定即属此类。非交易背景下亦不乏"应当"型倡导性规定,如《民法典》第1043条"家庭应当树立优良家风"等。从比较法视野来看,表达"应当"意义的"shall"作为法律语言亦具备弹性且外延并不明确,存在被解释为不具有强制效力的情况。[③] 鉴于此,在倡导性规范中采用"应当"表述的做法在国内外立法实践中广泛存在,因此《消费者权益保护法》第13条第2款之规定并不必然属强制性义务规范。

(二)倡导性规范的普遍性质特征梳理

基于上文对我国立法体系中相关倡导性规范的举例分析,结合学界相关研究成果,本文经分析总结认为,倡导性规范一般具有以下几点普遍特征:

其一,体现政策理念之倾向或追求。倡导性规范以法律形式传达促进社会和谐发展、提高整体教育水平、保护生态环境、倡导家庭文明和睦等较为宏观的政策倾向或理念追求,以达到引导公民自律之目的,从而促进正向风尚的形成或良性秩序的构建。其二,采用非具体指向的肯定表述。倡导性规范通常不作细化要求或否定性评价,其中部分规范虽然采用"应当"这一较常引出义务内容的表述、甚至明确以"义务"称之,但其规定却往往不具有明确的指向性和清晰的界定标准,也并不采用"不应当"为某事的否定型表述。其三,一般不对法律效果作出规定。倡导性规范中往往缺乏对法律效果的规定,通常无法发挥裁判规范的功能。如果说强制性规范是行为的具体"规则",那么倡导性规范则更类似"原则"性质的指导,不对当事各方的利益作具体安排,也不对其行为作法律后果的评价。

(三)其他"应当努力"条款均系倡导性规范

以《教育法》所规定的"应当努力学习"为典型,"努力"这一词汇的使用,体现出明确的鼓励和倡导意图,旨在引导目标主体追求条文所表述的宏观方向——对于努力的方式和结果,则往往并不苛求。因此,"努力"条款通常缺乏义务性规范所一般具备的"行为模式"和"法律后果"的内容,难以为具体义务的履行或过错责任的界定提供有效

---

① 参见陈廷辉:《环境政策型立法的法理》,载史际春主编:《经济法学评论》第12卷,中国法制出版社2012年版,第145~146页。

② 参见王轶:《民法典的规范类型及其配置关系》,载《清华法学》2014年第6期。

③ 陈小全、刘劲松:《法律文本中shall的问题及解决途径》,载《中国翻译》2011年第3期;李克兴:《英语法律文本中主要情态动词的作用及其翻译》,载《中国翻译》2007年第6期。

参照。因此,“努力”表述能够在一定程度上发挥其作为倡导性规范标识的作用。

经在国家法律法规数据库以“努力”为关键词进行检索,截至2021年12月23日,可查询到包含“努力”表述的现行法律共计17部,其中有多达11部中采用了“应当努力……”或“应当……努力……”表述。下文将以规范指向的主体为分类依据,对现行立法中除《消费者权益保护法》第13条第2款外的所有“应当努力”条款作一梳理分析。

1. 期许:医疗卫生人员专业技能的精进

《基本医疗卫生与健康促进法》第51条规定,医疗卫生人员“应当……努力提高专业水平和服务质量”。考量医疗卫生人员个人资质的不同水平以及患者个体的巨大差异性,对医疗卫生人员技能水平和医疗服务效果的评价较复杂且要求极高的专业性。因此,对医疗人员努力精进专业的期许,较之对普通受教育者努力学习的倡导,显然更缺乏明确的指向性和清晰的效果评价标准。2021年通过的《医师法》中,第23条关于医师钻研业务、更新知识等事项的规定,也仍然保留了“努力”一词。

2. 鼓励:残疾人工作双方能动性的发挥

《残疾人保障法》第7条规定,从事残疾人工作的人员“应当……努力为残疾人服务”。该法第17条则面向残疾人群体规定其“应当努力进行功能、自理能力和劳动技能的训练。”第17条明确采用了“应当努力”这一表述,且规范所面向的主体系该弱者保护法所保障的残疾人群体,与《消费者权益保护法》第13条第2款这一“受倾斜保护方的义务规范”具有较高程度的相似性。然如前所述,既有裁判将《消费者权益保护法》第13条第2款作义务性理解,尚且缺乏指引明确的法律基础而只能诉诸司法裁量,亦与保护弱者的立法目的及现实需求存在冲突。而考量残疾人群体在社会中的弱势程度和边缘地位,该群体明显需要立法更高程度的倾斜保护,向其强加受训义务显然是荒谬的。

3. 引导:经营者追求健康有序的发展

《价格法》第9条规定,经营者“应当努力改进生产经营管理”,《乡镇企业法》第33条亦规定乡镇企业“应当……努力提高产品质量”。对于包括企业在内的广大经营者而言,通过经营管理水平的提高获得更多商业利润是其自发的内生需求,从这一角度来看,上述立法内容无非对经营者应有追求的确认——其努力无论得出何种结果,都是自负盈亏的正常经营行为,法律无须对此作义务履行状况的评价。此类仅具有指引性和政策宣示作用的规范,是经济法之社会本位理念在制度层面的实证。

4. 推动:政府和公务人员的积极作为

《公路法》第43条(提高公路管理水平)和《全民所有制工业企业法》第57条(办好与企业有关的公共福利事业)为地方政府提供了“应当努力”的方向。《全国人民代表大会和地方各级人民代表大会代表法》第4条、《国家勋章和国家荣誉称号法》第17条均敦促人大代表、荣誉获得者“应当……努力为人民服务”。此外,《公务员法》第14条还规定了公务员应当履行努力提高工作质量和效率的义务。前述法律条文并未明确政府和公务人员“应当努力”的具体化事项和行为规则,仅为相关实践提供方向上的指导,意在推动目标主体积极履行其行政职责。

至此,本文系统探讨了我国立法中的“应当努力”类型条款:相关规定均包含“应当”这一义务性词句之表征,但规范意旨却并无强制性要求之实质,这进一步确证了“应当”表述不能作为认定义务性规范的充分依据,并验证了“努力”一词能够有效发挥作为倡导性规范标识的作用。

(四)《消费者权益保护法》第13条第2款亦属倡导性规范

同前所述,“应当努力”条款通常面向其目标主体正面表达法律的期许、鼓励或指引,旨在推动和促进目标主体认同并践行其条文所传达的政策或理念。

具体就《消费者权益保护法》第13条第2款而言:首先,该条款采用“努力”这一表述,意在鼓励、提倡消费者主动提升自我保护的意识和能力,具有明显的倡导性;其次,该条款的文本亦属指向性不明确的肯定式表达,虽采用“应当”表述,却并无细化的行为模式要求,也并未对消费者违反立法期许的“不努力”行为作出任何否定性的评价;再次,该条款的“原则性”特征非常明显,作为裁判规范援引时解释空间和裁量范围过大、误读条文的风险过高;最后,在“全面促进消费”的政策导向下,以立法倡导形式宣传和引领主动接受消费教育的良性消费理念之构造,符合“促进消费向绿色、健康、安全发展”和“改善消费环境,强化消费者权益保护”的追求,①与《消费者权益保护法》的目的宗旨和发展方向相契合。

综上所述,《消费者权益保护法》第13条第2款符合倡导性规范的一般特征,亦属于“应当努力”型倡导性规范。

五、权利保护背景下不应再作裁判规范

针对现有裁判实践中广泛存在的误读条文导致扩张解释的问题,笔者主张,在消费纠纷的审理中,不应该也不需要援引《消费者权益保护法》第13条第2款重申甚至额外加重消费者方的一般性合同义务,否则将背离保护消费者权益的立法初衷。

---

① 参见中共中央《关于制定国民经济和社会发展第十四个五年规划和二〇三五年远景目标的建议》,2020年10月29日中国共产党第十九届中央委员会第五次全体会议通过。

(一)援引《民法典》既有规定是更优解

在特别法的优先适用范围之外,消费关系也应遵循一般性民事法律规范的调整。① 在我国《民法典》已正式生效的背景下,为妥善实现在消费者方存在过错时平衡双方利益的裁判需求,较之对《消费者权益保护法》第 13 条第 2 款的义务化、扩张化解读,寻找明确的、可供援引的一般性民事裁判规范是更为明智且优越的选择。

考察《民法典》中的现有法律规定,脱胎于原《合同法》第 120 条及原《侵权责任法》第 26 条的《民法典》第 592 条(双方违约和与有过失)及第 1173 条(被侵权人过失相抵),②作为一般性的民事法律规则,以及得到各级法院普遍认可的裁判规范,足以解决前引案件中的诸多问题。在此之外,还有《民法典》第 7 条(诚信原则)之规定可在必要情形下作原则性兜底适用。

(二)遏制职业打假不必援引倡导性条款

对于援引《消费者权益保护法》第 13 条第 2 款补强论证"职业打假不构成消费欺诈"的裁判思路,管见以为:一方面,该条款的目的和落脚点系提倡、鼓励,遏制职业打假牟利、防范相关道德风险的任务在社会消费教育水平不高、消费者权益仍易受侵害的现实背景下,不应由该条款承担;另一方面,揆诸学界的研究讨论,鉴于争议焦点主要集中在"职业打假人是否属于消费者"这一问题,从"消费者定义条款"③出发进行论证似乎更具针对性和可行性。

六、结语

《消费者权益保护法》第 13 条第 2 款在司法实践中被作为消费者受教育义务的条款,系对该条倡导性规范的误读。该条款所提倡和追求的"理想状态",是在具体消费行为发生前的消费观念完善阶段即消除某些消费纠纷产生的主观诱因,旨在通过"前期治理"构建有利于全体消费者合法权益保障的消费氛围和经济秩序。

消费者权益保护法可以强调鼓励"负责任"的消费者,但不能强调惩罚"不负责任"的消费者。④ 在数字经济时代更宏大且复杂的消费背景下,新型商业模式和各类技术

---

① 参见杨立新:《我国〈民法总则〉规定消费者概念的重要价值》,载《法学杂志》2017 年第 4 期。

② 《民法典》第 592 条规定:"当事人都违反合同的,应当各自承担相应的责任。当事人一方违约造成对方损失,对方对损失的发生有过错的,可以减少相应的损失赔偿额。"第 1173 条规定:"被侵权人对同一损害的发生或者扩大有过错的,可以减轻侵权人的责任。"

③ 《消费者权益保护法》第 2 条指出,消费者系"为生活消费需要购买、使用商品或者接受服务"。

④ 参见邢会强:《论消费者的责任》,载《北方法学》2013 年第 5 期。该文指出,其所论述的"消费者责任"与"消费者义务"是同等概念。

创新为消费造就的“新蓝海”，同时也是保护消费者权益的“深水区”。[①] 贸然将该条款作为强制性规范援引，将使保护消费者权利的倡议异化为打压消费者权益的武器，在人民法院着力推行类案检索制度、个案影响力不断扩大的现实背景下，更应警惕这一倾向的滋长。

“应当努力”条款这类倡导性规范存在于弱者保护法中的意义，在于指引弱势群体提高“自救”和“自助”的能力。而对于整个社会来说，弱者保护立法的追求是引导社会关注和保护弱势群体，而不是非难和惩戒其中行为不当的个体——这是此类规范之所以不应作义务性解释的理念正当性所在。

需要特别明确的是，贯彻弱者保护法的目的宗旨并不意味着法律鼓励受保护者的怠惰无为甚至肆意妄为。警惕超出立法范围的过当偏袒，在个案中识别真正的弱者、扶正倾斜的天平，仍有赖司法实践的智慧。

（责任编辑：潘璐璐）

① 参见刘俊海、赵丽等：《如何维护“信息弱者”的消费权益》，载《法治日报》2021年3月17日，第4版。

《经济法论丛》稿约

《经济法论丛》(Economic Law Review, ELR)(CSSCI来源集刊)是由著名经济法学家漆多俊教授创办的专业性法学出版物,自1998年创办迄今已连续出版39卷,现任执行主编王红霞。《经济法论丛》主要收录经济法学理论与实践前沿原创研究成果,设有经济法基础理论、市场规制法、宏观调控法、国家投资经营法等常规专题,以及热点、域外法动态等专题。

一、本论丛热忱欢迎海内外研究者和实践工作者惠寄有关经济法的专论、评论、立法研究、成案研究、域外法与比较法研究及资料动态(包括译文)等。

二、来稿字数以1万字至2万字为宜,请使用word文档编辑,详细格式体例参见微信公众号。编辑部对来稿统一登记分发,请以电子邮件附件形式发送至编辑部专用投稿邮箱,不要寄给编辑或主编个人,以免贻误。投稿邮件正文应附有文章题目、摘要、作者基本资料(姓名、单位及职务、职称、学位、通信地址、邮编、联系电话)。

三、本论丛坚持文以质取,实行双向匿名审稿,三审定稿。请勿一稿多投。对于采用的稿件,本论丛在尊重作者原意的前提下,可对稿件进行技术处理。

四、为适应我国信息化建设的需要,扩大作者学术交流渠道,本论丛已加入《中国学术期刊(光盘版)》、《中国期刊网》全文数据库、中国数字化期刊群万方数据库、《中国核心期刊(遴选)数据库》,以及北大法宝数据库等。投稿视为同意上述授权。

五、本论丛不收取任何审稿费、版面费等费用。因经费所限,亦不另付各类稿酬。稿件出版后将寄赠作者当期样书。

投稿专用邮箱:elr1998@163. com

联系电话:0731-88660273

通信地址:湖南长沙麓山南路605号中南大学南校区法学院302室

邮政编码:410012

微信公众号:经济法论丛(Economic Law Review)

《经济法论丛》编辑部

2022年1月1日